Erhard Loretan

Den Bergen verfallen

JEAN AMMANN
ERHARD LORETAN

PAULUSVERLAG
FREIBURG   SCHWEIZ

Erhard
Loretan

Den Bergen verfallen

Titel der französischen Originalausgabe:
«Erhard Loretan. Les 8000 rugissants», Fribourg Suisse (Editions la Sarine)

Die Deutsche Bibliothek – CIP Einheitsaufnahme
Erhard Loretan: den Bergen verfallen / Erhard Loretan; Jean Ammann. [Übers.: Christine Kopp]. –
Freiburg, Schweiz: Paulusverl., 1996.
   ISBN 3-7228-0396-9
NE: Loretan, Erhard; Ammann, Jean; Kopp Christine [Hrsg.]

Übersetzung: Christine Kopp

Bild Vorderumschlag:	Everest
Bild Rückumschlag:	Roc Noir
Bilder Seiten 2 und 3:	Everest und Lhotse

Alle Rechte vorbehalten
© 1996, vierte Auflage 2002, Paulusverlag Freiburg Schweiz

Gesamtherstellung:	Paulusdruckerei Freiburg Schweiz
Fotos:	Erhard Loretan, Jean Troillet, Voytek Kurtyka, Romolo Nottaris, Reto Hügin, Claude Glunz (Illustré)
Zeichnungen:	Pierre Castella

ISBN 3-7228-0396-9

Inhaltsverzeichnis

VORWORT
- Von Voytek Kurtyka — **9**

KAPITEL 1
- Leben heisst klettern! — **11**

KAPITEL 2
- In den Anden sollte man auf die Taxifahrer hören — **23**

KAPITEL 3
- Ein Bergführer stirbt am Nanga Parbat — **35**

KAPITEL 4
- Mit den Achttausendern verhält es sich wie mit den Erdnüssen — **47**

KAPITEL 5
- «Tell me why», heisst der Refrain — **63**

KAPITEL 6
- Nichts ist unmöglich! — **79**

KAPITEL 7
- André Georges und seine Grossmutter — **93**

KAPITEL 8
- Etwas Wille genügt… — **107**

KAPITEL 9
- Kletterfinken-Ferien am Trango Tower — **121**

KAPITEL 10
- Albtraum und Erfolg am Cho Oyu — **137**

KAPITEL 11
- Einbeinig am Makalu — **151**

KAPITEL 12
- Ein grossartiger und verrückter Traum — **163**

KAPITEL 13
- Der Griff nach den Sternen — **175**

KAPITEL 14
- Der dritte Mann — **189**

- Die vierzehn Achttausender — **202**

- Ein paar alpine Fachausdrücke — **204**

- Biografische Angaben zu Erhard Loretan — **206**

«Wir suchen ja nicht die Gefahr.

Das ist Wichtigtuerei;

mit den Stierkämpfern habe ich nichts gemein.

Nein, ich suche nicht die Gefahr;

ich weiss, was ich suche: ich suche das Leben.»

Antoine de Saint-Exupéry
Wind, Sand und Sterne

Vorwort

Wenn ich die stille Kraft wahrnehme,
die ihn antreibt,
gibt es keinen Zweifel:
Der Sinn des Lebens liegt im Aufstieg.
Wenn ich ihm beim Klettern zuschaue,
verstehe ich:
Die Essenz des Aufstiegs ist Gleichgewicht.
Bald erkenne ich:
Die Essenz des Gleichgewichts liegt in der Schöpfung.
Ich denke an seine starken Hände
und sinne nach:
Was ist Schöpfung?
Was ist es, das erschafft und erschaffen ist?
Plötzlich erfahre ich Beunruhigendes von ihm,
und ich begreife –
Gott erschuf den Menschen nach seinem Abbild.

Notizen aus meinem Tagebuch über Erhard
Voy (Voytek Kurtyka)

When I perceive
His quiet energy makes him move
I do not doubt –
The sense of life is in rising.
When I watch him climbing
I understand –
The essence of rising is equilibrium.
And soon I comprehend –
The essence of equilibrium is creation.
I remember his strong fingers
And I muse – what is creation
That which creates and that created?
Suddenly a worrying news arrives from him
And I grasp it –
God created the man to his resemblance.

Notes in my diary on Erhard
Voy (Voytek Kurtyka)

KAPITEL 1

«Glück ist überhaupt ein massgebender Faktor des alpinen Erfolges in der Jugend. Es ist, als wenn ein Betrunkener am Steuer eines Wagens (...) dahinrast und trotzdem sein Ziel erreicht. Wer aber der Jugend einen Vorwurf machen möchte, der ist selber nie jung gewesen, oder er verleugnet die Torheiten seiner Jugend. Doch mit jeder neuen Verirrung wird man an Erfahrung reicher und reift so langsam für grössere Taten heran.»

Anderl Heckmair

Leben heisst klettern!

Wie alt mag ich gewesen sein? Wir sind in den sechziger Jahren. Bin ich sieben Jahre alt? Oder zehn? Ich hänge in den Ästen eines Baumes, der die gute Idee gehabt hat, gleich neben unserem Haus zu wachsen. In diesem Moment, wenige Meter über der Strasse, lebe ich meinem Übernamen nach: «Affe» rufen mich die anderen. Damit wollen sie denjenigen erniedrigen, der sich aufschwingt und seinem Leben eine neue Dimension gibt. Heute noch, dreissig Jahre später, spüre ich das Gefühl von Wohlbefinden, das alle meine luftigen Ausflüge begleitete: Seit jeher fühlte ich mich nie besser auf Erden, als wenn ich mich dem Himmel näherte.

Einmal auf dem Baumwipfel angelangt, schaue ich mich um und bemerke, dass dieser Wipfel nur der vorläufige Gipfel der Welt ist. Weiter oben befinden sich die Berge. Unsere Nachbarn, die Familie Dousse, nehmen mich zum Pilzesammeln mit. Ich liebe Pilze, weil sie in den Bergen wachsen. Alle Pilze sind gut, vorausgesetzt, sie wachsen in den Bergen. In Bulle, in unserem Haus an der Strasse, die nach Abbé Bovet benannt ist, dem Autor und Komponisten des zauberhaften Liedes «Le vieux Chalet», wohnt auch Michel, Michel Guidotti. Jedes Wochenende sehe ich ihn aufbrechen, den Rucksack mit dem klirrenden Material am Rücken. Für mich als Kind hat das Bergsteigen einen Namen: Michel. Wenn ich heute an all dies zurückdenke – daran, wie mich die luftigen Höhen anzogen und wie mich Michel Guidotti faszinierte –, dann bin ich überzeugt: Mein Leben war vorbestimmt.

Ich bin sieben oder acht Jahre alt, als ich beschliesse, einmal Bergführer zu werden. Jemand mit mehr Sinn für Theatralik hätte dafür eine schöne Formel im Stil «Ich werde wie Bonatti – oder nichts» gefunden. Ich dagegen begnüge mich mit einer typisch kindlichen Hartnäckigkeit: Ich werde Bergführer. In mein Versprechen lege ich eine Spur Realität, verkörpert durch Michel, der perfekt ausstaffiert aufbricht, um den Abgründen zu trotzen, und jede Menge Fantasie, geweckt durch das Fernsehen, das eine Verfilmung des Romans «Seilgefährten» von Roger Frison-Roche ausstrahlt.

Eines Tages schlägt mir mein Held vor, meine Träume in die Tat umzusetzen: Michel Guidotti will mich zur Dent de Broc mitnehmen, über den Westgrat zum Gipfel der 1829 Meter hohen Dent de Broc! Michel nimmt mich mit... ich bin im Paradies. Oder besser gesagt im Vorzimmer des Paradieses, in dem man, wie ich feststelle, sehr schlecht schläft: Ich kann die ganze Nacht kein Auge zutun und besteige diesen Berg in Gedanken wieder und immer wieder.

25 Jahre liegen zwischen jener Besteigung der Dent de Broc über den Westgrat und der Besteigung des Kangchenjunga. Ich weiss noch, dass wir zu dritt waren: Michel steigt also voraus, ich klettere in der Mitte und Fred Sottas zuhinterst. Ich erinnere mich an den körperlichen Schock, den diese erste Kletterei auslöste: ich zitterte. Es ist, als ob ich nach Jahren der Metamorphose mein Element gefunden hätte, vergleichbar mit dem Rausch der Raupe, die sich eines schönen Morgens mit Flügeln wiederfindet. Man schreibt das Jahr 1970. Ich habe elf Jahre hinter mir und eine ziemlich schwierige Einführung ins Klettern, als ich meinen Treueschwur auf das Gebirge ablege.

Es ist, als ob jemand den Auslöseknopf gedrückt hätte. Mein mageres Taschengeld erhöht den Umsatz der Bergsportgeschäfte, meine Zeugnisse betrüben meine Mutter zutiefst, die mit ansehen muss, wie ihr Sohn das drohende Sitzenbleiben mit riskanten Verbesserungsmassnahmen abzuwenden versucht: Seitdem mich das Klettern begeistert, langweilt mich der Unterricht. Ich begnüge mich in der Schule mit dem Minimum und beweise damit erstmals meine Liebe zu Grenzbereichen. Neben den vernachlässigten Schulbüchern gibt es allerdings ein Buch, das die strebsame Seite meines Charakters aufleben lässt: Es wurde von einem Lehrer mit Bürstenschnitt und Wollpullover geschrieben. Der Lehrer heisst Gaston Rébuffat und sein Buch «In Fels, Firn und Eis». Darin lernt man das Abc des Alpinismus, die Grundlagen der Kletter- und Eistechnik. Dank meinem Baum, den ich mit der Genauigkeit und dem Aufwand einer russischen Expedition am Kangchenjunga ausrüste, kann ich die Theorie praktisch anwenden. Ich erlerne also das Handwerk ganz allein. Oder besser gesagt: zusammen mit Gaston Rébuffat.

Die Loretan stammen von Leukerbad im Wallis, doch einige von uns haben, beseelt vom Wandertrieb, den Gemmipass überquert und leben nun seit zwei Generationen in Kan-

Ich erlerne also das Handwerk ganz allein. Oder besser gesagt: zusammen mit Gaston Rébuffat.

WALDECKSPITZE (1915 m)

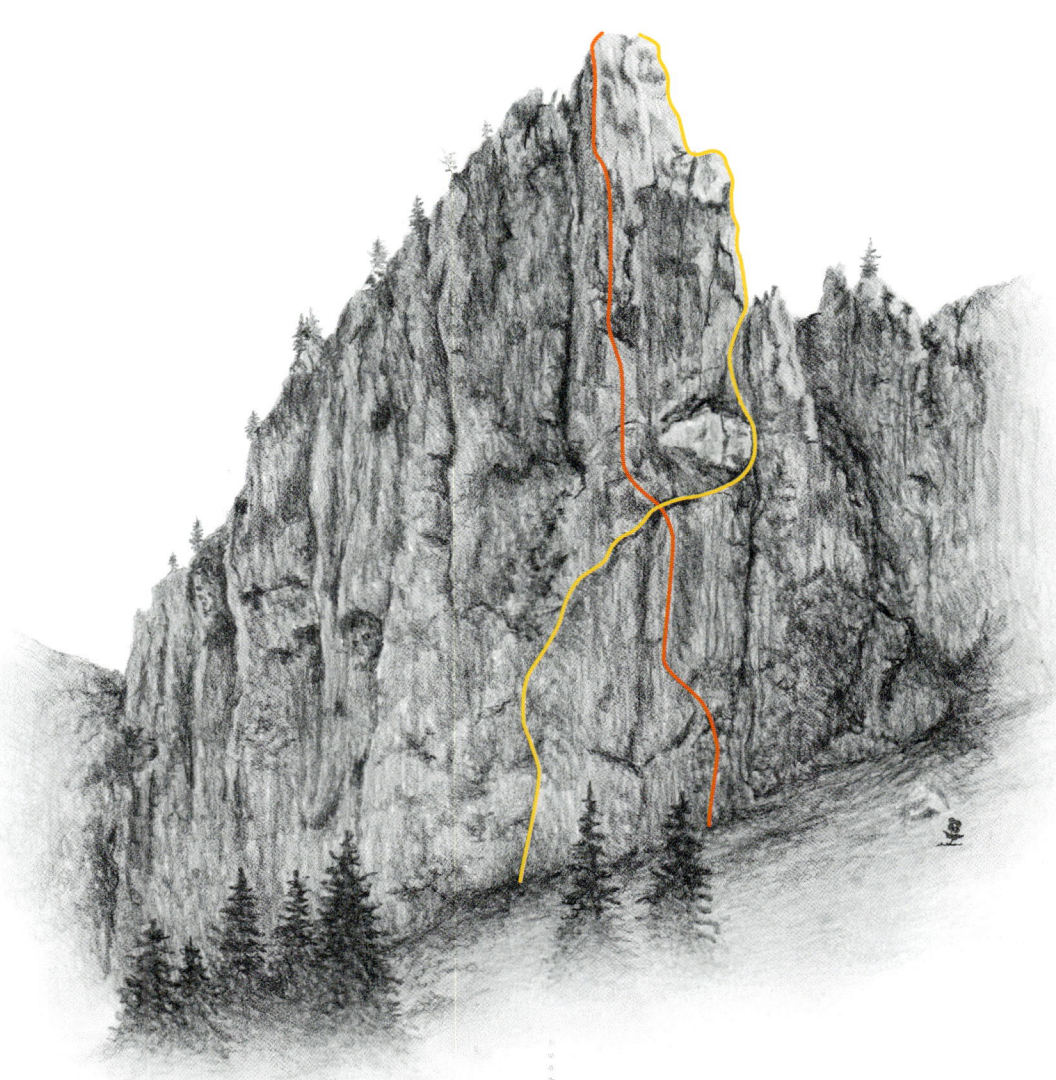

Gelbe Linie: Voie du Trapéziste, erstbegangen 1976 durch E. Loretan und P. Morand.

Rote Linie: Direkte Route, erstbegangen 1979 durch E. Loretan und N. Niquille.

dersteg. Deshalb wurde mein Cousin, der Bergführer Fritz Loretan, zum Hüttenwart der Fründenhütte ob Kandersteg im Berner Oberland ernannt. 1970 stellt er mich als Hüttengehilfe an. Zwei Monate auf 2500 Meter über Meer – etwas Besseres hätte ich mir gar nicht erträumen können! Zwei Monate verbringe ich in jenem Sommer dort oben. Im Jahr darauf beschliesst meine Mutter, die alleinige Inhaberin der elterlichen Gewalt, ich müsse mit meinem Bruder Daniel ins Ferienlager gehen. Nach einem Monat vertausche ich also mit saurer Miene die Höhen der Fründenhütte mit Langrune-sur-Mer in der Normandie. Einmal wird mir jemand erklären müssen, warum so viele Menschen unbedingt «ihre» Normandie wiedersehen wollen... Bis 1974 verbringe ich dann die zwei Monate Ferien jeweils in der Fründenhütte – Zeiten, von denen mir zahlreiche Erinnerungen und viel Kraft, angeeignet durch das Tragen von 20 Kilo schweren Lasten, geblieben sind. Neben der Hüttenarbeit habe ich jeden Tag ein paar Stunden Zeit, um die Lehren von Professor Rébuffat anzuwenden. An der kleinen Wand, die die Hütte überragt, verbringe ich Stunden mit Hakenschlagen und dem Einrichten meiner Biwaks. 20 Meter über den Wanderern, aber dem Himmel nahe, gebe ich mein Bestes, um den Geschichten aus den Büchern, die ich gelesen habe, nachzuleben. Ab und zu sagt Fritz zu mir: «Morgen machen wir eine Tour.» Kaum hat er diesen Satz ausgesprochen, höre ich auf zu leben und zu schlafen! Mit Fritz, dem brüderlichen Cousin, gelingen mir die ersten grossen Touren. Dabei sind wir immer schnell, vier Stunden brauchen wir zum Beispiel für die Doldenhorn-Nordwand. Ich sammle Erfahrung. So viel und so gut, dass der Schüler, zurück im Greyerzerland, den Lehrmeister der ersten Lektionen im Gebirge eines Tages aussticht, als sich dieser an der Schlüsselstelle der Marti-Route in den Gastlosen die Zähne ausbeisst. Ich beobachte, wie meinem Vorsteiger Michel Guidotti der Atem ausgeht, und schlage ihm vor, die Stelle im Vorstieg zu klettern. Ich wage es. Ich klettere zum ersten Mal im Vorstieg. Jetzt baumelt das Seil zwischen meinen Beinen, und ich begreife sofort, was sich verändert hat: Die Knoten sind zwar noch da, aber das Gefühl der

Im Alter von 12 Jahren erreiche ich mit Fritz Loretan, dem brüderlichen Cousin, den Gipfel des Fründenhorns (3368 m)

Sicherheit ist weg, und die Haken sind doppelt so weit auseinander als zuvor. Ich klettere bis zuoberst im Vorstieg! Von nun an gehe ich voraus, sage ich mir voller Stolz. Es ist ein denkwürdiger Tag, denn ich laufe auch noch Vincent Charrière und Pierre Morand über den Weg, die bald bei all meinen Unternehmungen mit von der Partie sein werden. Sie sind respektable vierzehn Jahre alt und damit alt genug, um bei der JO, der Jugendorganisation des Schweizer Alpen-Clubs, mitmachen zu dürfen. Ich bin erst dreizehn. Mama, warum bin ich ein Jahr zu spät geboren?

Im darauffolgenden Jahr, 1973, bin ich in der Sekundarschule des Bezirks Greyerz, als plötzlich die zwei Gestalten auftauchen, die ich aus den Gastlosen flüchtig kenne. Vincent Charrière und Pierre Morand fragen mich, ob ich mich ihrer Gruppe anschliessen möchte. Sie klettern zu dritt, zusammen mit Jean-Maurice Chappaley. Da drei aber eine nur sehr schlecht durch zwei teilbare Zahl ist, finden sie, zu viert wäre es praktischer. Ich habe den Eindruck, dass ich in den Kreis von meinesgleichen aufgenommen werde, und bin im siebten Himmel. Ich sage zu, ohne es erst meiner Mutter mitzuteilen. Ich muss sie hinterher von meinem Entscheid überzeugen; es ist nicht leicht, aber ich glaube, sie begreift sehr schnell, dass mich die Berge immer magnetisch anziehen werden.

Von nun an bin ich zwischen zwei Welten hin- und hergerissen, jener oben und jener unten, zwischen dem Paradies und der Hölle. Meine Mutter nützt diese Situation pädagogisch sehr geschickt aus: Bin ich unter der Woche ungehorsam, werde ich zu einem Wochenende im Flachland verdammt. Die Hölle! Das Wochenende, das am Ende fünf langer Schultage lockt, wird zu meinem gan-

Über der Fründenhütte setze ich die Lehren von Professor Rébuffat in die Tat um

zen Lebensinhalt. Und jene fünf Tage des Wartens schüren lediglich das Feuer. Einen halben Tag frei, und ich gehe klettern; eine Stunde Freizeit, und ich verschlinge ein Bergbuch. Ich erklettere alles, was mir unter die Hände gerät: Pfeiler einer Eisenbahnbrücke, Backsteinmauern im Städtchen, Felsplatten... All jene dem Alltag abgestohlenen Augenblicke nähren meine Leidenschaft. Ich hätte alles getan, um in die Berge zu gehen. Oder besser gesagt, ich habe alles getan, um in die Berge zu gehen! Ich erinnere mich zum Beispiel an eine Spritztour

Ich hätte alles getan, um in die Berge zu gehen. Oder besser gesagt, ich habe alles getan, um in die Berge zu gehen!

mit Pierre Morand, den wir Pommel nennen. Also, Pommel und ich wollen unbedingt zum Klettern in die Gastlosen, jene Kalkberge, die 30 Kilometer von zu Hause entfernt sind. Wir haben zwei Dinge gemeinsam: die Lust aufs Klettern und ein Moped. Doch ein Moped reicht nicht für zwei – die paar Kubikzentimeter Hubraum für zwei Burschen und das Material: zuwenig! So nehme ich den Bus bis Bellegarde, während Pommel mit seinem Moped losknattert. Von Bellegarde sind es noch ein paar Kilometer. Wir einigen uns auf ein Dreipunkte-Programm; erster Punkt: Pommel fährt auf dem Moped mit den zwei Rucksäcken hinauf, während ich hinter ihm herrenne. Zweiter Punkt: Nach einer Distanz, die Pommel angebracht erscheint, stellt er das Moped und die zwei Rucksäcke ab und beginnt selbst zu rennen. Dritter Punkt: Wenn ich beim Moped ankomme, besteige ich es und hole Pommel ein. Und zurück zu Punkt eins. Haben wir es unserem qualitativ hochstehenden Aufwärmen zu verdanken? An jenem Tag klettern wir jedenfalls die damals schwierigste Route an der Dünnefluh. Auf dem Gipfel der Dünnefluh, stolze fünfzehn Jahre alt, Bezwinger einiger äusserst schwieriger Passagen: Wir sind unwiderstehlich geworden. Unsere Eltern haben also das Glück, unwiderstehliche Kinder zu haben – ein Privileg, das hart verdient werden muss. Man muss früh aufstehen können, z. B. um 4 Uhr morgens, wenn ein Duo von Unwiderstehlichen beschliesst, die sehr schwierige «Voie à Emile» in der Südwand des Grossen Daumens in den Gastlosen bezwingen und mittags wieder daheim sein zu wollen!

1975 kämmen wir alles ab. Wir finden, die Zeit sei reif, um auf dieser Erde unsere Spuren zu hinterlassen. Mit Vincent Charrière will ich meine erste Route in der Südwand der Dent de Broc eröffnen. Ich komme zurück an den Ort meiner Einweihung ins Klettern, diesmal jedoch nach der Formel, dort zu klettern, wo noch kein Mensch einen Fuss hingesetzt hat. Das Wissen, dass wir die ersten sind, die hier hochsteigen, begeistert mich. Und gleichzeitig der Eindruck, in Wirklichkeit so zu leben, wie auf den grossen Seiten der alpinen Literatur beschrieben! Ich habe Bonatti gelesen

Auf dem Gipfel der Waldeckspitze (1915 m), nach meiner ersten Erstbegehung in den Gastlosen (1976)

und bin daran, es ihm gleichzutun. Ob wohl Bonatti bei seinen Erstbegehungen auch Kaffee trank? Diese Frage drehe und wende ich in meinem Kopf. Vincents Mutter hat uns nämlich Thermosflaschen mit Kaffee mitgegeben, an dem wir den ganzen Tag nippen. Und dann erfahren wir die anregenden Eigenschaften des Koffeins in unserem Hängebiwak am eigenen Körper: «11 Uhr, der Mond geht auf. Um 0.15 Uhr stehe ich auf und suche nach den Griffen, die im Vollmondlicht leuchten», notiere ich in meinem Tourenbuch. Von Anfang an eigne ich mir die Gewohnheit an, meine Erlebnisse schriftlich festzuhalten. Warum diese Sucht, während ich in der Schule nur unter Zwang und verkrampft schreibe? Vielleicht, weil im Gebirge das Leben vergänglicher erscheint als anderswo und sich das Abfassen des Testaments im Sturm und Drang der Jugend aufdrängt? Nun, ich nehme die Besteigung unter dem wohlwollenden Blick des Mondes wieder auf, und am Morgen haben wir unsere erste Route erstbegangen. Eine schöne Kletterei, die mit «sehr schwierig» bewertet ist. Auf dem Rückweg begiesst auch der Himmel unseren Erfolg. Tropfen wie Steine fallen vom Himmel, und es ist unseren Helmen zu verdanken, dass wir an jenem Tag unsere Gehirne oder das, was deren Arbeit verrichtet, nicht verloren.

Denn wenn das Gehirn der Sitz des Verstandes ist, wie erklärt sich dann diese jähe Unvernunft? Ich bin sechzehn Jahre alt, als ich beschliesse, meine psychischen Grenzen auszuloten, weil ich zuvor bei meinen Klettereien an keine physischen Barrieren gestossen bin. Da ich überall hochkomme, muss ich etwas anderes finden. Und so beginne ich mit Alleingängen. Als ich von meiner ersten Soloklettterei am Grossen Turm («sehr schwierig plus») zurückkomme, schreibe ich in mein Notizbuch: «Dieses Abenteuer ist meine erste grosse alpine und moralische Erfahrung. Ich

**Vincent Charrière
beim Versuch der vollständigen
Winterüberschreitung der Gastlosen-Kette**

habe dabei sehr viel gelernt, einmal über mich selbst, dann auch, was die Technik betrifft.» In der Hitze des Gefechts habe ich natürlich nicht bemerkt, was in meinem Innern vorging: Ich habe eben die feine Grenze zwischen Mut und Leichtsinn überschritten. Heute muss ich wohl oder übel zugeben, dass ich der Faszination des puren Risikos verfallen war. Bei meinen Solokletteterien gefiel mir das Spiel mit dem Tod, das Wissen, dass der kleinste Fehler tödlich wäre. Dazu gehörte nicht nur mögliches menschliches Versagen, sondern auch das Versagen der Technik: Ein ausbrechender Haken hätte den grossen Sturz ins Nichts bedeutet. Ich wollte meine psychischen Grenzen ausloten. Und ich wurde bedient und geheilt. Die anderen unserer Gruppe standen Solokletteterien misstrauisch gegenüber – ich dagegen gab mich ihnen hin.

Und dann breche ich eines Tages zur Pfadflue (2064 m) auf, um das zu erleben, was ich für die Dauer einer Sekunde für den definitiven Abschied vom Leben hielt. In meinem Notizbuch halte ich die Geschichte wie folgt fest: «7 Uhr. Es ist soweit, ich steige ein. Die ersten Meter sind mühsam und nass. Ich seile mich nach meiner Methode an und bin vollständig auf das Klettern konzentriert. In der fünften Seillänge schlage ich einige Haken, die einen wackligen Eindruck machen, fester ein. Meine Arme werden schwer auf die Probe gestellt: Ich habe Krämpfe. Eine kurze Bohrhakenquerung nach rechts, dann erreiche ich ein Grasband. Der Stand ist nur mit einem Bohrhaken versehen. Ich hänge eine Bandschlinge ein und klettere zehn Meter weiter. Dann fixiere ich mich an einem Haken und befestige eine Reepschnur am unteren Bohrhaken. Ich seile mich wieder an, löse meine Sicherung am Seil und ziehe mich am Haken hoch. Plötzlich gibt alles nach, und ich kippe nach hinten aus der Wand. Diesmal ist es endgültig fertig. Ich lande mit der Schulter auf dem Band, dann ein Ruck und ich stürze weiter. Scheisse, die Selbstsicherung ist kaputt. Das Leben ist zu Ende. Nach einem Augenblick, der mir wie eine Ewigkeit vorkommt, plötzlich ein harter Schlag. Ich bin blockiert und hänge 25 Meter unter dem Stand. Was ist passiert? Warum bin ich überhaupt noch da, das ist doch gar nicht möglich, ein Wunder! Meine Nerven versagen. Ich weine zum ersten Mal in den Bergen. Was soll ich tun? Aufsteigen, absteigen oder warten? Ich bleibe zehn Minuten unbeweglich. Zum Glück sieht mich Nicole nicht. Worauf soll ich denn warten? Los, nimm dich zusammen. Steig zum Stand auf. Mit Hilfe von Prusikschlingen steige ich, die Angst im Nacken, alles könnte nachgeben, vorsichtig zum Stand auf. Ich ziehe das Seil ein und ziehe es vor, die Vorstellung abzubrechen. Es bleiben mir nur noch drei Seillängen. Es ist 12 Uhr, und der lange Abstieg beginnt mit 5-Meter-Abseilstellen. Bald höre ich Stimmen, die mir Mut machen. Es sind Nicole, Françoise und ihre Mutter. Ich seile ein letztes Mal 80 Meter ab und setze endlich Fuss auf festen Boden. Nach zehn Minuten Pause kann ich fast nicht mehr gehen. Ich bin von Blutergüssen übersät. Glück oder Unglück?» Vom rein physikalischen Standpunkt aus betrachtet, habe ich eben einen 35-Meter-Sturz an einem Bohrhaken und einer Bandschlinge hinter mir. Die Schwerkraftspezialisten werden diese Angaben zweifelsohne zu schätzen wissen. Ich werde diesen gelben Haken, der mich im Stich liess, nie vergessen, er war gelb wie Löwenzahn, den ich seinetwegen beinahe von unten hätte anschauen dürfen! Damals hielt man mich in Bergsteigerkreisen für leichtsinnig, man war überzeugt, dass ich nicht alt würde. Abenteuer wie diese lieferten mir nicht gerade überzeugende Argumente dagegen...

Einige Freunde bezeichnen jene Epoche als «die Verrückte». Doch sie war auch jene der

> *Ich habe eben die feine Grenze zwischen Mut und Leichtsinn überschritten.*

grossen Touren: 1975, zwischen dem 27. Juli und dem 3. August, entdecken wir Chamonix. Jean-Maurice, Vincent, Pierre und ich – wir sind wie vier Musketiere, die erst zur Begehung des Pèlerins-Grat aufbrechen, dann zur Überschreitung der Aiguilles du Diable, der Teufelsnadeln. Und der Teufel unternimmt tatsächlich alles, um uns an seine Anwesenheit in jenem Teil der Erde zu erinnern: ein erstes Gewitter, dann ein zweites, stärkeres. Glühwürmchen auf den Pickeln, überall ein Summen. Die Luft ist elektrisch geladen. Wir sind sechzehn Jahre alt und wissen nicht, wo die Abstiegsroute durchführt. Gegen 21 Uhr öffnen wir schliesslich die Tür des Refuge des Cosmiques. Der Hüttenwart, ein sympathischer, alter Hüttenwart, er allein älter als wir alle vier zusammen, schaut uns an, sieht unsere Gesichter und fragt: «Habt ihr den Teufel gesehen?»

1976 habe ich die Gelegenheit, mich einem weiteren Monument der Alpingeschichte zu nähern: der Westlichen Zinne in den Dolomiten. Am Morgen des 15. Juli steige ich mit Pommel als Seilzweitem ein. Ich habe beschlossen, mich durch die Routenbeschreibung nicht beeindrucken zu lassen. Tatsache ist allerdings, dass ich zuvor noch nie eine so lange Route angegangen bin und dass man unbedingt an einem Tag durchkommen muss. Die historische Bedeutung der Westlichen Zinne verunsichert Pommel. Seine Bewegungen sind ungewöhnlich linkisch. Der berühmte Cassin-Quergang – mit einem Haken pro Meter ist er fest an den Berg genagelt! Er endet mit einem Band, das so breit ist, dass man es mit einem Fahrrad befahren könnte. Als wir aus dem Gipfelaufschwung aussteigen, haben wir acht Stunden Kletterei in den Gliedern, einen halben Apfel im Magen und so wenig Feuchtigkeit in der Kehle wie in unseren leeren Trinkflaschen.

Rébuffat schrieb in seinem Buch «In Fels und Firn»: «Ein beglückendes Gefühl vollkommener Vertrautheit mit dem Berg stellt sich ein (...) unmittelbar mit seinem Stoff, dem Fels. Dabei geht es uns wie dem Künstler oder dem Handwerker, der das Holz schnitzt, das Eisen schmiedet oder den Stein bearbeitet. (...) In diesem Zwiegespräch zwischen Mensch und Berg liegt etwas sehr Reizvolles, als ob man etwas Verwandtes entdeckt hätte.» Diese Definition des Kletterns fasste ich wortwörtlich

«Voie du Trapéziste» an der Waldeckspitze; meine ersten Kletterfinken für eine frei gekletterte Neutour

auf: Parallel zu meinen alpinistischen Studien begann ich eine Lehre als Antikschreiner in einer kleinen Handwerkerbude in Bulle. Für mich begann das Bergsteigen am Freitagabend; für meinen Lehrmeister endete die Arbeit am Samstagmorgen. Mein Meister sah diese Überschneidung ungern und erteilte mir Aufgaben, die mich an die Werkbank ketten sollten. Während zwei Jahren machte ich Schwalbenschwänze in astronomischen Mengen. Ich arbeitete gerne mit Holz, ich liebte das Handwerk, und doch – im Beruf löschte es mir ab. Eines schönen Tages hängte ich meine Arbeitskleider an den Nagel. Ich fand eine andere Anstellung in einem Inneneinrichtungsgeschäft, wo ich schliesslich meinen Lehrabschluss machte.

So oder so – meiner früheren Überzeugung war ich kein bisschen abtrünnig geworden: Ich wollte Bergführer werden. 1978 war ich noch nicht zwanzig Jahre alt, doch ich begriff die ungeheuer wichtige Rolle, die die Berge in meinem Leben eingenommen hatten. Ich hatte schon alles gemacht, was ein Alpinist in den Alpen machen kann: Ich war im Fels erfahren. Kombiniertes Gelände hatte ich im Berner Oberland und im Montblanc-Massiv kennengelernt. Neben Winterbegehungen in den Gastlosen hatte ich mit «sehr schwierig» bewertete Erstbegehungen gemacht. Grosse klassische Routen wie die Brenvaflanke oder die Major am Montblanc kannte ich ebenso wie selten wiederholte kombinierte Touren. Ich verstand sehr schnell, dass das Bergsteigen ein Spiel ist und jedes Spiel seine Regeln hat. An der Dent de Broc war ich beinahe von einer Lawine verschüttet worden,

Pierre Morand am Spigolo Giallo (1976): Routenbeschreibungen beeindrucken uns nicht!

ich hatte mitansehen müssen, wie ein Tourenkollege vom Steinschlag mitgerissen wurde... Ich hatte den Wert der Freundschaft, die durch gemeinsames Tun geschmiedet wird, erfasst. Der Blick zwischen mir und meinen Freunden, die Schönheit einer Bewegung, die Reinheit der Landschaft, das Morgenlicht und die Dämmerung an gewissen Tagen – dies waren die Erfahrungen, dank denen ich den Sinn des Wortes «Glück» begriff. Im Alter zwischen zehn und zwanzig Jahren trug ich zusammen und häufte an, wofür andere ein ganzes Leben benötigen. Denn in meinen Augen verschmolzen das Leben und die Berge ineinander. Ich habe mich nie gefragt, warum ich in die Berge gehe, weil ich mich nie gefragt habe, warum ich lebe.

> *Ich habe mich nie gefragt, warum ich in die Berge gehe, weil ich mich nie gefragt habe, warum ich lebe.*

Die Angst der Mutter

Alpinismus und mütterlicher Instinkt vertragen sich schlecht: Renata Loretan, die Mutter von Erhard, weiss es, seit ihr Sohn sich erstmals zu den Bergen hingezogen fühlte. Seit 26 Jahren lebt sie mit jener Angst im Herzen, die zu den unangenehmen Seiten der Mutterliebe zählt. Seit jenem Tag im Jahre 1970, als Erhard erstmals in die Berge aufbrach und in ihnen aufging, will Renata Loretan nicht wissen, was er dort oben macht, sie will nichts von den akrobatischen Kunststücken wissen, die er vollführt.

«Meine Mutter will nicht wissen, was ich dort oben mache – um so besser! Ich versetze mich an ihre Stelle: Ich hätte Angst, wenn mein Sohn in den Himalaya aufbräche», räumt Erhard Loretan ein. Zwar versuchte er, sie für das Bergsteigen zu begeistern: Er lud sie zu einem – wie er es nannte – «Ausflug in die Berge» ein, worauf sie sich am Fuss des Eggturms in den Gastlosen wiederfand, am Einstieg einer Route im oberen vierten Grad mit einer Fünferstelle. «Als ich oben ausstieg», erinnert sie sich, «da war ich stolz auf mich. Ich konnte verstehen, was Erhard fühlte...» Sie nahm auch an einem Trekking teil, das Erhard leitete, dreizehn Wandertage, «um zu sehen, was meinen Sohn dorthin zieht».

Sie versuchte, ihn im Nest zurückzubehalten, als er die ersten Flugversuche machte. Doch kann man einen Zugvogel zurückhalten, der vom Mond träumt? «Als ich erfuhr, was er machte, war ich entsetzt. Ich rief die Mutter von Pierre Morand an. Ich begriff, dass wir die gleichen Ängste teilen. Doch sie erklärte mir, dass es überhaupt nichts bringt, ihnen das Bergsteigen zu verbieten – wir würden sie damit nur unglücklich machen.» Als sie verstand, dass ihr Sohn sich unbedingt dem Himmel nähern wollte, wandte sie sich an jene, die ihn bewohnen. Sie betete zu Schutzpatronen, rief die Muttergottes an und nähte ihm ein Medaillon der Heiligen Maria auf sein Berghemd. Erhard akzeptierte den göttlichen Schutz und führte sein Überleben darauf zurück, das, als er sechzehn war und bei

Renata Loretan, die Mutter von Erhard.

einem Alleingang abstürzte, an ein Wunder grenzte: «Nach dem Absturz bei einer seiner Solokletterereien war er überzeugt, dass ihm das Medaillon das Leben gerettet hatte», erzählt Renata. Die Erkenntnis, dass ihr Sohn von Gott auserwählt ist, beruhigt die Mutter. Jedermann weiss, dass in der Heiligen Familie die Erziehung des ältesten Sohnes kein geruhsamer Posten ist und Maria seit je an den mütterlichen Schmerzen Anteil nimmt. Noch heute wacht die Heilige Maria zwischen Postkarten aus aller Welt im Sportgeschäft, das Renata Loretan führt: Sie öffnet ihre barmherzigen Hände zwischen dem Makalu-Westpfeiler und der Everest-Nordwand.

Renata Loretan rief die göttliche Hilfe an, lange bevor Erhard seine Berufung zum Alpinisten entdeckte: Nach der Scheidung musste sie sich als alleinerziehende Mutter von zwei Kindern durchschlagen. Erhard war damals acht Jahre alt, sein Bruder Daniel

fünf. Renata ging zur Arbeit, um das karge Monatseinkommen aufzubessern. Sie arbeitete den ganzen Tag in einer Schokoladenfabrik oder einem Nähatelier. Erhard war der älteste Sohn und lernte in einem Alter die Last der Verantwortung kennen, in dem andere Kinder unbeschwert leben. Wenn Renata am Abend heimkam, hatte er immer wieder ein Loch im Knie, einmal sogar im Kopf: «Er liebte die Bewegung. Als er noch nicht einmal zwei Jahre alt war, musste ich ständig mit ihm spazierengehen. Er war immer ein Draufgänger, schon als ganz kleines Kind. Und eine Zeitlang verging kaum ein Tag ohne Unfall.»
Nachdem sie etliche Warteräume von Arztpraxen kennengelernt hatte, fand sie, sie sollte sich wohl besser an den lieben Gott als an die Ärzte wenden, und liess Erhard durch einen Kapuzinerpater segnen. «Lächeln Sie nur – doch danach hatte ich wirklich weniger Probleme mit ihm!» Weniger Probleme zwar, aber ohne Unfälle ging es dennoch nicht ab: Mit zehn Jahren brach er beim Kunstturnen einen Ellbogen und wäre damit beinahe für sein ganzes Leben behindert geblieben.
Doch der Ellbogen fand zu seiner Beweglichkeit und Erhard zu seinen alpinistischen Ambitionen zurück. Heute ist er 37 Jahre alt und ein passionierter Himalayabergsteiger, der kein Jahr vorbeigehen lässt, ohne eine Expedition zu unternehmen. Renata Loretan, seine Mutter, hat inzwischen resigniert. Er spricht von «schwierigen Abschieden», sie sagt, sie weine nach seinem Aufbruch einen ganzen Tag lang. Wenn sie sich jeweils bei Beginn einer Expedition auf Wiedersehen sagen, wissen sie beide nur allzugut, dass es ein endgültiger Abschied sein könnte. «Ich weiss, dass viele seiner Freunde dort geblieben sind», sagt sie. Zuerst glaubte sie, solche Unfälle würden ihrem Sohn den Geschmack an den Bergen vergällen. Schliesslich musste sie sich aber den Tatsachen beugen: Die Trauerfeiern folgten sich, die Leidenschaft lebte weiter. Während einer Expedition verschliesst sich Renata dem Rest der Welt: kein Radio, keine Zeitungen, die ihr das Drama ankünden könnten. Übrigens ist Renata gar nicht auf die Medien angewiesen, um das Tun ihres Sohns am anderen Ende der Welt zu verfolgen: Er besucht sie im Traum. Wie 1993, als sie sah, wie er verdroschen wurde. Nach seiner Rückkehr gab Erhard zu, sich mit den Trägern geprügelt zu haben... «Eine Mutter spürt solche Dinge», sagt sie nur. Einmal erhielt sie einen Brief von ihrem so zurückhaltenden Sohn Erhard: «Es war ein wunderbarer Brief. Ich dachte, er müsste unglaubliche Angst gehabt haben, dass er so schöne Dinge schreiben konnte. Er war ungefähr 25 Jahre alt...» Tatsächlich: Er hatte gerade die Überschreitung der Annapurna überlebt.
Gott sei Dank kommt Erhard immer zurück. Und das ist das Einzige, was zählt: «Es ist mir völlig egal, ob er den Gipfel gemacht hat oder nicht!» Man sagt, Erhard sei der bedeutendste Himalayabergsteiger der Gegenwart. Was hält seine Mutter davon? «Natürlich verspüre ich ein bisschen Stolz. Doch zu welchem Preis? Es ist hart, die Mutter eines Kindes zu sein, das so gefährliche Dinge unternimmt!»
Ironie des Schicksals: Renata Loretan – die Mutter eines der weltbesten Himalayabergsteiger – ist selbst nicht in den Bergen, sondern in den flachen Reisfeldern der Lombardei aufgewachsen.

KAPITEL 2

«In einem solchen Fall ist ein Entkommen aus der Lawine nur möglich, wenn alle vom Schnee, der in Bewegung ist, hinüberspringen auf den Schnee, der sich nicht bewegt.»

Albert F. Mummery

In den Anden sollte man auf die Taxifahrer hören

1976 bin ich siebzehn Jahre alt, ein Teenager, der sich nur schwer von seiner Lektüre lösen kann. Ich verschlinge die grossen Kapitel der wahren Helden der Alpingeschichte. Hermann Buhl gehört zu ihnen. Die Geschichte dieses Mannes überwältigt mich: Buhl, der 1953 allein von 6900 m aus zum Gipfel des Nanga Parbat aufbrach und ihn nach siebzehnstündigem Aufstieg erreichte. Als er gezeichnet vom Berg abstieg, hörte er, wie die Lebenden ihm, den sie tot glaubten, nachweinten. Er war mit dieser Besteigung seiner Zeit weit voraus. Ich stelle mich in der Hauptrolle eines Werkes vor, dessen Titel so ungefähr «Loretan vom Nanga Parbat» hiesse. Unsere erste ausseralpine Erfahrung würde also der Nanga Parbat sein. Wir brauchen allerdings ein paar Tips. Da Vincent seiner Gewandtheit, seiner Erziehung und seiner guten Manieren wegen der Geeignetste von uns ist, überzeugen wir ihn, Yannick Seigneur, «den Herrn» Yannick Seigneur, um eine Unterredung zu ersuchen. Yannick Seigneur ist eben vom Nanga Parbat zurückgekommen, er wird es sicherlich nicht ablehnen, ein paar Krümel seines umfassenden Wissens an eine Handvoll Banausen, die überhaupt keine Ahnung vom

Höhenbergsteigen haben, zu verteilen. Yannick Seigneur gewährt uns wahrhaftig eine Audienz in seiner Residenz in Chamonix. Jean-Claude Sonnenwyl, Pierre Morand, Vincent Charrière und ich treten also zitternd vor seine Tür – niemand da! Herr Yannick, ganz der feine Herr, wie es sein Name «Seigneur» besagt, hat uns versetzt. Zweites Rendez-vous. Yannick Seigneur beehrt uns mit seiner Anwesenheit, gibt uns aber klar zu verstehen, dass es sich dabei um ein knapp bemessenes Privileg handelt: «Ich habe dreissig Minuten für euch Zeit, stellt eure Fragen!» Ein so wohlwollender Ton ermutigt uns ungemein, und plötzlich kommt uns nicht einmal mehr die klitzekleinste Frage in den Sinn. Zwanzig Jahre später erinnere ich mich nicht mehr, was aus diesem Gespräch hervorging. Aber ich weiss sehr wohl, was ich von Yannick Seigneur halte!

Das Kapitel Nanga Parbat ist plötzlich gestrichen. Unsere Sehnsucht nach fernen Horizonten verlässt uns aber nicht; wir nehmen einfach unsere Ambitionen buchstäblich auf tiefere Lagen zurück und entschliessen uns zu einer Reise in die peruanischen Anden.

Erste Expedition, erstes knapp bemessenes Budget, mit dem wir über die Runden kommen müssen. Wir unterdrücken unseren Stolz und machen die Runde der Apotheken, um Beutel mit Babynahrung zu sammeln. Mit kleinen Beuteln beladen, brechen wir schliesslich am Mittwoch, dem 11. Juni 1980, von Zürich nach Lima auf. Wir fliegen nur zu dritt ab, da Vincent es witzig findet, gegen einen Ball zu treten. In der Schweiz ist Fussball die Sportart, die am meisten Unfälle verursacht. Und Vincent setzt in jenen Jahren, in denen er diese Sportart betreibt, alles daran, damit sie ihren Platz an der Spitze der Unfallstatistiken beibehält... Wir kommen also zu dritt – Jean-Claude Sonnenwyl, Pierre Morand und ich – in Lima, der Hauptstadt von Peru, an. Von dort nehmen wir einen Bus nach Huaras.

Huaras – eine Art Chamonix, das in den Anden und auf 3200 Meter über Meer liegt. Trotz der Jahreszeit, in der südlichen Hemisphäre herrscht Winter, ist es erstaunlich heiss. Bevor wir zu den Gipfeln aufbrechen, die die Stadt umgeben, planen wir eine Akklimatisationsphase ein. Den Aberglauben und die Abergläubischen verachtend, verlassen wir die Stadt per Taxi am Freitag, dem dreizehnten. Um 17 Uhr richten wir unser Lager auf 4000 m ein, während unser Kopf von einem unbekannten Tamtam erschüttert wird. Ich habe nie in meinem Leben so starkes Kopfweh gehabt wie in der Cordillera Blanca. Die hämmernden Trommelschläge verscheuchen den Schlaf. Um 7 Uhr machen wir uns bereit und steigen bis zum Pass auf 5100 m auf. Der Schmerz vergeht nicht, ganz im Gegenteil, jeder Schritt erschüttert mein Gehirn. Erst wieder auf 3700 m unten nehme ich eine Linderung wahr. Erstmals in meinem Leben als Alpinist bin ich dem Feind begegnet, den ich von da an nie mehr aus den Augen verlieren werde: der Höhenkrankheit. Und das zu einer Zeit, als ich keine Ahnung hatte von Lungen- oder Hirnödem!

Üblicherweise wird das Reisen und der dazugehörige Kulturschock hochgepriesen. Was uns betrifft, so ist der Schock eher gesundheitlicher denn kultureller Art. Am Tag nach unserer so bekömmlichen Akklimatisation überzeugen sich Pommel und ich nämlich davon, dass das Reisen viel weniger den Charakter als das Immunsystem heranbildet

> *Den Aberglauben und die Abergläubischen verachtend, verlassen wir die Stadt per Taxi am Freitag, dem dreizehnten.*

und den Horizont auch verengen kann: auf den Ausblick aus einer Latrine. Kein Hund ist je so krank gewesen wie wir in jenen zwei Tagen, die wir zwischen Bett und WC-Schüssel verbringen! Schliesslich raffen wir unsere letzten Kräfte zusammen und suchen einen Arzt auf. Wir finden ihn zuhinterst in seiner Praxis, die in anderen Breitengraden eine sehr praktische Garage abgäbe. Er empfängt uns hinter einem Stapel Autoreifen, bewaffnet sich mit einer Spritze und versetzt uns einem nach dem anderen eine Injektion, ohne sein Werkzeug zu wechseln, geschweige denn zu desinfizieren! Ich weiss nicht, was für eine Substanz er uns verpasst hat, anders gesagt, ich weiss nicht, was er uns in den Hintern gejagt hat – jedenfalls sitzen wir zwei Tage später vor einem Steak mit Pommes frites,

In den Anden:
Das Reisen bildet die Jugend heran
und fördert das Immunsystem...

und am Freitag, dem 20. Juni, brechen wir zum Ranrapalca auf.

Die Geografen werden Ihnen sagen, dass die Anden, insbesondere die Cordillera Blanca, dank ihrer Nähe zum Äquator aussergewöhnliche Berge sind. Wir können die Diagnose bestätigen: Diese Berge sind wirklich aussergewöhnlich. Sie haben ihre eigenen Gesetze, die sie mit der Härte eines unerbittlichen Tyrannen anwenden. Sie sind in ständiger Bewegung, die Grate bestehen aus verklebtem Zucker, die Wächten haben einen krankhaften Hang zum Abbruch. Und in den Anden, mehr als anderswo, ist die Fähigkeit,

objektive Gefahren zu erkennen, sehr subjektiv.

Der Ranrapalca ist ein gutes Beispiel für diese besonderen Bedingungen: Nachdem wir den Westgrat des 6253 m hohen Gipfels in zwei Tagen über eine neue, möglichst direkte Route bestiegen haben, müssen wir uns dem Abstieg widmen. Wir haben die Wahl zwischen dem Matsch der Nordflanke und dem rund einen Meter hohen Pulverschnee auf der Südseite. Unser Zelt befindet sich ungefähr auf 5400 m, am Fuss eines Hanges, der nur auf unser Gewicht wartet, um in Bewegung zu geraten. Dieses eine Mal akzeptiert er unsere Gegenwart.

Am nächsten Tag müssen wir den Bergschrund überqueren. Jean-Claude macht sich als erster daran. Er schreibt in sein Tagebuch: «Wir hören die Musik der Sérac, die unseren Abstieg bedrohen und sind angespannt. 40 Meter abseilen, um den Bergschrund des Sattels zu überwinden. Weiter unten, als ich eine enge Stelle über einer grossen Séracmauer überwinde und den Pickel verankere, höre ich plötzlich ein schreckliches Krachen.

**Lager am Ranrapalca –
die Anden haben ihre eigenen Gesetze,
die sie mit Fantasie anwenden**

Meine Freunde, die mich 15 Meter weiter oben sichern, nehmen wahr, wie der Hang unter mir einsinkt, der Sérac stürzt ein, Blöcke brechen unter meinen Füssen ab, die Angst schnürt mir beinahe die Kehle zu...» Der Hang, der uns trägt, bebt unter uns. Als ich an der Reihe bin, halte ich den Atem an, vermeide jede Bewegung, schlage den Pickel nicht ein, wie wenn ein Schlag genügen würde, um diese Wand aus feinen Kristallen zum Bersten zu bringen... Ich weiss ganz genau, dass meine Gegenwart dem Berg nicht passt: Er knirscht und knackt überall, er grollt und brummt. Als ich gerade daran bin, den letzten Bergschrund zu überspringen, als ich glaube, für heute genug wie auf Eiern gegangen zu sein – und mit Steigeisen an den Schuhen auf Eiern zu gehen, erschwert die Übung –, da kommt das krönende Ende: Der Sérac stürzt ein! Ich nehme die Ausmasse der Lawine wahr und renne um mein Leben, um aus ihrer Schusslinie zu kommen.

Pierre und Jean-Claude sind 30 Meter unter mir, sie können nichts tun. Ich rackere mich ab und mache mir keine Illusionen: Die Staubwolke wird mich ersticken. Nach ein paar Sekunden erstarrt die Erde, und – oh Wunder! – wir gehören noch zu den Lebenden. Im Handumdrehen machen wir uns über die riesigen, vorübergehend unbeweglichen Blöcke aus dem Staub. Um 12 Uhr, nach acht Stunden pausenloser Anstrengung, erreichen wir die Hütte. Wir kreuzen vier Franzosen, die den Ranrapalca über unsere Route besteigen wollen. Viel Glück!

Huaras – Kneipen, ein Dancing. Innerhalb von vier Tagen kommen wir hier wieder zu den Kräften, die der Ranrapalca bedenklich angezapft hat. Am Abend des 28. Juni, einem Samstag, gesellt sich Pierre Perroud zu uns, ein Bekannter aus Romont. Eine Chilenin begleitet ihn. Wir begreifen, dass sich seit den Zeiten von Odysseus nichts geändert hat: Der Mann ist seit aller Ewigkeit zwischen der Frau und dem Abenteuer hin- und hergerissen. Hätte er uns nicht gehabt, dann hätte Pierre Perroud bei dieser Gelegenheit möglicherweise die Frau bevorzugt. Doch die Freundschaft ist ein unverrückbares Geländer, an dem sich die verirrte Seele festhalten kann: Wir schaffen es, Pierre auf den rechten Weg zurückzubringen. Eine halbe Stunde später brechen wir zu viert zum Artesonraju (6025 m) und seiner Ostwand auf. Pierre Perroud ist der Filmemacher unserer Bande, er ist hier, um einen Film über unsere Expedition zu drehen. Der Filmemacher wünscht, dass die Expedition ihren Marschrhythmus dem Kamerateam (das selbstverständlich aus ihm allein besteht) anpasst. Gegen Mitte des Morgens teilt er mir seine gewerkschaftlich anmutenden

In den Eisabbrüchen am Ranrapalca; unsere Gegenwart stört den Berg

Forderungen mit: «Seit drei Uhr morgens gehen wir ohne Pause. Ich verlange einen Halt von mindestens einer halben Stunde. Alles weitere gebe ich später bekannt.» Die halbe Stunde geht vorbei, das Kamerateam bespricht sich und ist mit dem Weiteraufstieg einverstanden. Zwei Stunden später stehen wir auf dem Gipfel des Artesonraju.

Freitag, der 4. Juli, ist ein Übergangstag: Wir wechseln vom Artesonraju ins Basislager am Caras. Wenn man bedenkt, dass der Ausstieg am Caras I von einem riesigen Sérac versperrt wird, dass Pierre Perroud am Artesonraju seine Dosis Aufregung abgekriegt hat und dass die Verhältnisse sehr heimtückisch sind, ist es dann vernünftig, diese Südwand anzugehen? Bei solchen Unternehmungen liegt der Mut oft nur im Entscheid. Ist der Entscheid einmal gefällt, lässt das Handeln keine Fragen mehr zu. Ich lasse meine Gedanken schweifen. Ich denke an die Menschen, die mir lieb sind – Nicole und meine Mutter. Dank ihnen bin ich glücklich, und ich behaupte, dass man aufbrechen muss, um besser zu lieben. In diesem Reisemonat habe ich 200 Franken ausgegeben... Der Schlaf unterbricht schliesslich meinen philosophisch-materialistischen Spaziergang.

Ich stehe mit der Sonne auf. Jean-Claude, Pommel und ich wollen heute die Südwand des Caras inspizieren. Bei näherer Betrachtung wirkt sie etwas weniger abschreckend: Ihr oberster Abschnitt besteht nicht aus einem Sérac, sondern aus einem Schneehang, der von einer Felsmauer abgeschlossen wird. Es ist, als ob der Berg seine Deckung geöffnet hätte, und wir beschliessen, ihm geschwind einen Uppercut zu versetzen.

> *Pommel empfiehlt mir – in der Überzeugung, dass diejenigen, die Ratschläge erteilen, nicht dafür bezahlen müssen –, es weiter links zu versuchen.*

Am Sonntag, dem 6. Juli, brechen wir zur Wand auf. Der Zustieg ist speziell: Wir klettern mehr, als dass wir marschieren. Wir müssen schliesslich am Wandfuss biwakieren. Um 22 Uhr rasselt der Wecker, jeder verschlingt drei Beutel Babynahrung, und um 23.30 Uhr beginnen wir mit der Überquerung des Gletschers. Am Mittag befinden wir uns endlich am Anfang der Schwierigkeiten. Einzelne Passagen im Eis sind bis zu 80 Grad steil, und das Eis ist so dünn, dass ich einen Haken setzen muss. Nach drei Seillängen gelange ich an den Fuss des letzten Felsriegels. Was bedeuten schon 20 Meter im Leben? Es ist weniger als eine Schwimmbadlänge, weniger als der Weltrekord im Kugelstossen, weniger als der Weltrekord im Kirschkernspucken... Es braucht mehr, um mich zu entmutigen. Ich versuche zuerst, die Mauer mitten durch zu überwinden, doch die paar Millimeter Eis, die den Fels überziehen, erlauben keine ausreichende Verankerung. Pommel empfiehlt mir – in der Überzeugung, dass diejenigen, die Ratschläge erteilen, nicht dafür bezahlen müssen –, es weiter links zu versuchen. Ich gehorche. Ich steige ein paar Meter auf und schlage einen ersten Haken. Je weiter ich vorwärtskomme, desto weniger kann ich mir das Ende der Geschichte vorstellen. Die Geologie hat hier lange zwischen Fels und Sand gezögert und sich schliesslich eher für Sand entschieden – der Fels bröckelt überall auseinander. Ich versuche es weiter rechts. Die gleiche Leier. Hoffnungslosigkeit überkommt mich zusehends, und ich fühle, dass mein Platz auf Erden nur noch von jenen bescheidenen Kräften abhängt, die die Physik für vernachlässigbar hält: den Reibungskräften. Eine Lappalie würde ausreichen – auf die rein psychologische Wirkung des Hakens muss ich gar nicht

CARAS (6025 m)
Südwand

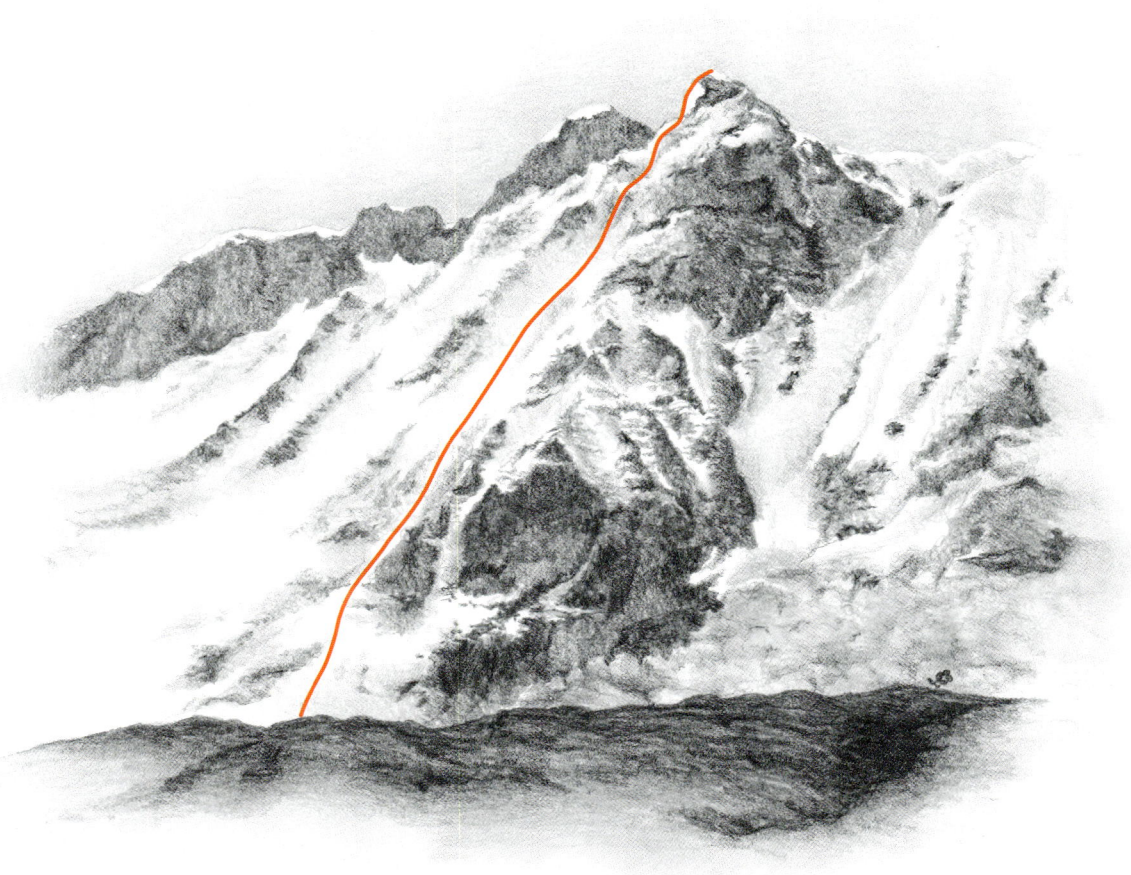

erst zählen –, und ich fände mich zerschmettert am Fuss des Aufschwungs wieder. Ich seile mich los, und Jean-Claude reicht mir ein paar Haken hinauf. Ich bringe einen an. Aber

Die Südwand des Caras I weist 80 Grad steile Eispassagen und Stellen in sandigem Fels auf

es gelingt mir nicht, mich selbst zu überlisten: Ich weiss ganz genau, dass er nicht ausreicht, um es zu wagen. Ich steige nach rechts weiter und stecke einen V-Profil-Haken in die Erde, ziehe eine Bandschlinge durch, setze einen weiteren Haken. Was ich hier mache, hat nichts mehr mit Alpinismus zu tun, sondern gleicht eher einer Schlosserei! Ich steige schweissgebadet aus. Jean-Claude nimmt das Material mit, und Pommel steigt am Seil auf. Für die letzten 20 Meter habe ich zwei Stunden gebraucht! Wir steigen über den Grat auf

und erreichen den Gipfel um 17 Uhr. Die schwindende Helligkeit verkürzt unsere Gefühlsausbrüche. Es bleibt uns höchstens noch eine Stunde Tageslicht! Wir eilen gegen den Gletscher hinunter, doch bald umgibt uns die Nacht, die von unseren Lampen nur schwach erhellt wird. Ein Biwak drängt sich auf. Wir haben kein Material bei uns, keinen Schlafsack, kein Zelt, keinen Kocher, nichts, das die Härte einer Andennacht mildern könnte. So beschliessen wir halt, eine Schneehöhle zu graben. Eine Schneehöhle? Das ist ein grosser Name für das Loch, das wir dem Berg abringen. Pommel dispensiert sich von der Grabarbeit, da er an Platzangst leidet. Es bleiben also nur noch zwei Freiwillige übrig, die die Arbeit erledigen. Nach der alten Bergsteigerweisheit, die besagt, dass das Biwak um die mit der Vorbereitung des Biwaks verbrachte Zeit kürzer wird, setzen wir zwei Stunden für das Graben unseres Lochs ein. Pommel überwindet seine Platzangst für eine Nacht. Zu dritt teilen wir uns in die Maulwurfhöhle und in eine gefrorene Orange; zu trinken gibt es nichts. Die Nacht ist lang. So eine Nacht muss es gewesen sein, in der der Schriftsteller Ramuz befürchtete, die Sonne kehre nicht wieder, und schrieb: «Et si le soleil ne revenait pas?» Entgegen allen Erwartungen kommt die Sonne am nächsten Morgen doch wieder, und wir speichern ein Maximum an Wärme, bevor wir den Abstieg beginnen. Im Slalom steigen wir zwischen Séracs und später über Schutt ab. Als wir uns umdrehen und einen Blick auf den Grat werfen, gratulieren wir uns, den Abstieg am Tag angepackt zu haben. Sich über einen richtigen Entscheid freuen zu können, ist für den gewöhnlich Sterblichen eine Quelle des Glücks. Im Basislager studieren spanische und Genfer Alpinisten unsere Route: Sie sehen darin eine Erstbegehung. Dagegen haben wir nichts einzuwenden.

Am Mittwoch, dem 16. Juli 1980, brechen wir alle vier (Pierre Perroud ist mit von der Partie) zur Südwand des Pallcaraju auf, die vor unserer Ankunft noch nie bestiegen wurde. Und ehrlich gesagt, wenn ich an die Abenteuer zurückdenke, die wir dort erlebt haben, kann ich unseren nicht existierenden Vorgängern nur Recht geben... Gegen 17 Uhr erreichen wir einen Sattel, der eigentlich nur eine etwas niedrigere Wächte in einer ganzen Reihe von Wächten ist. Wir biwakieren an diesem stürmischen Platz. Am folgenden Tag stossen wir auf Wächten, die wir nicht zu überqueren wagen. Wir seilen in die Wand ab, deponieren dort unsere Rucksäcke und brechen mit leichtem Gepäck zum Gipfel auf. Als wir auf der Schulter anlangen, stellt sich uns ein riesiger Eispilz in den Weg: Er wartet nur darauf, jemanden in den Tod zu reissen! Angesichts soviel widrigen Geschicks verzichten wir auf den Gipfel und kehren zu unseren Rucksäcken zurück. Wir sind gerade daran, einen von der Sonne erwärmten Schneehang zu betreten, als ich plötzlich unter meinen Füssen ein Geräusch und ein eigenartiges Gefühl wahrnehme: Ich begreife sogleich, dass wir uns auf einem Hang mit gefährlichem Triebschnee, einem riesigen potentiellen Schneebrett befinden! Der ganze Hang gerät in Bewegung! Der Zufall will es, dass sich der Anriss über unserem Standort befindet. Wir rennen um unser Leben und springen über den sicherlich eineinhalb Meter hohen Anriss des Brettes. Dann verankern wir unsere Pickel im Eis und hören zu, wie eine ganze Bergflanke in ein Couloir unter uns hinunterdonnert – eben ist ein 800 Meter langes und 600 Meter breites Schneebrett ausgebrochen! Zurück bleiben wir vier verdutzten Gestalten, die mit dem Seil verbunden an einem Anden-Gipfel kleben! Wir

> **Wir rennen um unser Leben und springen über den sicherlich eineinhalb Meter hohen Anriss des Schneebrettes.**

Auf dem Gipfel des Caras I verkürzt die einbrechende Nacht unsere Gefühlsausbrüche

danken der Vorsehung, die uns in einem schlechten Augenblick an den richtigen Ort gestellt hat. Ein paar Meter weiter unten, und wir hätten den Fahrstuhl in den Abgrund genommen. Allerdings: Unsere ganze Ausrüstung befindet sich auf einem angrenzenden gefährlichen Hang, der seinerseits nur darauf wartet, in die Tiefe zu donnern. Jean-Claude lässt sich auf den Hang hinunter. Das 80-Meter-Seil reicht nicht aus, um die Rucksäcke zu erreichen. Er seilt sich los. Schritt für Schritt bringt er die 40 Meter hinter sich, die ihn von unserer Ausrüstung trennen. Wir schauen ihm

bei seiner äusserst riskanten Arbeit zu. Er steigt mit zwei Rucksäcken auf und lässt sich in den Schnee fallen. Nun bin ich an der Reihe. Am Ende des Seils endet die Sicherheit. Ich schleiche hinunter. Ich nehme die Rucksäcke auf. Und dann steige ich wieder auf, die Schwerfälligkeit verfluchend, die jede meiner Bewegungen kennzeichnet und jede Sekunde meines Aufenthaltes auf dem Hang zur Ewigkeit werden lässt. Endlich – das Seil, dann der Stand. Ich bin vollkommen fertig. So ausgepumpt, als hätte ich meine ganze Substanz mit jenem hinunterdonnernden Schneebrett verloren. Wir eilen ins Basislager hinunter. Am Abend schreibe ich in mein Tagebuch: «Alle gehen mit der Seele in Frieden schlafen.» Zwischen «der Seele in Frieden» und «Frieden unseren Seelen» macht die Sprache nur einen Unterschied in der Reihenfolge, und das Leben manchmal eine unterschiedliche Verteilung des Glücks. An jenem Abend aber erfasse ich die ganze Bedeutung dieser zufälligen Reihenfolge.

Mit dem Glück ist es wie mit den Schnürsenkeln: Strapaziert man es zu sehr, dann zer-

Beim Abstieg vom Caras I teilen wir uns zu dritt in unser Schneeloch, das einer Maulwurfhöhle gleicht

reisst es. Wir entscheiden uns deshalb für eine ruhigere Route am Huascaran (6770 m), für die Normalroute nämlich. Am 26. Juli stehen wir um 10 Uhr morgens auf dem Huascaran. Am 2. August 1980 trägt eine Meldung in der peruanischen Presse den Titel: «Suizos escalan bellas paredes de cuatro nevados». Was heissen soll: «Schweizer erklettern schöne Wände von vier Gipfeln». Um uns die weiteren Worte «sensacionales escalades virgenes», sensationelle Erstbesteigungen, zu verdienen, mussten wir den tausend Lebensgefahren trotzen, die den Alpinisten erwarten, will er in diesen «vertiginosas paredes de la Cordillera blanca», jenen schwindelerregenden Wänden der Kordilleren, zum Andenbergsteiger werden.

Tja, und wenn man bedenkt, dass uns der Taxifahrer, der uns zum Pallcaraju brachte, eigentlich gewarnt hatte: «Geht nicht dorthin, es ist voller Lawinen!» Man sollte immer auf die Taxifahrer hören. Und auf seine Mutter.

Nicole Niquille: Liebe unter Bergsteigern

Was wären die Abenteurer ohne die Frauen? Hätte Odysseus den menschenfressenden Zyklopen blenden, der grässlichen Skylla und der göttlichen Charybdis entrinnen können, wenn er sich nicht nach seiner Gemahlin Penelope gesehnt hätte? Und Jason – hätte er das Goldene Vlies ohne seine Liebe zu Medea errungen? Der Beispiele, die die Bedeutung der Frauen im Leben der Abenteurer illustrieren, gibt es mehr als genug – nicht nur in der griechischen Sagenwelt. Nicole Niquille und Erhard Loretan haben zwölf Jahre Seite an Seite verbracht.

Es war – wie es sich für zwei Alpinisten gehört – Liebe auf den ersten Blick: Erhard kreuzte in einem Kletterlager auf, sein Ruf war ihm vorausgegangen. Sie fühlte sich sogleich «von diesem kleinen Mann angezogen», er liess sich – wie in den Liedern und Gedichten – durch ihren wachen, aufmerksamen Blick, die Ausstrahlung von frischer Luft und reiner Natur und durch die vollen blonden Haare verführen. Sie war zwanzig Jahre alt und besass einen Deux-chevaux, er war siebzehn und hatte ein Moped. Von nun an wartete der Deux-chevaux an der Strassenecke: auf zu neuen Abenteuern! Zusammen durchstreiften sie die Gastlosen, eröffneten Routen von extremer Schwierigkeit, durchstiegen einige der grössten klassischen Touren in den Alpen und brachen zu den höchsten Gipfeln der Welt auf, dem K2 im Jahr 1985 und dem Everest 1986 – eine heldenhafte Liebe.

1986 erhielt Nicole Niquille als erste Frau der Schweiz das Bergführerdiplom. «Frau war ich schon immer – Bergführerin zu sein, macht mir Spass. Dass ich dabei die erste war, hat der Zufall so gewollt», antwortete sie jenen, die erstaunt waren, dass eine Vertreterin des «schwachen Geschlechts» Bergführer sein kann. In jener Zeit zerschnitten Nicole und Erhard das Seil, das sie so lange verbunden hatte: «Ich begann, von den Bergen zu leben, und Erhard wird sich gesagt haben, dass ich ohne ihn existieren könne. Ich hatte meine Kunden,

Nicole Niquille:
«Er wird den tödlichen Fehler nie begehen.»

er die seinen. Anstatt uns näherzubringen, hat uns unser Beruf auseinandergebracht.» Während zwölf Jahren hatten die nachdenklichen Momente in Erhards Leben einen Namen: Nicole. In Peru, als ihm das untätige Warten Angst einjagte, sehnte er sich nach Nicole; als er an der Dent de Broc von einer Lawine mitgerissen wurde, hielt ihn der Gedanke an Nicole am Leben, und als er bei einer Soloklettererei einen Sturz machte, der tödlich hätte sein können, rief er Nicole an. Nicole machte ihn sicher. Sie hingegen brauchte die Geduld einer Seemannsfrau: Stunden um Stunden verbrachte sie wartend an einem Stand und schaute Erhard zu, wie er um den Weg nach oben rang auf Routen, die er eröffnete oder erzwang. Seine wenigen Worte waren Sicherungsbefehle. Erhard verstand es, Nicole unbequeme Steigleitern und winzige Leisten, die als Terrassen dienten, vergessen zu lassen. Nicole hätte alles mit ihm unternommen: «Unsere erste grosse Tour war der Montblanc über die Brenvaflanke», erzählt sie. «Ich war zuvor noch nie über 4000 m gewesen und hatte noch nie Steigeisen getragen – doch das war mir alles egal, weil Erhard dabei war. Ich wäre irgendwohin aufgebrochen, vorausgesetzt, Erhard war am anderen Ende des Seils. Mein Vertrauen in ihn hat sich als richtig erwiesen, denn uns ist niemals etwas zugestossen.» Zwei Alpinisten, die sich lieben, blicken in die gleiche Richtung: zum Gipfel. «Wenn zwei Menschen die gleiche Gefahr spüren, rücken sie näher zusammen», sagt Nicole Niquille. Und fügt an, sie habe bei keinem anderen Himalayabergsteiger, auch nicht bei Jean Troillet oder Pierre Béghin, den gleichen Eindruck von Sicherheit und Stärke empfunden. Eine Liebesgeschichte, aber auch eine Geschichte um Sport und Leistung: Stärker als die Gefühle blieb immer der Drang des Alpinisten nach Entfaltung. 1982 schlug Norbert Joos Erhard vor, zum Nanga Parbat aufzubrechen, dem «König der Berge», jenem Zyklopen moderner Zeiten, der bereits das Leben von über vierzig Menschen gefordert hatte. «Es wäre mir niemals in den Sinn gekommen, Erhard vor die Wahl zu stellen: ich oder die Berge. Ich liebte ihn als Menschen und als Bergsteiger.» Sie bereitete mit ihm die Expedition zum Nanga Parbat vor, teilte seine Vorfreude, wohlwissend, dass die Freude ein stärkeres Liebespfand ist als Angst und Neid. Die gleiche Leidenschaft für die Berge, die gleiche Charakterstärke, die gleiche Auffassung des Risikos: «Wenn er mein Bruder gewesen wäre... ja, eigentlich hätte er wirklich mein Bruder sein sollen!», entfährt es ihr während des Gesprächs. Im Unterschied zu Blutsverwandtschaften sind Liebesbeziehungen widerruflich...

Im Frühling 1993 sind die zu zweit geschriebenen Seiten längst umgedreht. Es trifft ihn allerdings tief, als sich ein harmloser Ausflug Nicoles in ein Drama verwandelt: Beim Pilzesammeln, ein paar 100 Meter von ihrem Haus entfernt, löst sich plötzlich ein Stein und trifft Nicole Niquille am Kopf. Das Gehirn ist verletzt. Drei Jahre nach dem Unfall ist sie immer noch an den Rollstuhl gefesselt. Heisst es in der Fabel nicht treffend: «Vor den grössten Gefahren wusste er sich zu schützen, doch eine Kleinigkeit forderte sein Leben.» Das Drama habe ihr alles genommen, was sie war, sagt Nicole. Sie ist überzeugt davon, dass es keine Zufälle gibt und dass sie an jenem verhängnisvollen Sonntag dazu berufen wurde, sich aufzufangen, zu entwickeln. Erhard sieht darin die Hand des Schicksals: Unser Los ist entschieden, unsere Stunde wird kommen, was immer wir auch tun und wo immer wir sein werden. Weiss er, Erhard der Fatalist, dass Nicole sich für ihn keine letzte Stunde vorstellen kann? Sie sagt: «Ich habe das Gefühl, Erhard sei unvergänglich. Er kann nicht in den Bergen sterben. Er wird den tödlichen Fehler nie begehen.»

KAPITEL 3

«Der Sauerstoffmangel verlangsamt und erschwert auch die Denkprozesse. Jenseits eines gewissen Punkts ist das Überleben nicht mehr möglich.»

Sir John Hunt

Ein Bergführer stirbt am Nanga Parbat

Man sollte die Armee nie kritisieren. Sie bereitet einen einwandfrei auf den Bergführerkurs vor. Vier Monate lang wurde ich zum Sanitätssoldaten ausgebildet; dabei bemerkte ich, dass die Chirurgen in Tat und Wahrheit Schreiner sind, die mit Handschuhen arbeiten. Darauf kehrte ich zu meiner alten Liebe zurück, den Bergen. In vier Monaten bildet die Armee einen zum Soldaten aus, und vor allem formt sie den unterwürfigen Geist, der sich jeder Willkür der Hierarchie beugt, ohne jemals den Hauch eines Warums aufkommen zu lassen. Was wiederum sehr nützlich ist, wenn man sich – wie ich – auf den Bergführerkurs vorbereitet.

Ich war zwanzig Jahre alt, als ich mich zum Bergführer-Aspirantenkurs anmeldete. Damit löste ich den Schwur meiner Kindheit ein. Gehören die Alpinisten vielleicht zu jenen wenigen Menschen, die ihre Kinderträume zu erfüllen versuchen? Am 4. Juni 1979 antwortete ich also in Fieschertal im Oberwallis – gleich wie 73 weitere Kandidaten – mit «hier» auf den Aufruf meines Namens. Wir musterten uns gegenseitig aus den Augenwinkeln, den Rivalen hinter dem Freund und den Verräter hinter dem Seilgefährten vermutend. Ich hasse Prüfungen und das

Wetzen der Dolche, das damit verbunden ist. Am ersten Tag hörten wir uns am Fuss einer Felswand Ausführungen zur Theorie des Kletterns an, bei dem Kletterschuhe und stürzende Bergführer gegeisselt wurden. Praktische Übung: Ich war am Seil eines Führers, der keine Kletterschuhe trug. Er stieg voraus, und als die Schwierigkeiten zunahmen, schaute ich zu, wie er zu rutschen begann. Als es darum ging, mit einem Eingeständnis herauszurücken, zog es mein Bergführer vor, dass man seinen Orientierungssinn und nicht seine Kletterkünste verspottete. Er wandte sich zu mir: «Nun, ich habe mich in der Route getäuscht, ich komme zurück.» Ich begrüsste seinen Entscheid. Mein Bergführer zog das Seil hinter einem Bäumchen durch, ich gab ihm Seil, und plötzlich stürzte er. Das Bäumchen bog sich, das Seil glitt darüber, und mein Bergführer genehmigte sich einen 20 Meter langen Sturzflug, nach dem er blutüberströmt am Ende des Seils baumelte. Ich liess ihn an den Wandfuss hinunter, von wo er vom Helikopter direkt ins Spital gebracht wurde. Der dritte Verletzte dieses Tages! Hätten Kletterschuhe wohl die Ehre des gestürzten Bergführers gerettet?

Unsere grössten Erfolge müssen manchmal durch den göttlichen Zufall unterstützt werden.

Ich will die Institution, die mich geweiht hat, nicht etwa kritisieren; schliesslich beendete ich den Aspirantenkurs als bester Teilnehmer. Während des eigentlichen Bergführerkurses half mir das Glück: Am ersten Tag vertraute man mir die Führung einer Skitour von Arolla zur Cabane Bertol und weiter über Tête Blanche, Mont Brûlé und Evêque zur Cabane des Vignettes an. In einem solchen Nebel hätte sich sogar ein Radar verirrt! Man gab mir einen Kompass. Ich hatte nie zuvor einen Kompass benützt. Ich führte die Gruppe, wobei ich neugierig das Ausschlagen dieser Nadel beobachtete, die in einer anderen Epoche und in anderen Gefilden Magellan geholfen hatte, seine Weltumseglung anzutreten. Nach stundenlangem Wühlen durch den Nebel kam ich auf Anhieb zur Cabane des Vignettes. Sagte Mummery nicht einmal, unsere grössten Erfolge müssten manchmal durch den göttlichen Zufall unterstützt werden? Von diesen Wochen, die wir mit Klettern, Hinunterklettern, Steigeisen-Anziehen und Steigeisen-Abziehen verbrachten, ist mir eine einzige Lehre in Erinnerung geblieben: Die Lehre, die wir aus der grössten Tour des Kurses zogen. Eine Tour, die wir bei schlechtestem Wetter unternehmen mussten und die beinahe zur Katastrophe führte: Zwölf von uns gerieten in eine Lawine an der Tête Blanche.

1981 waren wir dennoch 28 Davongekommene, die das Bergführer-Diplom in Empfang nahmen. Ich war glücklich, meine Leidenschaft zum Beruf machen zu können. Es ist allerdings ein Beruf, der den Ausübenden schlecht ernährt und ihm auch gefährlich sein kann: Kurz nachdem ich mein Diplom erhalten hatte, wurde ich für drei Monate von einer Bergsteigerschule angestellt. Die Rentabilität der Schule war weitaus wichtiger als die Sicherheit des Gastes und damit auch des Führers. Ich fand mich mit fünf bis sechs Personen am Seil wieder, und wenn man mit einer solchen Karawane zum Monte Rosa aufbricht, wird man nervös. Der Lohn war anständig, doch das war auch gleich das einzige Anständige an jener Schule.

Wir schreiben das Jahr 1981. Im Bergführerkurs lerne ich den Bündner Norbert Joos und den Berner Peter Hiltbrand kennen. Sie fragen mich, ob ich zum Nanga Parbat mitkä-

NANGA PARBAT (8125 m)

Diamirflanke

△ Lager I   (5000 m)
△ Lager II (6100 m)
△ Lager III (6950 m)
△ Lager IV (7400 m)

me. Zu jenem Zeitpunkt meines Lebens wäre ich mit jeder erdenklichen Expedition mitgegangen. Und besonders gerne zum Nanga Parbat, einem Gipfel, von dem ich seit Jahren träume! Doch da ist noch ein kleines Detail, das geregelt werden muss: Wie soll ich die 10 000 bis 12 000 Franken aufbringen, die meine Teilnahme an der Expedition kostet? Eine Kleinigkeit, wenn man Schreiner ist und seine Arbeit erst mit Seiltanz-Übungen in den peruanischen Anden eingetauscht hat, um sich dann mit Ausbesserungsarbeiten an einem Hotel in Kandersteg über Wasser zu halten... Es gibt nichts anderes, als meinen ganzen Stolz zu vergessen und bei den Mitgliedern des Alpenclubs des Greyerzerlandes vorzusprechen. Ich schreibe einen Brief, in dem ich ihnen erkläre, dass ich zum Nanga Parbat gehen werde und Geld brauche. Wenn ich heute daran zurückdenke, erröte ich...

Dank der Grosszügigkeit vieler Menschen reise ich also am 2. Mai 1982 nach Rawalpindi ab. Wir sind sieben Bergsteiger mit einem Chef – Stefan Wörner –, 2250 Kilo Material und 90 Trägern und wollen zur Diamirflanke des Nanga Parbat. Diesen Gipfel hat vor uns keine Schweizer Expedition betreten. Die Entdeckung von Pakistan, der pakistanischen Strassen, der islamischen Welt mit ihrem Geschmack an Palaver... Ein Tag vergeht damit, die Träger auszuwählen und die 25 Kilo schweren Lasten zu verteilen, vier Marschtage brauchen wir, um das Basislager auf 4250 m zu erreichen. Der Winter streckt seine Füsse noch bis zum Basislager aus, das wir vom Schnee befreien müssen, bevor wir unsere Zelte aufbauen können. Nun bin ich am Fuss dieser Flanke: beinahe 4000 Meter, die ich Schritt für Schritt hinter mich bringen muss. Ich bin wie mit dem Fallschirm in eine neue Welt abgeworfen worden, in der die gewohnten Masseinheiten nicht mehr gelten. Was entspricht 1000 oder 100 Höhenmetern? Ich bin verunsichert und fasziniert zugleich. Jeder Alpinist oder jeder, der sich Alpinist nennt, träumt davon, eines Tages die 8000-Meter-Grenze zu überschreiten. Der Wunsch gehört zu unserem ständigen Bestreben, alles zu sammeln, was in den Alpen für Schwierigkeit steht und dann ein letztes Element, das schlimmste, das tödlich sein kann, hinzuzufügen: die Höhe. Die höchsten Berge des Himalaya und des Karakorum weisen alle eine «Todeszone» auf. Ich weiss sehr wohl, dass der Begriff grosssprecherisch wirkt – er entstammt dem poetischen Vokabular von Abenteuergeschichten –, doch er entspricht der Wirklichkeit: Lebewesen haben auf über 7500 m nichts verloren, und wenn sie dort oben bleiben, sterben sie. So einfach und so grausam ist es. Die

Peter Hiltbrand wird evakuiert – die Höhe schlägt schon im Basislager zu

**Norbert Joos unterhalb von Lager II;
unsere Expedition wird im klassischen,
aber nicht schwerfälligen Stil unternommen**

Geschichte des Alpinismus ist da, um uns daran zu erinnern. Wie viele sind in jenen lebensfeindlichen Höhen sanft entschlafen? Vor unserer Expedition hatte der Nanga Parbat vierzig Tote gefordert. Ich ahnte nicht, dass wir die Liste der Verstorbenen um einen Namen verlängern würden.

Nach einer Nacht im Basislager sind wir gerade am Frühstück, als jemand bemerkt, dass Peter Hiltbrand fehlt. Wir respektieren sein Ausschlafen. Schliesslich sind wir doch beunruhigt und öffnen sein Zelt: Er liegt im Koma! Peter Hiltbrand, ein robuster, 23 Jahre alter Forstarbeiter mit einem respektablen alpinistischen Palmarès, leidet an einem beginnenden Hirnödem. Zum Glück ist unsere Expedition traditionell organisiert – wir haben einen Arzt, einen Überdrucksack und künstlichen Sauerstoff für medizinische Notfälle dabei. Wir machen Peter zum Abtransport bereit und bringen ihn mit der Hilfe einiger Träger auf 2000 m hinunter.

Während sich Peter Hiltbrand erholt, nehmen wir die Besteigung der Diamirflanke in Angriff, jener Flanke, die Mummery 1895 anging. Doch der Schnee stellt ein zu gefährliches Hindernis auf unserer geplanten Route dar. Diamir: der Ort der Riesen. Die Riesen grollen und pusten ständig Lawinen hinunter. Am 16. Mai, nachdem wir eine Höhe von 6000 m erreicht haben, entscheiden wir uns aufzugeben, bevor wir alle weissgepudert sterben. Wir wechseln auf die Kinshofer-Route, die zuvor schon dreimal begangen wurde. Der klassische, aber nicht schwerfällige Stil unserer Expedition, zu dem die Errichtung von Höhenlagern, das Sichern der Schlüsselstellen und das ständige gegenseitige Ablösen der Mannschaften gehört, zwingt uns zu einem Kommen und Gehen am Berg. Die Spannung steigt zusehends. Die Expedition ist ein Dampfkochtopf, der nur darauf wartet, dass der Deckel explodiert, damit er seine Energie los wird.

Am 3. Juni verlassen Alex Berger, Martin Braun, Norbert Joos und ich endlich das Basislager in der Hoffnung, erst wieder dorthin zurückzukehren, wenn wir den Achttausender, meinen ersten Achttausender, im Sack haben. Zwei Stunden später kommen wir in Lager I auf 5000 m an, wo sich die Folgen der letzten Schneefälle als ziemlich katastrophal erweisen: Hier liegen ungefähr zwei Meter Pulver, und die Zelte sind vollkommen zugedeckt. Nachdem wir sie freigeschaufelt haben, entdecken wir, dass der Zeltmast gekrümmt ist.

Ich ahnte nicht, dass wir die Liste der Verstorbenen um einen Namen verlängern würden.

Freitag, 4. Juni, 2.55 Uhr: Das Aufstehen ist hart – ich habe schlecht geschlafen und bringe an diesem Morgen nichts hinunter. Seit gestern Abend verweigert mein Magen jegliche Nahrung. Ich werde später an jedem Himalayagipfel die Bestätigung dieser Besonderheit finden: In der Höhe tut mein Organismus Busse und gibt sich dem Fasten hin. Ich werde tagelang nur mit ein paar Energieriegeln als Nahrung und mit ein bisschen widerwillig geschluckter Flüssigkeit unterwegs sein.

Bei Tagesanbruch brechen wir von Lager I zu Lager II auf. Der Schnee ist tief und der Aufstieg sehr mühsam: Wir müssen die vom Schnee bedeckten Fixseile ausgraben. In Lager II erwartet uns das gleiche entmutigende Bild wie weiter unten.

Samstag, 5. Juni. Um 5 Uhr ziehen wir Rucksäcke und Steigeisen an. Wir haben ein zusätzliches Zelt zur Verfügung, da Alex krank ist und ins Basislager absteigen wird. Der weitere Aufstieg ist ebenso mühsam wie am Vortag. Bevor die Sonne kommt, steigen wir durch das Kinshofer-Couloir auf. Die Kälte ist beissend, und unsere Füsse bekommen etwas davon ab. Die Sonne wärmt uns ein bisschen. Von hier steigen wir schräg zur Passage auf, die zur Bazhin-Mulde führt. Plötzlich befinden wir uns auf einem riesigen Hang voller Triebschnee. Unvermittelt reisst er einige Meter über uns an! Wir geraten in Panik – innerhalb von einer Sekunde sind wir zum Spielzeug der Riesen geworden, die hier wohnen... Durch einen glücklichen Zufall löst sich das Schneebrett nicht, und wenig später erreichen wir ein Felsinselchen, wo wir Lager III auf 6950 m aufbauen. Das Vorbereiten des Lagers mit Pickel und Schaufel ist eine sehr harte Arbeit.

Bei Lager III (6950 m) reisst der Hang an, wir sind das Spielzeug der Riesen, die hier wohnen

Sonntag, 6. Juni. Wir brechen gegen 5 Uhr auf und spuren bis auf 7200 m. Von diesem Punkt aus können wir den Gipfelaufschwung sehen. Er scheint so nahe, dass wir sogar daran denken, gleich bis zum Gipfel vorzustossen, doch die Vorsicht, diese «Wissenschaft der Dinge, die man tun und die man nicht tun darf», erinnert uns daran, dass es schon spät ist und das Risiko ohne Biwakausrüstung zu gross ist. Wir steigen wie geplant zu Lager II ab. Dabei kreuzen wir die zweite Gruppe, die aus Stefan Wörner, Hans Staub und Peter Hiltbrand besteht. Sie steigen zu Lager III auf. Morgen werden sie Lager IV einrichten, und übermorgen möchten sie zum Gipfel gehen. Wir raten ihnen davon ab, da wir sie als zu schlecht akklimatisiert beurteilen: Sie überschreiten erstmals 6100 m. Doch sie steigen weiter auf. Vielleicht kippte unser Heldenepos genau in jenem Moment in eine Tragödie um.

Montag, 7. Juni. Nach dem Funkkontakt um 5 Uhr steigen Martin Braun, Norbert und ich wieder zu Lager III auf. Die Spur erleichtert den Aufstieg, doch die Kälte lässt nicht nach. Als wir beim Lager ankommen, ist die andere Gruppe eben aufgebrochen. Wir schauen zu, wie sie vorwärtskommen; sie sind langsam. Um 14 Uhr erreichen nur Stefan und Hans den Platz, wo sie Lager IV aufbauen.

Peter Hiltbrand ist noch immer nicht in Sicht. Stefan Wörner und Hans Staub werden später erzählen, dass sie eine Stunde auf ihn gewartet und versucht hätten, ihn zur Umkehr zu bewegen. Aber Peter Hiltbrand gehörte zu der Sorte Menschen, die nicht aufgeben, er hatte einen Willen, der an Starrköpfigkeit grenzte. Gegen 19 Uhr erreicht er schliesslich Lager IV. Er beklagt sich über nicht ab. Norbert Joos, Martin Braun und ich befinden uns in Lager III, vom Drama getrennt. Gegen 2 Uhr morgens klopft Stefan Wörner an unser Zelt und bittet uns aufzusteigen: «Peter liegt im Sterben.» Wir steigen auf wie eine Rakete. Um 6.30 Uhr erreichen wir Lager IV. Armer Peter... er redet noch, doch seine Worte sind unzusammenhängend, er gibt mechanisch Antwort.

Am 10. Juni 1982 stehe ich auf dem Nanga Parbat (8125 m), meinem ersten Achttausender

Magenbeschwerden, er hat den ganzen Tag erbrochen. Der Rest der Expedition, per Funk benachrichtigt, bricht in panische Aufregung aus. Jemand schreit, Hiltbrand müsse absteigen, sonst sei er ein toter Mann. Doch er steigt

«Peter, du wirst jetzt absteigen...»
«Ja, ja...»
«Also, du musst jetzt deine Schuhe anziehen...»
«Ja, ja...»

Doch er bleibt untätig, passiv, sein Schicksal und seine Lungen, in denen es eigenartig brodelt, berühren ihn nicht. Er leidet an einem kombinierten Hirn- und Lungenödem. Wir ziehen ihn an, packen ihn in einen Sack und ziehen ihn langsam auf das Plateau auf 7400 m hinunter. Das Plateau ist 3 oder 4 Kilometer lang. Nach 15 Metern sind wir am Ende unserer Kräfte. Wir müssen uns den Tatsachen beugen: Auf dieser Höhe würden wir zwei Tage brauchen, um ihn zu Lager III abzutransportieren. Er wiederholt immer wieder: «Es wird schon gehen...» Und dann, um 8 Uhr oder 8.15, als ob er die Sinnlosigkeit unseres Rettungsversuchs begriffen hätte, sagt er plötzlich: «Lasst mich sterben!» Und stirbt. Wir schliessen seine Augen, schlagen seine Kapuze herunter und lassen ihn in eine Spalte gleiten. Wir sind am Boden zerstört. Wir weinen. Es gibt Augenblicke, in denen wir uns gegen die Regeln dieses Spiels auflehnen möchten – doch wir haben sie ja freiwillig akzeptiert. Wir steigen alle zu Lager III ab. Was tun? Aufgeben oder weitermachen? Aufgeben nützt niemandem etwas, es käme nur einer weiteren Niederlage gleich, und Peter kommt deswegen auch nicht zurück. Nein, wir werden im Namen von Peter weitermachen.

Als ob er die Sinnlosigkeit unseres Rettungsversuchs begriffen hätte, sagt er plötzlich: «Lasst mich sterben!» Und stirbt.

Mittwoch, 9. Juni. Wir sind nur noch drei, die den Gipfel zu besteigen versuchen: Norbert Joos, Hans Staub und ich. Wir steigen wieder zu Camp IV auf und können es nicht vermeiden, an unseren Freund zu denken, der so nahe von uns ruht. Am Nachmittag legen Norbert und ich eine Spur bis auf 7500 m, um uns den Aufstieg am nächsten Tag zu erleichtern. Zurück im Zelt, trinken wir möglichst viel und essen sehr wenig: Wir bringen nichts hinunter. Ich habe Mühe einzuschlafen, ich bin nervös, fühle mich wie am Vorabend meiner ersten Touren, verängstigt durch das Unbekannte und erschreckt durch meine Waghalsigkeit, ich habe Angst vor Erfrierungen an den Füssen und vor einem Wettersturz – ja, ich habe einfach Angst.

Donnerstag, 10. Juni. Tagwache um 4 Uhr. Das Wetter ist wunderschön, mein Rucksack ist bereit: eine Thermosflasche, Biwakausrüstung, ein Paar Handschuhe und eine Ersatzbrille. Ich nehme das Tonbandgerät mit. Gegen 5 Uhr brechen wir in Richtung des Gipfelaufschwungs auf. Nach einer halben Stunde habe ich bereits kalte Füsse. Keine Ausreden: Der Mensch ist ein Warmblüter, und das heisst, dass er sich am besten fühlt, wenn seine Körpertemperatur bei etwa 37 Grad liegt – und das ist so ungefähr das Gegenteil von dem, was wir gerade am Nanga Parbat (minus 35 Grad) erleben. Ich schlage mit dem Pickel auf die Schale meines Schuhs. Oh Schreck! Mit einem teuflischen Lächeln bricht sie auseinander. Der vordere Teil ist vollständig aufgeschlitzt. Da stehe ich, am «König der Berge», mit einer Sandale am Fuss! Was soll ich tun? Das Risiko auf mich nehmen und weitersteigen? Meine Füsse gegen einen unsicheren Erfolg? Ich weiss nicht. Ich steige noch ein wenig weiter, und wir kommen flott voran. Auf 7600 m stoppe ich. Ich ziehe Schuhe und Socken aus und massiere die Füsse, um die Durchblutung zu aktivieren. Als das Gefühl in meine Zehen zurückkehrt, ziehe ich wieder ein Paar Socken

Die Schale meines Bergschuhs bei minus 35 Grad...

an, dann die Schuhe, die Gamaschen und die Steigeisen, die verhindern werden, dass sich der Schuh endgültig in seine Bestandteile auflöst. Wie wenn man von der Zwiebelschale verlangte, die Zwiebel zusammenzuhalten! Norbert holt mich ein und spurt ein Stück. Es ist 8 Uhr, und die Sonne lugt scheu hervor. Die Verhältnisse sind schlecht, überall liegt gefährlicher Triebschnee. Mit meinen Füssen scheint alles zu stimmen. Ich habe nicht mehr kalt. Hoffen wir, dass dieses Gefühl nicht bereits der Effekt von Erfrierungen ist! Mein Gesicht ist sehr gut geschützt dank einer Kapuze, die nur zwei Augenschlitze und ein Loch für den Mund aufweist. Dies genügt, um unsere unmittelbar lebenswichtigen Funktionen – Sehen und Atmen – wahrzunehmen. Nach 200 Metern verzweigt sich das Couloir in zwei Arme. Normalerweise sollte man hier nach rechts zum Gipfel halten. Doch die Lawinengefahr hält uns davon ab.

Ich bin sicher, dass Peter – könnte er zurückkommen – sagen würde: «Bravo!»

Wir steigen weiter nach links hoch durch ein ziemlich steiles Couloir mit zwei Aufschwüngen, die ich mit IV+ und V bewerten würde. Ohne Seil sind sie kein grosses Vergnügen. Das Couloir mündet dann in einen heiklen Grat, der auf dem Nordgipfel auf 8035 m endet.

Die Querung zum Gipfel ist leicht, und um 13.30 stehe ich auf den 8125 m des Nanga Parbat! Ich nehme meine Eindrücke auf Band auf. Ich sehe mich um, ich bin zufrieden. Von der anderen Seite des Berges führt keine Spur hinauf. Wir sind also die zehnte Seilschaft, die den Gipfel betritt und die ersten Schweizer. Kurz vor 14 Uhr erreicht Norbert den Gipfel. Wir machen ein paar Fotos, doch kann man einen solchen Augenblick überhaupt verewigen? Ich ziehe eine kleine Metallbüchse, ein Blatt Papier und einen Kugelschreiber aus meinem Sack. Das Blatt aber, auf das ich «Nanga Parbat – Swiss Exp. 82 – Diamir 10.06» geschrieben habe und dem ich nur noch die Namen beifügen müsste, fliegt davon. Ich habe ein zweites Blatt dabei, doch der Kugelschreiber funktioniert nicht. Die Riesen der Diamirflanke verweigern uns diese kleine Eitelkeit, unser Sieg wird namenlos bleiben. Um 14 Uhr geben wir unseren Erfolg per Funk durch. Rechtfertigt dieser Sieg wirklich seinen Preis?

Die 4000 m hohe Diamirflanke am Nanga Parbat: der Ort der Riesen

Der Nanga Parbat hatte bis zum 10. Juni 1982 auf zehn erfolgreiche Expeditionen 42 Opfer gefordert. Die Risiken einer solchen Unternehmung sind wohlbekannt, doch die Leidenschaft obsiegt. Ich bin sicher, dass Peter – könnte er zurückkommen – sagen würde: «Bravo!» Das ist zumindest die Art der Argumente, deren man sich bedient, wenn man nach einem Sinn in seinem Handeln sucht. Vierzehn Jahre nach meinem ersten Achttausender bleibt mir der Satz von Hermann Buhl im Gedächtnis: «Die Gefühle der erlebten Tage ziehen vor meinen Augen durch wie ein unmöglicher Traum, der nur einen Augenblick lang Wirklichkeit war.»

Wenn die Luft dünner wird...

Im Himalaya gibt es Spalten, Wächten, Lawinen, gefährliche Hänge mit Triebschnee, Steinschlag, brüchigen Fels – alles, was eben so zum Bergsteigen gehört. Dazu gesellt sich eine allgegenwärtige, heimtückische Gefahr: die Höhe. «Auf 8000 m gibt es dreimal weniger Sauerstoff als auf Meereshöhe. Das bedeutet, dass man seine ganze Willenskraft aufwenden muss, um Luft zu kriegen. Das ganze Wesen konzentriert sich auf ein einziges Ziel: den nächsten Atemzug», erklärte Maurice Herzog, einer der Erstbesteiger des ersten Achttausenders, der Annapurna. Seine Zeilen aus den fünfziger Jahren sind veraltet: Inzwischen hat der Mensch den Everest ohne Flaschensauerstoff bezwungen, Achttausender-Besteigungen aneinandergehängt und die Stoppuhr zum letzten Gegner erkoren, den es im Himalaya zu besiegen gilt. Die Höhe hat im Laufe dieser Entmythisierung etwas von ihrem schrecklichen Nimbus eingebüsst. Doch der Tod von Peter Hiltbrand erinnert daran, wie andere Tragödien auch, dass die extreme Höhe ihre unheilbringende Wirkung behalten hat: Sie beeinträchtigt das Leben und kann es durch ihre tödliche Umklammerung, etwa durch ein Ödem, auslöschen. Was geschieht im Körper des Alpinisten, der auf 8000 m aufsteigt? Bekanntlich ist der Sauerstoff lebensnotwendig für den Menschen: Er braucht ihn zum Atmen und zur Bereitstellung von Energie. Der Sauerstofftransport im Blut wird durch das Hämoglobin der roten Blutkörperchen besorgt. Die Sauerstoffmenge, die im Körper verfügbar ist, wird auch als Sauerstoffpartialdruck in den Lungenbläschen bezeichnet. Betrachten wir nun den Fall des Bergsteigers: Mit zunehmender Höhe nimmt der am Barometerdruck gemessene Gesamtluftdruck und damit auch der Sauerstoffpartialdruck ab. Auf Meereshöhe erreicht der Barometerdruck die maximale Höhe; der Sauerstoffpartialdruck beträgt hier 95 bis 100 mm Hg. Das sind ideale Voraussetzungen für den menschlichen Organismus, denn dieser Druck gewährleistet eine fast maximale Sauerstoffsättigung des Blutes: 95 bis 98 Prozent der Hämoglobinmoleküle sind mit Sauerstoff gesättigt. Leider aber ist das Meer nicht der Lebensraum des Himalayabergsteigers – je höher er steigt, desto tiefer sinkt der Barometerdruck und damit der Sauerstoffpartialdruck. Auf 5000 m sinkt der Sauerstoffpartialdruck auf weniger als die Hälfte des Ausgangswertes, nämlich auf 35 mm Hg. Der Sauerstoffdruck ist also auf 5000 m nur noch etwa halb so hoch wie auf Meereshöhe. Auf noch grösserer Höhe ist der Organismus einem Sauerstoffmangel ausgesetzt, und damit tauchen erste Beschwerden auf.

Soviel zu den theoretischen Grundlagen – der Mensch allerdings passt sich an wie jedes Lebewesen. In unserem Gehirn gibt es Rezeptoren, die auf den Barometerdruck reagieren. Wenn der Luftdruck sinkt, geben die Rezeptoren dem Organismus an, dass er die Atmung beschleunigen muss. Die Atmung wird schneller; diese Hyperventilation ermöglicht es dem menschlichen Körper teilweise, den geringeren Sauerstoffdruck zu kompensieren und somit trotzdem höherzusteigen. Bei längerer Dauer werden zudem rote Blutkörperchen neugebildet;

damit wird die Sauerstofftransportfähigkeit ebenfalls verbessert.

Warum stirbt man dann, wenn der Organismus sich auf so bemerkenswerte Weise anpasst, an Höhenkrankheiten? Tatsächlich fällt der Sauerstoffpartialdruck, der die Sättigung des Hämoglobins mit Sauerstoff bestimmt, drastisch ab. Bei einem Sauerstoffpartialdruck von 100 mm Hg sind die Hämoglobinmoleküle zu 100 Prozent gesättigt, bei 40 mm Hg nur noch zu 75 Prozent. Auf dem Gipfel des Everest schwankt der Sauerstoffpartialdruck zwischen 24 und 29 mm Hg, was bedeutet, dass die Sauerstoffsättigung des Blutes zwischen 45 und 55 Prozent beträgt. Um sich zu vergegenwärtigen, wie erschwerend dies ist, stelle man sich vor, dass man eine gegebene Belastung auf Meereshöhe ausführen muss, jedoch nur noch jedes zweite Mal atmen kann!

Wenn der Druck sinkt, wird die Atmung schneller: Nun verändert aber der beschleunigte Atemrhythmus auch das Säure-Basen-Gleichgewicht im menschlichen Körper. Der pH-Wert beträgt nicht mehr wie normal 7,4, sondern sinkt etwas ab, was die Sauerstoffsättigung des Blutes wiederum erschwert. Fassen wir zusammen: Der Alpinist muss riesige Anstrengungen erbringen, während das Blut den Sauerstoff nicht mehr so gut aufnehmen kann.

In dem Zustand, in dem der Bergsteiger fast nichts mehr trinkt und fast keinen Urin mehr ausscheidet, ist die Atmung der wichtigste regulierende Faktor des Säuren-Basen-Gleichgewichtes. Wenn ein einziges Zahnrad nicht richtig funktioniert, bricht das ganze Räderwerk zusammen: Der Sauerstoffmangel, die Hypoxie, wirkt sich negativ auf die Herztätigkeit aus. Das Herz kann weder in die Schlagader noch in die Lungenarterie genug Blut pumpen, und es fliesst weniger Blut zum Herz zurück. Blutflüssigkeit sammelt sich in den Lungenbläschen an. Da wir rund 300 Millionen Lungenbläschen haben, summiert sich die Wasseransammlung in all diesen sogenannten Alveolen zu einer eigentlichen Überschwemmung, und der Gasaustausch wird damit verunmöglicht. In diesem Fall, wenn die Flüssigkeit aus den kleinen Blutgefässen in die Lungenbläschen austritt, kommt es zu einem Höhenlungenödem (HLÖ). Anderer möglicher Fall: Wenn die Flüssigkeit sich nicht in der Lunge, sondern im Gehirn ansammelt, schwillt das Organ an, bis es an die durch den Schädel gegebenen Grenzen stösst. Die Zellen werden geschädigt, und ein Höhenhirnödem (HHÖ) tritt ein. Während das HLÖ manchmal auf mittleren Höhen (ab 3000 m) auftritt, scheint das HHÖ charakteristisch für extreme Höhen zu sein. Das HHÖ ist die gefährlichste Situation: Die Betroffenen werden meist in kurzer Zeit bewusstlos und sterben in ein bis zwei Tagen, sofern sie nicht schnell in tiefere Lagen hinuntergebracht werden können.

Was denkt der Mediziner über die extreme Höhe? «Auf den Organismus hat sie katastrophale Auswirkungen», antwortet er kategorisch. Erinnert sich aber der gleiche Arzt daran, dass auch er Alpinist ist und er selbst einmal, wohl in einem Augenblick der Verwirrung, bis auf 7500 m hochgestiegen ist, korrigiert er sich schnell: «Die Berge verdienen es sehr wohl, dass man ihnen einige Zellen opfert!»

KAPITEL 4

« Es gibt nur wenige grosse Gefahren, die den Bergsteiger bedrohen, und man begegnet ihnen sehr selten. »

Albert F. Mummery

Mit den Achttausendern verhält es sich wie mit den Erdnüssen

Am 23. April 1983, als ich nach Rawalpindi in Pakistan abreise, weiss ich noch nicht, welcher Gefahr ich entgegenfliege. Doch ich weiss, dass ich eben knapp einer Zirrhose entgangen bin. Wochenlang haben wir – um unsere Expedition in die entlegensten Ecken des Baltoro zu finanzieren – Weinkisten an alle, die Berge und Wein lieben, verkauft. In unserer Region sind dies viele. Jean-Claude Sonnenwyl, Pierre Morand («Pommel»), Gérard Spicher («Minet») und ich liefern den Wein den Kunden nach Hause. Unsere guten Manieren zwingen uns, die Gastfreundschaft der Käufer – es sind in vielen Fällen Freunde – zu ehren, und wir bleiben zu einem ausgedehnten Schwatz, bei dem wir uns natürlich auch erfrischen müssen. So lange und so intensiv, dass wir die fröhliche Gesellschaft mit mehr Alkohol intus verlassen, als in den gerade gelieferten Kisten übrigbleibt. Schliesslich fehlte wenig, und eine Karawane von Alkoholikern hätte sich zu Broad Peak (8047 m), Hidden Peak (8068 m) und Gasherbrum II (8035 m) aufgemacht.

Am Nanga Parbat sah ich, dass ich die extreme Höhe vertrage – ein glücklicher Zufall für alle, die von den Achttausendern träumen. In der Alpingeschichte gibt es genug Beispiele von Bergsteigern, die nicht in extreme Höhe aufsteigen konnten. Entweder man verträgt die Höhe, oder man verträgt sie nicht.

Kaum vom Nanga Parbat zurück, habe ich um die Bewilligung für den Hidden Peak gebeten, der auch Gasherbrum I genannt wird. Jean-Claude Sonnenwyl, ein 25 Jahre alter Freiburger Forstarbeiter, Pierre Morand, ebenfalls 25, und Gérard Spicher, 27, Autospengler, wollen mitkommen. Beim Planen und Vorbereiten ruft mich Stefan Wörner an, der Leiter der Nanga-Parbat-Expedition. Er sagt zu mir: «Ich habe die Besteigungserlaubnis für den Gasherbrum II, du jene für den Hidden Peak. Warum beantragen wir nicht auch noch eine Bewilligung für den Broad Peak?» Im Jahr zuvor hat der grosse Reinhold Messner die Besteigungen von Gasherbrum II und Broad Peak aneinandergehängt. Gelänge es nicht, einen dritten Achttausender während ein und derselben Expedition zu bezwingen? In jener Zeit herrschten in Pakistan lokkerere Gesetze als heute, und wir erhielten tatsächlich die dritte Bewilligung. Am Nanga Parbat war ich der einzige Romand gewesen, der einzige «Welsche», das Symbol jener in den Geschichtsbüchern überschwenglich gepriesenen multikulturellen Schweiz. Im Baltoro dagegen kümmere ich mich um die Verbindung zwischen zwei sprachlichen Gemeinschaften: Wir sind fünf Deutschschweizer und vier französischsprachige Romands. Diese Expedition widerspiegelt den Charakter der Schweizer, die nichts lieben, was der andere gern hat, weder die Küche noch die Musik, die aber dennoch miteinander auskommen, weil sie sich nicht verstehen und weil sie für einander die belustigte Neugierde des Ethnologen empfinden... Das ist das eigentliche Wunder des über 700 Jahre alten helvetischen Puzzles!

Abgesehen von der grossartigen Demonstration der Erdkräfte nimmt man bei einer solchen Wanderung auch anderes wahr: Man erfasst die Kleinkariertheit gewisser Charaktere...

Am Mittwoch, dem 4. Mai, machen wir uns über den Karakorum-Highway, die Strasse, die Pakistan mit China verbindet, nach Skardu auf. Eine Strasse, die der Mensch der Natur aufgezwungen hat. Die Karakorum-Berge können sie nicht leiden und geben sich alle Mühe, sie in das Wasser des Indus hinunterzuspedieren – was ihnen teilweise auch immer wieder gelingt. Die Fahrer, die auf dem Karakorum-Highway unterwegs sind, sind die wahren Märtyrer des Automobilsports: Täglich gelingen ihnen neue Exploits auf dieser von den Sportjournalisten vergessenen Strekke. Manchmal wird einer von ihnen hinuntergerissen oder von seiner Maschine im Stich gelassen; dann findet er seine letzte Ruhe im aufgewühlten Flussbett des Indus. Am Samstag, dem 7. Mai, verwandelt sich unsere Expedition, die an sich in leichtem Stil geplant und unternommen wurde, in eine schwerfällige Karawane, die an die aufwendigen Unternehmungen der Pionierzeit des Himalayabergsteigens erinnert: Unsere 3600 Kilo Ausrüstung werden auf 145 Träger aufgeteilt, die sich im Gänsemarsch entlang dem Fluss Braldo zum Konkordiaplatz aufmachen. Von Dassu bis ins Basislager benötigen wir zwölf Tage. Schon diese Wanderung ist ein eigentliches Abenteuer: Die sprunghaften Launen der Flüsse lassen das Durchwaten zu einem Spiel mit dem Zufall werden, die Brücken halten nur, weil sie es so gewöhnt sind, und die 58 Kilometer über den Baltoro-Gletscher enthalten einige Fallen. Minet wird vom Wasser davongetragen, er kann sich retten, indem

GASHERBRUM I – GASHERBRUM II – BROAD PEAK

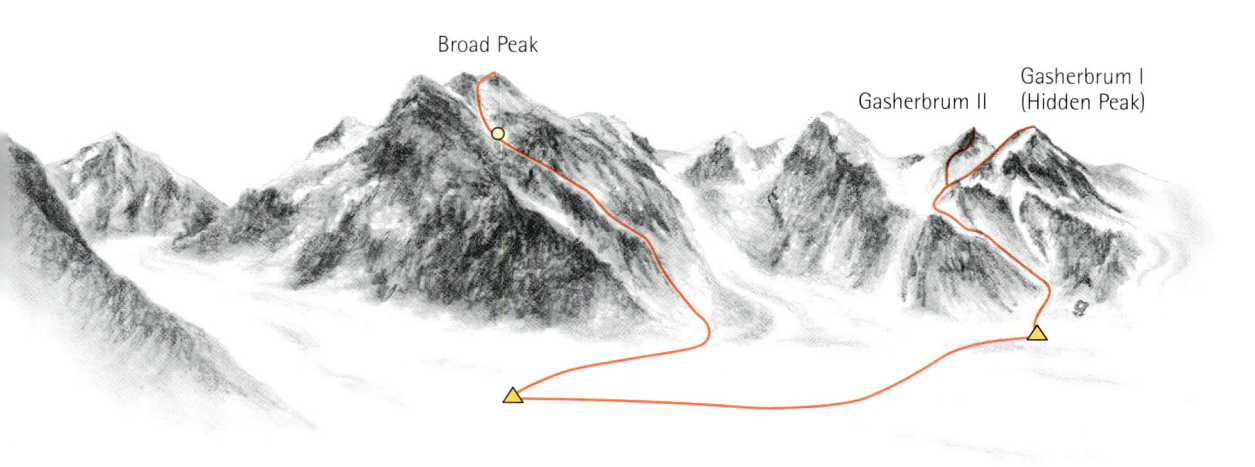

18. Mai 1983:	Ankunft im Basislager von Gasherbrum I und Gasherbrum II auf 5300 m
13. Juni:	Aufbruch zum Gipfel des Gasherbrum II
16. Juni:	Gipfelerfolg am Gasherbrum II (8035 m)
21. Juni:	Aufbruch zum Gipfel des Gasherbrum I (Hidden Peak)
23. Juni:	Gipfelerfolg am Gasherbrum I (Hidden Peak, 8068 m)
24. Juni:	Rückkehr ins Basislager
27. Juni:	Verschieben des Basislagers an den Fuss des Broad Peak auf 4900 m
29. Juni:	Aufbruch zum Gipfel des Broad Peak
30. Juni:	Gipfelerfolg am Broad Peak (8047 m)

○ Biwak
△ Lager

er sich an einem Stamm festhält; Pommel bricht sich beim Abstieg von einer Moräne beinahe das Genick. Und doch ist es kein Zufall, dass dieser Anmarsch zu einem vielbegangenen Trekking geworden ist: Er führt zwischen zwei Reihen von wundervollen Bergen – Trango Towers, Muztagh Tower, Masherbrum usw. – durch. Die Ankunft auf dem Konkordiaplatz ist überwältigend: Plötzlich ist man umringt von einigen der höchsten Berge der Welt: im Hintergrund der K2, die Gasherbrum-Gipfel, der Broad Peak – es ist eine dieser Stellen, an denen die Erde ihrer Kraft freien Lauf liess. Abgesehen von der grossartigen Demonstration der Erdkräfte nimmt man bei einer solchen Wanderung auch anderes wahr: Man erfasst die Kleinkariertheit gewisser Charaktere, muss sich davon überzeugen lassen, dass ein Arztabschluss unvereinbar ist mit gewöhnlichen Arbeiten, stellt fest, dass die Kekse abgezählt sind und der Whisky erfunden wurde, um die Beziehungsschwierigkeiten innerhalb der helvetischen Gemeinschaft abzuschwächen... Am 18., einem Mittwoch, erreichen wir das Basislager auf 5300 m am Zusammenfluss des Abruzzi-Gletschers mit dem südlichen Arm des Gasherbrum-Gletschers.

Siebzehn Tage lang gibt sich der Berg alle erdenkliche Mühe, uns beim Kartenspiel zu stören. Wir machen sechs Versuche, ein Materialdepot am Gasherbrum II anzulegen, doch es schneit praktisch unaufhörlich, und die Lawinengefahr nimmt ständig zu. Ich entdecke die Musse und gebe mich ihr mit Freuden hin: «Das Gefühl, sich allein im Zelt auszubreiten und nichts zu tun, finde ich saumässig gut», trage ich in mein Notizbuch ein. Ich begreife, dass der Mensch eigentlich ein faules Wesen ist. Tag um Tag vergeht, die Schneedecke wird dicker – und die Luft auch... Beim

**Der Konkordiaplatz:
Hier hat die Erde ihrer Kraft
freien Lauf gelassen!**

Zusammenstellen der einzelnen Teams werde ich für die erste Seilschaft ausersehen. Ich fühle mich geschmeichelt. Die drei anderen Romands betrachten mich als einen Verräter an der frankophonen Sache. Ich weiss sehr wohl, dass die Zwietracht vom zu engen Beisammensein genährt wird und dass es zwanzigjährige Freundschaften gibt, die zwei Tage erzwungenes Beisammensein nicht überstehen. «Ich denke, man sollte darüber diskutieren, nachdem alle einmal ohne Sauerstoff auf 8000 m aufgestiegen sind», liest man in meinem Tagebucheintrag vom 31. Mai. Genau!

Wir verbringen weitere zehn Tage im Basislager, unsere falschen Hoffnungen verwandeln sich in echte Enttäuschung. Die seltenen Aufhellungen heben unsere Moral nicht: Sie sinkt im Rhythmus der Lawinen. Und dann, am Sonntag, dem 12. Juni, profitiert die Deutschschweizer Gruppe von einer Wetterberuhigung und geht los. Das Team bricht zum Gasherbrum II auf, während wir uns auf den Angriff vorbereiten. Am Abend versuche ich einzuschlafen, während mich eine Frage beschäftigt: Wird das schöne Wetter wirklich sechs Tage halten?

Um 1.45 erwache ich und konsultiere den Höhenmesser: Er ist weiter gefallen, das bedeutet anhaltend schönes Wetter. Ich rufe zur Tagwache. Gegen 3.30 verlassen wir das Lager. Es ist nicht sehr kalt, und wir kommen zügig voran. Um 7 Uhr sind wir in Lager 1 auf 6000 m. Über uns schlagen sich Stefan Wörner und das erste Team mit dem Pfeiler des Gasherbrum II herum. Sie scheinen sich hinaufzuwühlen. Wenn ich «sie» sage, dann denke ich vor allem an Marcel Rüedi, der 90 Prozent der Spurarbeit verrichtet. Gegen 12 Uhr erreichen sie das Materialdepot auf 6900 m und stellen die Zelte auf.

Am 14. Juni verlasse ich das Zelt um 2.30 Uhr. Es ist dunkle Nacht. Ich merke, dass ich eine Stirnlampe hätte mitnehmen sollen – wenn die Nacht schwarz und dunkel ist, ist es praktisch, wenn man eine Lampe dabei hat! Ich errate die Spur mehr schlecht als recht, doch ich fühle mich in Form. Um 5 Uhr überrasche ich die Insassen von Lager II, die noch in den Federn stecken. Marcel Rüedi und Fredi Graf sind bald bereit. Ich liefere dem einen die Medikamente, dem anderen die Zigaretten, um die sie mich gebeten haben. Ich ziehe meine Steigeisen an, erleichtere meinen Rucksack um ein Zelt und breche wieder auf. Über einen Séracriegel finde ich einen Durchgang. Die Stelle ist zwar leicht, aber ausgesetzt. Oben auf dem Sérac angekommen, gewähre ich mir eine Pause, nehme meine Trinkflasche heraus und lasse sie fallen – ein Beweis, dass ich Freude an der zusätzlichen Anstrengung habe! Sie bleibt 50 Meter weiter unten am Rand einer Spalte liegen. Wenn man einen Achttausender besteigt, dürfen einen 50 Meter nicht abschrecken... Ich steige hinunter und mit fröhlichem Herzen wieder auf. Fredi und Marcel haben aufgeschlossen. Von meinem Standpunkt kann ich Lager II und die drei Romands sehen, die mir zu verstehen geben, dass sie heute nicht mehr höhersteigen. Marcel und ich müssen uns also zu zweit in die anstrengende, ermüdende Spurarbeit teilen. Wir kämpfen uns bis zur grossen Schulter durch, wo Messner im Jahr davor sein Zelt aufgestellt hat. Ich gehe voraus und schinde mich ab. Ich treffe auf ein Zelt und einen Pikkel. Sie gehörten zwei Österreichern, die vom Gasherbrum II nicht mehr zurückgekehrt sind. Es ist Mittag, wir entscheiden, weiter aufzusteigen. Je länger wir uns durch die sich bewegenden Schneedünen hinaufkämpfen, desto grösser wird unsere Wut. Da wir uns nicht über die Natur nerven können, ärgern wir uns über die drei Menschen – Stefan Wörner, Fredi Graf und Alfred Meyer –, die uns folgen und noch keinen Meter gespurt haben! Wir steigen über den Pfeiler auf und stellen fest, dass wir noch weiter müssen, um einen Lagerplatz zu finden. Auf 7400 m halten wir an. Es ist 17 Uhr, und ich habe mehr als vierzehn Stunden Aufstieg in den Beinen. Ich bin müde, aber weniger als die anderen, die sich, wie es gerade kommt, in den Schnee fallen lassen, so dass ich als Freiwilliger dazu verknurrt werde, das Biwak einzurichten. Ich esse etwas Speck und Lebkuchen, trinke aber wenig. Der Schlaf hebt alle meine körperlichen Bedürfnisse auf. In meiner Benommenheit gehen mir ein paar Fragen durch den Kopf: Ich bin müde nach diesem 1500-Meter-Aufstieg, ich habe seit Beginn der Expedition nie oberhalb von 6000 m geschlafen, und ich frage mich, wie mein Körper auf diese Nacht in grosser Höhe reagieren wird.

2 Uhr nachts, 16. Juni: Stefan beginnt, Wasser zu kochen. Um 4 Uhr verlassen wir alle zusammen das Lager. Die Kälte packt sofort zu. Meine Jacke gibt mir unverblümt zu verstehen, dass sie von diesem Punkt an den äusseren Umständen nicht mehr gewachsen ist. Ich fühle, wie die Kälte in meine Füsse kriecht. Unter meinen Hosen trage ich nur ein Paar lange Unterhosen, und ob es mir passt oder nicht: Das ist nicht genug! Nach wenigen Metern hängen Marcel und ich die anderen ab, obwohl wir spuren müssen. Wir begreifen, dass wir von den anderen keine Unterstützung erwarten können. Ich verstehe plötzlich, warum der Radrennfahrer die Windschattenfahrer hasst. Na ja...

Eine Querung führt uns zum Übergang, einer gefährlichen Passage, die in Triebschnee mündet. Um 9 Uhr sind wir im Sattel auf 7600 m. Der Gipfel scheint ganz nahe, der Schnee ist hart und unsere Moral gut. Doch nach 200 Metern treffen wir wieder auf die gleichen Verhältnisse: Die Füsse bleiben im Schnee stecken, und wir müssen sie dem Berg mühsam entreissen. Gegen 10 Uhr schwatze ich per Funk mit Riffat, unserem Sirdar, und teile ihm unsere Pläne mit: Ich werde ihn gegen 11 Uhr wieder kontaktieren, zu dieser Zeit sollte ich auf dem Gipfel sein. Der Aufstieg wird so anstrengend, dass wir uns alle 10 Meter ablösen. Um 12 Uhr erreichen wir eine kleine Einsattelung auf 8015 m. Stefan und die zwei Fredi (Alfred Meyer und Fredi Graf) kommen an. Sie sind völlig ausgepumpt. Ganz weit unten, in der Nähe des Sattels, nehme ich eine sechste Gestalt wahr – das kann nur Jean-Claude Sonnenwyl sein, der schlechtes Wetter aufziehen sieht und ihm zuvorkommen will. Ich zögere, ich habe 8015 m erreicht und bin versucht, mich mit diesem Erfolg zufriedenzugeben. Doch dann denke ich an Vincent Charrière, den Freund und Bergkameraden, der ein paar Monate zuvor in einer Lawine ums Leben gekommen ist. Die Erinnerung an ihn begleitet mich. Darauf entschliesse ich mich, die letzte Traversierung anzupacken. Marcel geht voraus, ich folge ihm, mich auf meinen Skistock stützend – die alten Bergführer hätten keine Freude an mir.

> *Je länger wir uns durch die sich bewegenden Schneedünen hinaufkämpfen, desto grösser wird unsere Wut.*

Der Muztagh Tower beim Anmarsch zwischen zwei Reihen von wundervollen Bergen

Schliesslich erreichen wir den Gipfel und werden sogleich von Wolken eingehüllt. Ich mache ein paar Fotos, darunter eine von Marcel Rüedi, der sich eine Achttausender-Schrulle zugesteht: Freudig schwenkt er eine grosse Aufnahme von Nastassia Kinski. Sie wollte anscheinend einmal einen Achttausender besteigen. So befinden wir uns zu dritt auf dem Gipfel...

Als ich beim Abstieg dem Grat folge, gibt plötzlich etwas unter meinem Fuss nach: Die Wächte bricht ab, doch da mein Körpergewicht auf dem anderen Fuss ruht, bleibe ich auf festem Boden und lasse die Wächte ihren Tiefflug allein antreten! Wir kreuzen Jean-Claude Sonnenwyl. Ich teile ihm mit, dass ich etwas weiter unten auf ihn warten werde. Gegen 15.30 nähert sich mir eine taumelnde Figur – Jean-Claude, der vom Gipfel zurückkehrt. Er hat innerhalb von acht Stunden 1500 Höhenmeter hinter sich gebracht! Ich schaue ihn an, er hat sich übergeben, und ich denke für mich, dass man in einem derartigen Erschöpfungszustand schnell mit einem Fuss ins Jenseits gerät. Gegen 16.30 Uhr erreichen wir Lager III, wo alle zusammenkommen. Pommel und Minet werden ihren Gipfelangriff morgen lancieren. Alle sind müde. Marcel und ich entschliessen uns, weiter abzusteigen. Wir zwingen Jean-Claude, uns zu folgen; ich befürchte, eine weitere Nacht in der Höhe wäre für ihn eine zuviel. Um 19.30 sind wir in Lager II. Ich lasse die Bilder von Lager III noch einmal an mir vorbeiziehen, die von der Erschöpfung zerstörten Wesen, und ich denke, alle hätten absteigen sollen. Das Problem war, dass die meisten von ihnen dazu nicht mehr fähig waren... Ich richte mich allein in einem Dunlop-Zelt ein, Marcel und Jean-Claude teilen sich ein Zelt. Ich esse nichts und trinke nichts. Mein Hals brennt, ich finde keinen Schlaf.

Am nächsten Tag teilen mir Pierre und Minet per Funk mit, dass sie sich nicht zum Abstieg entschliessen können und dass sie vielleicht noch etwas zuwarten würden vor dem Gipfelangriff. Um 8.30 nehmen wir den Abstieg zu Lager I unter die Füsse. Um 10 Uhr haben wir erneut Funkverbindung. Ich erfahre, dass alle absteigen wollen. Ich bin erleichtert, denn der Himmel hängt tief und lastet schwer wie ein Deckel über dem Gasherbrum II. Es beginnt, heftiger zu schneien. Während ich vorausgehe, um die Spur zu bahnen, lerne ich plötzlich die Bedeutung des Wortes «Hunger» neu kennen: Ich habe gierige Lust nach «Dal», jenem Linsengericht, das man in den Himalayaländern isst. Um 14.30 kommen wir im Basislager an. Ein unbeschreiblicher Moment: Ich kann dazu nur sagen, dass ich alles in der Welt hingeben würde für die Minute, in der ich unten ankomme, wieder zu einem sozialen Wesen werde und das Gefühl der Austrocknung vergesse – jene Austrocknung, die den Hals anschwellen lässt und den Geschmack von Gefahr hat.

> *Ich würde alles in der Welt hingeben für die Minute, in der ich das Gefühl der Austrocknung vergesse – jene Austrocknung, die den Geschmack von Gefahr hat.*

Um 16 Uhr versetzt uns unser Funkgespräch 2000 Meter nach oben mitten in den Sturm: Völlig verdutzt erfahren wir, dass die ganze Truppe sich auf eine Nacht auf 7100 m vorbereitet, an einem verrückten Ort, wenn es so stark schneit. Ich werde wütend. Die Funkwellen übertragen meine aufgeregte Stimme, doch der Wind verstreut sie in die tobenden Elemente. Ich flehe sie an: «Nehmt euch zusammen, steigt wenigstens zu Lager II ab!» Ich drohe ihnen: «Sonst wird sich ein Unglück ereignen!» Ich schwenke das Funkgerät, diese wirkungslose Fernbedienung, und dort oben bereiten sie sich auf die Nacht vor! Es bleibt mir nichts anderes übrig, als zu beten, dass die Lawinen ihren wilden Tanz beenden mögen.

7.02 Uhr: Seit zwei Minuten klopft mein Herz zum Zerspringen: Das Funkgespräch war auf 7 Uhr angesetzt. Zwei Minuten genügen, und meine Fantasie brennt durch. Doch Pierres Stimme setzt schliesslich meinen düsteren Gedanken ein Ende. Ich bin erleichtert, ohne ganz beruhigt zu sein: Alle haben eine schlechte Nacht verbracht, und – Zitat – «die Totos sind nur noch Wracks» (Toto ist die etwas negative Bezeichnung, die wir Welschen unseren deutschsprachigen Mitbürgern geben, wenn wir 700 Jahre Zusammenleben vergessen). Gegen 11 Uhr sind sie in Lager II. Ich erfahre, dass der Arzt bereits schwarze Finger hat, Anzeichen von Erfrierungen dritten Grades, und ich rate Pierre, beim Abstieg zu sichern, auch wenn sie den ganzen Tag dazu benötigen sollten. Um 18.30 teilt mir Pierre mit, sie seien in Lager I angekommen. 19.30, weiteres Funkgespräch mit einem anderen Gesprächspartner: Stefan Wörner ist zum Schwatzen aufgelegt und redet drauflos. Es sei hier ein für allemal gesagt und festgehalten: Sie alle hätten ohne Pommel und Minet einen langen Winterschlaf angetreten und das Tal erst ein paar tausend Jahre später in tiefgekühltem Zustand erreicht.

Samstag, 18. Juni: Nach sieben am Berg verbrachten Tagen kommen die Überlebenden des Gasherbrum II gegen 17 Uhr zurück. Pierre ist der erste, er rennt aufgeregt zum Zelt und lässt sich gehen. Er hat noch nie ein

Am Gasherbrum II benötigen wir 14 Stunden, um zu Lager III auf 7400 m zu gelangen

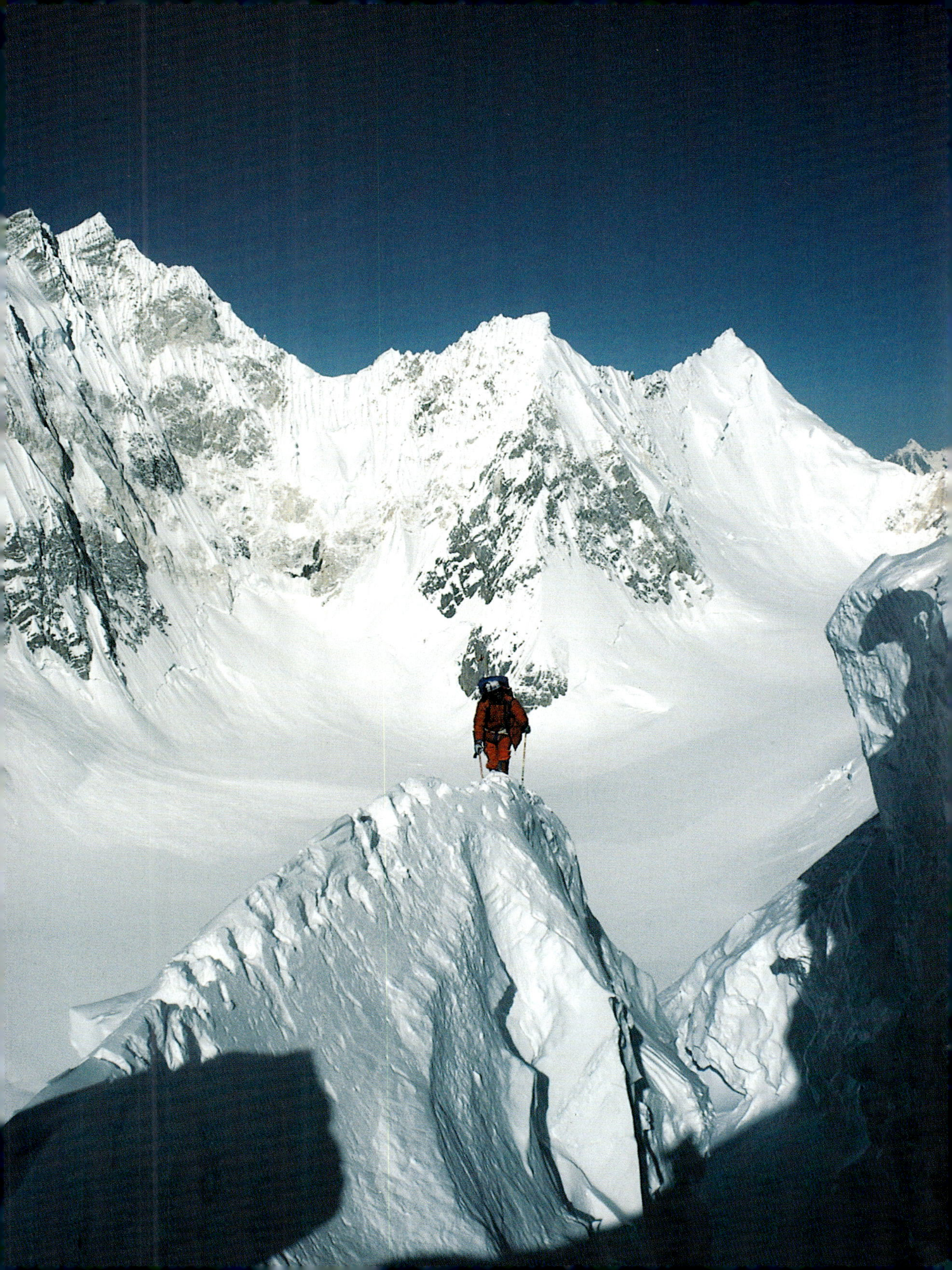

solches Abenteuer erlebt und sagt, es sei ein Wunder, dass beim Abstieg niemand gestorben sei. Ich höre ihren Erzählungen zu, als plötzlich in den benachbarten Zelten die grosse, hohle Prahlerei beginnt... Man kann die Menschheit in zwei ungleich grosse Kategorien einteilen: die Schwätzer und die Wackeren.

Die anderen untersuchen den Höhenmesser, wie wenn es die Eingeweide eines Huhnes wären, aus denen man die Zukunft ablesen könnte. Wir haben den 21. Juni, Sommersonnenwende, und wollen zum Angriff auf den Hidden Peak oder Gasherbrum I (8068 m) schreiten. Marcel Rüedi und ich sind seit einer halben Stunde unterwegs, als wir gerufen werden. Ich muss mich gar nicht erst umdrehen, um den Inhalt der Botschaft zu kennen: Jean-Claude, Pierre und Minet folgen uns nicht. Kleine Rechenaufgabe: Fünf Alpinisten brechen bei einer dicken Neuschneedecke zum Gipfel auf; nach einer halben Stunde geben drei davon auf – wieviele Alpinisten bleiben dann noch übrig, um zu spuren? Am Fuss des grossen Hangs stehe ich zur Seite, um Marcel vorbei zu lassen. Die Götter sind ihm gnädig: Eine riesige Lawine hat die ganze Flanke leer gewischt. Übrig geblieben ist ein harter Grund, auf dem man so wenig einsinkt wie auf Linoleum. Um 14.30 erreichen wir Lager I auf 6500 m. Der weitere Verlauf der Route ist nicht offensichtlich: Im Couloir herrschen schlechte Verhältnisse, die Sturm-Route verliert sich irgendwo auf dem Pfeiler, und auf der Messner-Route ist das Eis blank und blau.

Am nächsten Tag schlagen wir uns mit Hängen herum, die ich als «Gruselhänge» bezeichne. Das bedeutet in unserem Jargon, dass sie einem Bammel und Grauen einjagen, dass man Gänsehaut kriegt, dass einem wind und weh wird und das Herz in die Hosen rutscht – kurz, sie flössen panische Angst ein! Dann treffen wir auf ein kaputtes Fixseil. Ist es wohl eher fix oder eher kaputt? Wir riskieren es und ziehen uns daran hoch. Es hält. Nach einer Felskletterei auf dem Grat kommen wir auf einen riesigen, sehr steilen Schneehang. Ich wage es, betrete den Hang und versinke nach 50 Metern im Pulverschnee. Ich komme nicht mehr weiter. Dann versuche ich, zu den Felsen am Rand des Hanges auszuweichen, wo ich ein paar Haltepunkte finde. Mein erster Gedanke ist dem Seil gewidmet, das uns verbindet: Wir haben keine Haken, jegliches Sichern ist also symbolischer Art. Ich seile mich los, versuche aber, Marcel beim Nachstieg zu sichern. Er kommt glücklicherweise heil bei mir an und übernimmt den Vorstieg. Im Sattel nehme ich die drei Romands wahr. «Die sind ja nicht angeseilt, sie sind verrückt!», denke ich bei ihrem Anblick. Damit erfinde ich eine luftige Version der alten Geschichte, in der man den Splitter im Auge des anderen, aber nicht den Balken im eigenen sieht... Denn die Akrobatikübungen, denen wir uns auf unstabilen Hängen hingeben, können mich hinsichtlich meiner seelischen Verfassung nicht gerade beruhigen! Marcel schreit mir zu, er habe einen guten Stand gefunden. Ich freue mich darüber, solange er den Fels von Schnee befreit; dann muss ich mitansehen, wie der «gute Stand» mit rasender Geschwindigkeit in die Tiefe saust. Ich schliesse zu Marcel auf und steige weiter. Ich stosse auf Platten, auf denen 30 Zentimeter Schnee liegt. Zweimal stürze ich beinahe ab. Ich schreie, rede vom Aufgeben, ich lasse meinem Ohnmachtsgefühl freien Lauf. Dann fange ich mich wieder:

> *Dann treffen wir auf ein kaputtes Fixseil. Ist es wohl eher fix oder eher kaputt?*

Ich befinde mich 5 Meter unter der Wächte, ich muss es noch einmal versuchen. Ich probiere es gerade aus, und es geht, knapp zwar, aber es geht! Wir wühlen uns noch 100 Meter durch den Pulver, dann können wir unser Lager einrichten. Es befindet sich auf rund 7100 m. Der Sturm wiegt uns in den Schlaf.

Donnerstag, 23. Juni. Der Wind bläht unser Zelt wie ein Spinnaker auf. Um 5 Uhr brechen wir zum Gipfel auf. Der Aufstieg ist lang, der Schnee tief. Auf etwa 7300 m, wo Messner biwakiert hatte, erreicht uns die Sonne. Ich gehe voraus und hänge Marcel ab, der eine kurze Krise hat. Gegen 10 Uhr halte ich an, esse etwas und warte auf ihn. Wir sind uns einig, dass wir noch zwei Stunden bis zum Gipfel benötigen. Wir steigen weiter, er über den Schnee, ich über die Felsen. Endlich erreiche ich den Gipfelgrat, der von einer Wächte versperrt wird. Ich weiss, dass ich mich nach der Wächte 50 Meter unter dem Gipfel befinden werde. Ich suche links, dann rechts einen möglichen Durchgang, ich drehe den Kopf wie ein vom Licht erschreckter Kauz. Ich schreie Marcel zu, dass wir den Gipfel ohne Pickel niemals betreten werden. Als allerletzten Ausweg versuche ich den Aufstieg über einen grossen, steilen und harten Hang. Es geht, Gott sei Dank! In einer Routenbeschreibung würde diese Passage als gefährlich bezeichnet, doch ich stehe nun auf dem Grat, und bis zum Gipfel handelt es sich nur noch um ein paar Minuten. Es ist 13.30, ich bin auf dem Hidden Peak, dem «Verborgenen Gipfel». Flohmarkt auf 8068 m: Ich finde einen Simond-Pickel, einen Karabiner und einen Haken. Zwischen zwei Fotositzungen mache ich mir Sorgen um das Verbleiben von Marcel. Als ich aufstehe, fällt mir meine Rollei aus den Händen und fliegt hinunter! Ich weiss schon, man sollte nie gotteslästerliche Reden halten, aber in jenem Moment konnte ich sie mir nicht verkneifen. Um 14.30 kommt auch Marcel auf den Gipfel. Er hat noch zwei Bilder auf dem Film, eines für ihn, eines für mich. Dann machen wir uns an den Abstieg.

16.30, ich bin zurück im Lager. Pommel, Jean-Claude und Minet sind auch da. Sie leisten sich eine Nacht unter freiem Himmel, da sie kein Zelt dabei haben. Sie graben hübsche,

Eine Kolonne von Baltiträgern beim Anmarsch über den 58 km langen Baltorogletscher

kuschelige Kokons in den Schnee. 17.30, Marcel Rüedi ist auch wieder bei uns. Wir essen zu fünft in einem Dunlop-Zelt, das als kümmerliches Zweipersonen-Zelt konzipiert ist. Draussen grollt der Sturm. Nach unserer Schlemmerei wünscht uns Pommel gute Nacht und macht sich davon, um sein gemütliches Loch aufzusuchen. Wenige Minuten später trifft er wieder bei uns ein: Er ist knapp

**Marcel Rüedi
am Nordpfeiler des Gasherbrum I –
sogenannte «Gruselhänge»**

vor dem Ersticken! Tja, und wenn man sich vorstellt, dass irgendein Polarhund, irgendeine Kreuzung zwischen Alaskan Malamuth und Siberian Husky einzig mit seinem dichten Fell bewehrt Nächte mit Temperaturen bis zu minus 50 Grad und Wind bis zu 100 Stundenkilometern erträgt, die Nase im Schwanz verborgen! Doch der Alpinist ist nun mal kein Polarhund, und das bedeutet in unserem Fall, dass wir die Nacht zu fünft im dürftigen Zweipersonen-Zelt verbringen. Die Nacht ist ein einziger Albtraum, was wiederum eine Lüge ist, denn Albträume hat man nur im Schlaf.

Am nächsten Morgen räumen Jean-Claude und Pommel um 5 Uhr das Feld oder besser gesagt die Zeltwand. Das gewährt uns ein bisschen Schlaf. Minet geht nicht mit. Er steigt mit uns ab. Um 9 bin ich im Sattel: zweieinhalb Stunden Abstieg für zwölf Stunden Aufstieg. Gegen 10.30 beginnen wir unter dem Sattel mit dem Abstieg über einen zerschrundenen Hang. Minet hat das Seil verloren, wir müssen uns also hinuntertasten. In solchen Fällen geht der Leichteste voraus. Also gehe ich – mit meinen 58 Kilo – oft voraus. Ich überschreite ohne Zwischenfall unsichtbare, abgrundtiefe Spalten. Um 11.45 bin ich in Lager I, und wir steigen weiter ins Basislager ab. Am 24. Juni erreichen auch Pierre und Jean-Claude den Gipfel des Hidden Peak. Und damit haben zwei Seilschaften den zweiten Achttausender in acht Tagen betreten.

Für den dritten der vier Achttausender im Baltoro, den Broad Peak (8047 m), müssen wir unser Basislager verschieben. Wir bauen westlich des Berges, auf 4900 m, ein bescheidenes Lager auf. Ich habe die Absicht, in einem Zug bis zu Lager III aufzusteigen – ich weiss, dass dort oben Zelte stehen. Ich will also 2200 Höhenmeter in einem Tag hinter mich bringen. Marcel Rüedi ist der Ansicht, wir sollten ein Zelt mitnehmen. Meine Einwände sind so schwach, dass er es mir schliesslich übergibt, damit ich es – zusammen mit dem Kocher – hochtragen kann. Ich spiele also das Maultier und den Dummen zugleich. Am 29. Juni breche ich als Vorhut auf. Ich schlängle mich durch das Labyrinth des Gletschers. Ich habe ihn beinahe hinter mir und muss nur noch ein kleines Couloir überwinden; ich quere es und steige über weichen Schnee weiter. Plötzlich breche ich ein, und beide Beine versinken im Wasser – der Schnee hat einen Gletscherbach verdeckt! Ich sondiere mit meinem Stock, doch ich habe keinen Grund unter mir. Mein Puls galoppiert in die Höhe, während ich mir die Lage überlege: Ich stehe mit beiden Beinen im Wasser und klammere mich mit den Händen im Schnee fest. Wenn diese Schneeschicht auch noch einbricht, bin ich ein toter Mann, und eine Leiche mehr wird in den Indus geschwemmt. Ich habe Lust, nach Hilfe zu rufen, doch ich brauche meinen Atem, um mich aus meiner misslichen Lage zu befreien. Zentimeter für Zentimeter krieche ich zum Ufer. Ich bin bis zu den Knien triefend nass. Die ideale Voraussetzung, um einen der vierzehn höchsten Gipfel dieser Erde zu besteigen! Um 1 Uhr morgens steigen wir zu dritt weiter. Wir steigen an den Lagern vorbei, und Fredi Graf wendet die Technik des Ballonfahrens an, bei der man Gewicht abwirft, um Höhe zu gewinnen. In Lager II lässt er seinen Kocher zurück. Sein Rucksack ist inzwischen nur noch Dekoration. Der Wind hat die Spuren zugeblasen. Marcel und ich nehmen die Räumungsarbeit in Angriff. Gegen Mittag sind wir in Lager III auf 7100 m. Ein dicker Bauch kündet das Eintreffen von Don Whillans an; diese legendäre Persönlichkeit des Alpinismus ist mit einem Träger hier oben.

Im Gebirge besteht das Campieren darin, mehr Personen mitzunehmen, als es Plätze in den Zelten gibt. Worin bestände die Freude sonst, wenn einem nicht der Ellbogen des Nachbarn in die Rippen stäche und die Nase an der Zeltwand klebte? Wir sind also zu dritt im Dunlop-Zweierzelt. Doch, oh Freude, Stefan Wörner und Dölf Fröhlich kommen auch ins Lager. Herr Graf nimmt unseren Vorschlag, bei ihnen schlafen zu gehen, spontan an. Der Sturm wütet in der Nacht. Von Zeit zu Zeit verlasse ich meinen Schlafsack und befreie das Zelt von Schnee. Als ich ins Zelt und in den warmen Schlafsack zurückkehre, frage ich mich, ob mich die letzten zwei Wochen nicht erschöpft haben, ob ich nicht meinen Organismus unvernünftig fordere. Doch alle Anzeichen sind positiv, ich trinke, ich habe Hunger,

Wenn diese Schneeschicht auch noch einbricht, bin ich ein toter Mann, und eine Leiche mehr wird in den Indus geschwemmt.

Einwohner von Askole, dem letzten Dorf auf dem Weg ins Baltoro

ich esse, ich habe eben 2200 Meter Aufstieg hinter mich gebracht. Einen Augenblick lang werde ich euphorisch: Wenn meine Pumpe morgen mitmacht, habe ich den dritten Gipfel im Sack!

Donnerstag, 30. Juni. Kochen, Tee, Anziehen… – die Routine macht sich sogar in diesen wüstenähnlichen Höhen breit! Gegen 4.30 verlassen Marcel und ich das Lager. Dölf ist von der Etappe des Vortags erschöpft und gibt auf. Graf und Wörner folgen uns. Ich starte mühsam, fühle mich ausgelaugt. Doch dann kommt die Maschine Mensch in Schwung – nach und nach verbessert sich meine Form.

Ich steige allein voraus. Ich überwinde die Schwierigkeiten, Felsriegel, Séracs; sie sind alle durch frühere Expeditionen eingerichtet worden. Doch der Broad Peak ist flüchtig wie das Glück, das sich davonstiehlt, wenn man es zu ergreifen glaubt: Spuren ziehen sich über den langen Grat bis zum Himmel hinauf, ich folge den Fussstapfen meiner Vorgänger. Um 11.30 stehe ich auf meinem dritten Achttausender innerhalb von fünfzehn Tagen. Den Abstieg bringe ich beinahe im Flug hinter mich. Ich erkenne im Vorbeigehen Marcel, der eine Stunde unter dem Gipfel aufsteigt, Wörner und Graf, die Polinnen Anna Czerwinska und Krystyna Palmowska, zwei ausgezeichnete Bergsteigerinnen... Um 18.30 bin ich im Basislager. Am 2. Juli erreichen Jean-Claude Sonnenwyl und Pierre Morand den Gipfel des Broad Peak. Drei von uns haben also drei Achttausender-Gipfel innerhalb einer einzigen Expedition aneinandergefügt: Marcel Rüedi, Jean-Claude und ich.

Der Broad Peak (8047 m), der letzte Gipfel der Achttausender-Trilogie

Eigenartig – wenn ich zurückdenke, markierte der Broad Peak einerseits die Erfüllung eines Traums, anderseits waren meine Gefühle geteilt. Meine Freude wurde durch den riesigen Schatten des K2 verdüstert! Die Lust überkam mich, ihn gleich anschliessend im Galopp zu besteigen, wenn ich so sagen darf. Ein Galopp über 4000 Höhenmeter! Werde ich denn nie zufrieden sein? Nein, ich werde nie zufrieden sein, weil der Mensch unersättlich ist. Oder, wie die Araber sagen, nur der Staub des Grabes kann die Augen eines Menschen füllen. Dem würde ich beifügen: Mit den Achttausendern verhält es sich wie mit den Erdnüssen – man sollte nie damit beginnen...

Akklimatisation und Höhenrausch

Eine Expedition gleicht in ihrem Ablauf einer militärischen Übung: erstens Anmarsch; zweitens Aufbauen des Lagers; drittens Erkundung; viertens Warten und fünftens Gipfelangriff. Die Alpinisten, von denen man Kreativität erwartet, legen dabei die Fantasie eines Feldweibels an den Tag. Man kann darüber erstaunt sein, man kann sich aber auch denken, dass sie einfach den starren Gesetzen der Physiologie gehorchen.

Die Himalaya-Pioniere entdeckten die Bedeutung der Akklimatisation mit den ersten Expeditionen. 1938 beispielsweise erforderte der Anmarsch zum Everest nicht weniger als sechs Wochen! Wie wenn eine solche Anreise für die Akklimatisation nicht genügte, richteten die Expeditionen Lagerketten ein: Die Seilschaften lösten sich ab und stiegen bei jedem Gang an den Berg etwas höher. So wurde etwa der Gipfel der Annapurna nach zehntägiger Belagerung auf der Faucille-Route bezwungen. Der schwerfällige Expeditionsstil gewährleistete jedem Bergsteiger genügend Zeit, sich an die Höhe anzupassen: Es war die Zeit der erzwungenen Akklimatisation. Heute aber dauert der Anmarsch manchmal nur eine Woche oder sogar nur ein paar Tage. Ein Beispiel: 1994 kamen Erhard Loretan und Jean Troillet am Montag in Kathmandu (1300 m) an, am Freitag richteten sie sich im Everest-Basislager (5300 m) ein – in fünf Tagen gelangten sie 4000 Meter höher! Ein Fahrstuhl verträgt einen solchen Höhenunterschied problemlos; das Gleiche gilt allerdings nicht für den Menschen... Er braucht unbedingt eine schrittweise Anpassung an die Höhe. Dazu geht er mehrmals an den Berg, steigt auf eine gewisse Höhe auf und kommt dann jeweils wieder ins Basislager zurück. Die Erfahrung befreit nicht von der Akklimatisation: 1990 litt Jean Troillet, der damals bereits drei Achttausender bestiegen hatte, bei der Ankunft im Cho-Oyu-Basislager an Höhenkrankheit! Er musste absteigen, um sich in tieferen Lagen zu erholen. Was steckt hinter der Akklimatisation? Auf welche Mechanismen greift der Körper zurück, um der Höhe zu trotzen? Bei den Ausführungen zur Höhenkrankheit haben wir erfahren, dass die Höhe mit sauerstoffärmerer Luft einhergeht. Nun ist der menschliche Körper aber sehr empfindlich auf den Sauerstoffmangel (Hypoxie). Die roten Blutkörperchen oder Erythrozyten müssen als wichtigste Aufgabe den Sauerstoff von den Lungen ins Gewebe und Kohlensäure vom Gewebe zurück zur Lunge transportieren. Tritt nun ein Sauerstoffmangel ein, dann wird ein hormonaler Mechanismus ausgelöst: Die Nieren produzieren grössere Mengen des Hormons Erythropoetin. Dieses Hormon regt die Neubildung von roten Blutkörperchen im Knochenmark an. Damit wird die Sauerstoffversorgung im Organismus verbessert und der Sauerstoffmangel kompensiert. Leider wird künstlich hergestelltes Erythropoetin von Ausdauersportlern auch als Dopingmittel zur Verbesserung des Sauerstofftransportes missbraucht...

Ein paar Daten zur Illustration: Bei einer Studie wurden Menschen untersucht, die sich mehrere Wochen auf 4540 m aufhielten. Durch Zentrifugation kann man die Zahl der Blutkörperchen, die in einem Liter

Blut enthalten sind, leicht bestimmen: Bei einem Mann beträgt diese Menge 0,46 Liter, bei einer Frau 0,41 Liter. Die gleichen Zahlen kann man auch in Prozenten ausdrücken, wobei man dann vom Hämatokritwert spricht (46 % beim Mann, 41 % bei der Frau). Kommen wir auf die Studie zurück: Am Anfang des Aufenthalts auf 4540 m betrug der Hämatokritwert 45 %. In den ersten zwei Wochen blieb der Wert stabil, dann aber ging er hinauf und erreichte nach sechs Wochen ein Maximum von 55 %. Das Verhältnis zwischen Flüssigkeit und Blutzellen kehrte sich also genau um. Nach dieser Zeit blieb der Hämatokrit stabil und stieg nicht mehr an. Die Bildung von Erythrozyten nahm nicht weiter zu. Während die Konzentration roter Blutkörperchen auf Meereshöhe 15 % beträgt, erreicht sie also nach einem solchen Höhenaufenthalt 20 %! Das heisst, dass beim Menschen die Zahl der roten Blutkörperchen von 5 Millionen pro Milliliter Blut auf 6,5 Millionen steigt – eine bemerkenswerte Zunahme: Es stehen 30 % mehr rote Blutkörperchen zur Verfügung, um den Sauerstofftransport zu gewährleisten.

Leider wird die bessere Sauerstoffsättigung von einem erheblichen Nachteil begleitet: Das Blut enthält weniger Plasma (Flüssigkeit) als Blutkörperchen und wird damit visköser, das heisst zähflüssiger. Unter anderem deswegen steigt das Risiko einer Thrombose. Auch ist es nicht selten, dass sogar gut angepasste Alpinisten in der Höhe an Hämorrhoiden erkranken, einer Form von Krampfadern im Afterbereich. In diesen Krampfadern an ungebührlicher Stelle können sich Blutgerinsel bilden, und sie erinnern daran, dass man – so hoch man auch sitzt, ob auf einem Schloss oder auf 5000 m – sich halt doch immer nur auf den eigenen Hintern setzt!

KAPITEL 5

«Will man ganz tapfer sein, so darf man auf nichts mehr hoffen.»

Alain

«Tell me why», heisst der Refrain

Meine Erinnerung an die Besteigung des Manaslu beweist, dass wir von einer Geschichte nur behalten, was uns passt, und die Erinnerungen nach einer genauen Ordnung stapeln: die schönen zuoberst, bereit zum Hervornehmen, die schlechten zuunterst, nahe beim Vergessen. Unser selektives Gedächtnis erlaubt es uns weiterzufahren, die Rucksäcke noch einmal zu packen, noch einmal aufzubrechen – obwohl wir uns, in einem Augenblick der Verwirrung oder Hellsichtigkeit, geschworen hatten, nie mehr zu jenen menschenfressenden Bergen zurückzukehren – ein im Höhenrausch geleisteter Schwur, den wir sofort wieder vergessen, sobald uns die Sicherheit ernüchtert. Wenn ich die Besteigung vom 30. April 1984 des Manaslu (8163 m) zusammenfassen muss, kommen mir nur Banalitäten in den Sinn. «Der Gipfel hat mich nicht mehr als andere geprägt, die Normalroute ist sogar mit Ski nichts Aussergewöhnliches...» Und doch – diese paar Worte rufen Erinnerungen wach, die es verdienen, ausführlicher erzählt zu werden. Die Expedition an den Manaslu glich einem grossen Wiedersehen: Marcel Rüedi, mit dem ich im Baltoro drei Achttausender bestiegen hatte, und Norbert Joos, der mit mir auf dem

Gipfel des Nanga Parbat gestanden war, waren mit von der Partie.

Am 29. März 1984 kommen wir im Basislager an. Es folgt ein Monat schlechtes Wetter, in dem der Neuschnee jeglichen Besteigungsversuch verunmöglicht. Und wenn die Wetterbedingungen stimmen, macht unsere körperliche Verfassung nicht mit. Während unserer Annäherungsversuche haben wir zudem ständig das Donnern der Lawinen in den Ohren.

Am 29. April, dem Tag nach meinem 25. Geburtstag, treffen Werner Burgener, Norbert Joos, Marcel Rüedi und ich schliesslich in Lager IV auf 7500 m auf dem riesigen Gipfelplateau ein. Der Wind hat den Schnee weggeblasen und das Eis blankgefegt. Wir verbringen eine Nacht damit, das Zelt mit unserem ganzen Gewicht zu belasten, aus Angst, es könnte davonfliegen. Der Wind ist stürmisch und zerrt am Zelt. Am nächsten Morgen beginnen wir um 5 Uhr mit Wasserkochen. Ich schaue meine Kameraden an, und ihrer Begeisterung nach zu urteilen, denken nur Marcel und ich ernsthaft an den Gipfel. Dabei kann man den blauen Himmel über den Wolken erraten. Norbert und Werner lassen sich schliesslich überzeugen und machen sich ebenfalls zum Aufbruch bereit. Ich verlasse das Zelt. Die Götter des Berges nehmen uns die Sicht: Bald sind wir von Nebel umhüllt. Um 10 Uhr kehrt Werner um, Norbert begleitet ihn, ohne sich allzusehr zwingen zu müssen. Marcel und ich steigen weiter. Kurze Augenblicke lang kann man den Gipfel durch ein Loch in der Wolkendecke erkennen. Wir müssen uns mit voller Kraft gegen den Wind stemmen. Wir gleichen eher zwei programmierten Maschinen als zwei Menschen, die mit ihren Stärken und Schwächen handeln.

Um 14 Uhr steht einer nach dem anderen auf dem Gipfel, wir machen schnell ein Bild, solange wir noch fest auf dem Boden stehen können!

Gegen 17 Uhr sind wir zurück bei den Zelten. Nur durch Zufall finden wir sie wieder – das Gipfelplateau ist riesig, die Sicht gleich null, und die Orientierung ist für die einen in einer solchen Situation Gottesgeschenk, für die anderen Zufall. Norbert und Werner sind immer noch im Zelt. Sie tun sich schwer damit, ihre Hoffnungen auf den Gipfel aufzugeben. Für mich gibt es kein Zögern: Ich entscheide mich, weiter abzusteigen, um diesen feindlichen Gefilden zu entrinnen. Marcel kann sich nicht recht für meine Idee erwärmen. Der Wind bläst jetzt in Orkanstärke, und ein aufrechtes Gehen ist fast nicht mehr möglich. Kein Zweifel: Wir müssen absteigen und diese Hölle verlassen! Schliesslich folgt mir Marcel. Wenige Meter unterhalb des Zeltes verliere ich ein Steigeisen. Mit dem blossen Schuh kann ich aber keinen Schritt tun, ohne auf dem schwarzen und glasigen Eis sogleich auszurutschen. Ich gleite 4 oder 5 Meter hinunter bis zu einem Riss, wo ich meine Rutschpartie stoppen kann. Marcel schliesst zu mir auf – der Wind tobt so stark, dass wir nicht miteinander sprechen können. Aber ich kann das Entsetzen in seinen Augen lesen. Er streckt mir seinen Stock hin, damit ich mein Gleichgewicht wiedererlangen und mein Steigeisen anziehen kann. Der Wind peitscht uns ins Gesicht und treibt uns Salven von körnigem Schnee in die Augen. Wir ziehen uns beide in uns zurück. Der weitere Abstieg ist an der Grenze des Machbaren.

Mit dem blossen Schuh kann ich aber keinen Schritt tun, ohne auf dem schwarzen und glasigen Eis sogleich auszurutschen.

**Marcel Rüedi:
Schicksalsgefährte bei
fünf Achttausender-Expeditionen**

Wir müssen die Windstösse vorausspüren, um uns rechtzeitig am Pickel festzuklammern, bevor uns der Orkan wegreisst. Ein paar 100 Meter weiter unten versuche ich, einen Blick nach oben zu werfen. Ein Adrenalinstoss schiesst durch meinen Körper: Niemand ist zu sehen – wo steckt Marcel? Es darf nicht wahr sein! Rechts von mir überragt ein Séracriegel einen riesigen Abgrund. Ist Marcel etwa, blind vom Schneetreiben, dort abgestürzt? Ich muss weiter unten nachsehen, am Fuss der Séracs. Ich steige ab, von Angst gepeinigt: Was erwartet mich dort? Am Fuss der Eisklippe scheint der Wind den Grund seiner Wut vergessen zu haben: Es herrscht absolute Windstille. Es ist mir, als ob ich nach ein paar Stunden freien Falls meinen Fallschirm öffnete; eben war ich noch am Ersticken, nun kann ich wieder normal atmen. Von Marcel keine Spur. Hoffnung keimt wieder auf: Er ist also nicht abgestürzt. Heute abend kann ich nichts mehr tun – wieder zu den Zelten aufzusteigen, wäre reiner Wahnsinn. Ich gehe zu Lager III, das sich unter einem kleinen Sérac befindet. Das Zelt ist lediglich ein Buckel, der sich von seiner Umgebung etwas abhebt. Ich befreie es vom Schnee und verbringe eine schlaflose Nacht; Marcel Rüedi spukt mir im Kopf herum.

Am nächsten Morgen steige ich weiter zu Lager II ab. Erst hier werde ich von meiner Angst erlöst: Der Expeditionsleiter Hans Eitel teilt mir mit, dass Marcel dem Sturm auszuweichen versuchte und die Nacht in Lager IV verbracht hat. Ich erreiche das Basislager frohen Herzens: Was wäre der Erfolg schon wert, wenn er ein Menschenleben gekostet hätte? Doch die Freude ist von kurzer Dauer: In Lager II meldet sich Werner Burgener nicht. Norbert und Marcel haben gesehen, wie er sich zum Abstieg rüstete. Die Realität ist aber, dass Werner ihnen nicht gefolgt ist und mit Sicherheit auf 7500 m geblieben ist. In diesem Moment weiss niemand, ob er überhaupt noch jemals absteigen wird. Glücklicherweise steht unsere Expedition aber unter einem guten Stern – eine Lawine hätte uns alle verschütten können, der Wind, der die Lager buchstäblich zerkrümelte, hätte uns davontragen können... Doch schliesslich sind wir alle gesund im Basislager zurück: Am Mittwoch, dem 2. Mai, findet eine Rettungsmannschaft aus zwei Sherpas und zwei Alpinisten Werner lebend, geschwächt, aber lebend. Und am 11. Mai erreicht Norbert Joos den Gipfel seines zweiten Achttausenders.

Die Annapurna, der erste Achttausender für viele, wäre für mich beinahe zum letzten geworden. Gewisse Autoren, gewisse Fachjournalisten, die meinen Weg im Himalaya zusammenfassen, halten nur zwei oder drei Daten fest: Oft sind es die direkt und schnell ausgeführten Besteigungen von Shisha Pangma, Cho Oyu oder Everest. Die Öffentlichkeit scheint nichts besser zu verstehen als die

Zahlensprache; deshalb erzählt man ihr vom Everest in vierzig, vom Cho Oyu in dreissig und vom Shisha Pangma in zwanzig Stunden und versetzt sie damit in Staunen. Meine Annapurna-Besteigung wird nur selten einmal erwähnt. Dabei bin ich niemals so nah an meine Grenze gegangen wie bei der Überschreitung der Annapurna, niemals habe ich mich so nahe bei den Toten und so fern von den Lebenden gefühlt. In diesen zwischen Himmel und Erde verbrachten Tagen habe ich verstanden, dass man einen Fuss ins Jenseits setzt, wenn man sich in extreme Höhen begibt: Als wir ins Basislager zurückkamen und das Leben seine Kraft mit den ersten zarten Pflänzchen und dem eleganten Flug der schwarzen Dohlen bewies, begriff ich, dass wir aus dem Reich der Toten zurückkehrten.

Unser Vorhaben, die Annapurna über den Ostgrat zu besteigen, präsentierte sich so: zuerst ein technisch schwieriger Abschnitt zwischen 5500 und 6500 m, dann ein 7,5 Kilometer langer Grat zwischen 7000 und 8091 m mit einer letzten technisch schwierigen Stelle auf rund 8000 m Höhe. Das schöne Projekt, das bereits einmal von einer schwedischen Gruppe erfolglos angegangen worden war, hatte Jöri Bardill ausgedacht. Er kam leider im Bergführerkurs ums Leben. Das Projekt wurde von Bündner Alpinisten wieder aufgegriffen. Norbert Joos war mit von der Partie und lud mich zur Teilnahme ein. Dank der guten Stimmung, die während den zwei Monaten herrschte, war die Reise zur Annapurna eine jener Expeditionen, die einen mit der Spezies Mensch versöhnen.

Am 11. September 1984 beginnen wir unseren Anmarsch durch Landschaften, die die Kulisse des berühmten «Annapurna Sanctuary Trekking» bilden. Unser Arzt Bruno Durrer spielt Albert Schweitzer: Die Träger gehen einer nach dem anderen zur Visite zu ihm, gefolgt von der fast vollständigen Dorfbevölkerung. In diesen Gegenden begünstigt die schlechte Hygiene verschiedene Infektionen; die Mikroben lieben Nepal mindestens so sehr wie die Touristen. Am fünften und sechsten Tag durchquert unsere Karawane einen richtigen Dschungel. Die Blutegel freuen sich, dass die Trekkingsaison ein wenig früher als üblich beginnt, und stürzen sich auf uns. Ich

schlage alle Rekorde: 34 Bisse! Die Tatsache, dass ich nur Sandalen getragen habe, hat zu meinem Erfolg wohl nicht unwesentlich beigetragen...

Am 17. September richten wir unser Basislager auf der Moräne ein. Wir befinden uns im Herzen des «Sanctuary», einem der schönsten Flecken im Himalaya. So schön, dass die Nepalesen sicher sind, dass hier die Götter wohnen. Jeder von uns verfügt über ein eigenes Zelt – einen Luxus, den ich schätze. Neben der Musik ist es der einzige, den ich mir gönne. Während den Expeditionen schätze ich ferner das Recht auf Unordnung: Sind ordnungsbewusste Menschen nicht einfach zu faul, ihre Habseligkeiten zu suchen? Am

Auf dem Gipfel des Manaslu (8163 m) werde ich beinahe vom Wind davongetragen

20. September unternehme ich einen zweiten Versuch in Richtung Lager I. Der Pfeiler bietet eine Felskletterei, die bei schlechtem Wetter schwirig werden könnte. Ich bringe 300 Meter Seil an, bevor ich den Pfeilerkopf erreiche. Von hier rechne ich eine Stunde bis zu Lager I. Am 23. September packen wir die Schlüsselstelle der Besteigung an: Ich fixiere 400 Meter Seil bis zum Fuss einer senkrechten Eismauer. Dann bewaffne ich mich mit zwei Eisgeräten und schlage mich während zwei Stunden mit 70 Meter mittelmässigem Eis herum. Schliesslich überwinde ich die Barriere: Nun sollten uns keine technischen Probleme mehr aufhalten! Ich bin euphorisch und kann mir – ausser dem Wetter und unserer körperlichen Verfassung – nichts vorstellen, was unserem Erfolg im Weg stehen könnte!

Kurz und gut: Details.

> *Jeder Mensch verfügt über eine gewisse Glücksquote; er lebt, solange er diese Quote nicht erschöpft.*

Doch zählen nicht gerade die Details? Das Wetter verschlechtert sich, und wir schlagen im Basislager Wurzeln. Am 9. Oktober überqueren Norbert und ich den Gletscher, um Neuigkeiten aus aller Welt zu erfahren. Im «Hotel Annapurna» (so werden zwei Bambushütten genannt) stellen wir fest, dass die Trekkingsaison auf dem Höhepunkt ist. Wir begegnen sogar einigen Frauen. Diese Feststellung beruhigt uns, nachdem wir in den letzten sechs Wochen schon befürchtet hatten, das weibliche Geschlecht sei ausgestorben. Wir kehren im Regen zu unserem Basislager zurück. Bei Fritz Hobi, Ueli Bühler und Bruno Durrer in Lager II schneit es. Unser Optimismus erleidet einen Rückschlag. Dann steigt er wieder an, parallel zum Barometer: Sechsmal steigen wir zu Lager II auf 6500 m auf! Einmal breche ich mit Norbert Joos zu einem Gipfelversuch auf.

Nach ein paar hundert Metern haben wir bereits drei Lawinen ausgelöst! Die Alpinisten pflichten gerne folgender Theorie bei: Jeder Mensch verfügt über eine gewisse Glücksquote; er lebt, solange er diese Quote nicht erschöpft. Drei Lawinen auf zwei Personen in einer Stunde – unsere Quote scheint uns damit doch ziemlich verbraucht, und wir entscheiden uns zur Umkehr.

Szenenwechsel: Wir befinden uns in einem Zelt in Lager II. Eine Kerze erhellt das Innere, wir hören sanfte Musik. Draussen wütet der Sturm. Die Stimmung ist magisch, aber auch verwirrend: Ich ertrage die Ruhe fast nicht mehr. Ich gerate ins Grübeln, frage mich, ob alles, was wir tun – unsere Anstrengungen, unsere Unruhe –, überhaupt einen Sinn habe; solche Gedanken sind bei mir eine Folge des Nichtstuns. Die Besteigung eines Achttausenders ist schlimmer als eine stürmische Liebesgeschichte: Misserfolg oder Glück hängen an einem Faden. Und ich bin nicht so sicher, ob wir diesen Faden wählen können oder zu wählen wissen.

Am 16. Oktober bin ich zurück im Basislager. Ich habe grosse Wäsche und nehme eine Dusche. Ich erlerne die Regeln der Zivilisation wieder, in die ich bald zurückkehren werde. Am 17. Oktober herrscht plötzlich das schönste Wetter, am 18. Oktober ebenfalls! Dieses Mal wird das Wetter halten, es muss halten. Ueli Bühler und Bruno Durrer brechen auf. Sie werden die Route bis zu Lager III eröffnen, Norbert und ich wollen ihnen einige Tage später folgen. Wir schöpfen wieder Mut und verstehen gar nicht mehr, wie wir überhaupt einen Augenblick lang an unseren Erfolgschancen zweifeln konnten.

Am 20. Oktober erhalten wir gute Nachrichten von oben: Ueli und Bruno sind in

ANNAPURNA (8091 m)

Ostgrat

O Biwak I (7600 m)
O Biwak II (8020 m)

Lager III auf 6900 m. Der Zugang zum Grat ist also gesichert. Am 21. Oktober warte ich drei Stunden, bis meine Uhr endlich offiziell die Tagwache ankündet. Das Wetter ist eigenartig: Es ist schön und erstaunlich warm. Der Wind trägt Sandkörner heran, die Bestandteile der Moräne werden über Tal und Gipfel verstreut, und an den Graten sind über einen Kilometer lange Schneefahnen erkennbar. Eine ganz besondere Stimmung, wie ich sie nirgendwo sonst erlebt habe. In Lager III sind die anderen sicherlich im Zelt blockiert. Wir kommen um 8 Uhr morgens mit der Sonne in Lager I an und packen dort Nahrung und die Schlafsäcke ein. Den nächsten Abschnitt kennen wir auswendig. Wir kommen trotz der Müdigkeit zügig voran. Bei der Eismauer sind die Fixseile bereits ins Eis eingeschmolzen. An ein paar Stellen muss ich meine Steigklemme vom Seil lösen und einige Meter ohne Sicherung aufsteigen, bis ich die Seile wiederfinde. Wir erreichen Lager II gegen Mittag und müssen uns um den Zeltboden kümmern, der sich in eine Badewanne verwandelt hat. Beim Funkgespräch um 17 Uhr teilt man uns mit, dass Bruno und Ueli versucht haben, von Lager III weiterzusteigen. Der Wind hat sie aber sofort wieder zurückgedrängt. Sie sind dem Ersticken nahe ins Zelt zurückgekehrt. Wir sind müde nach den 2400 Höhenmetern Aufstieg, nehmen aber dennoch ein Schlafmittel, da wir unbedingt schlafen wollen.

22. Oktober, 4.30 Uhr: Ich lege Norbert Joos meinen Plan dar. Er gleicht einem Blitzkrieg – um die verlorenen Tage aufzuholen, werden wir direkt zu Lager IV auf 7500 m aufsteigen! Norbert ist überrascht, willigt aber ein. Gegen 6 Uhr brechen wir auf, motiviert durch die Grösse der Aufgabe. Um 8.30 Uhr sind wir bereits in Lager III. Abwechselnd spu-

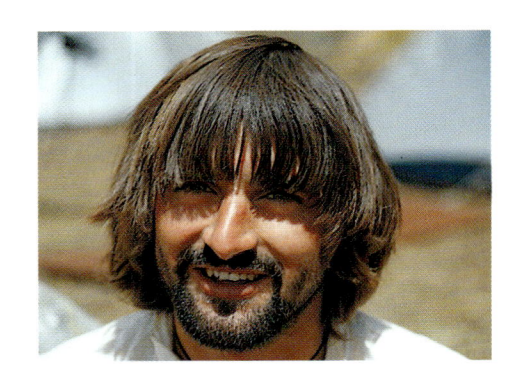

Während sechs Tagen sind wir zu dritt: Norbert Joos, ich und die Angst!

ren Ueli, Norbert und ich. Um 13.30 betreten wir zum zweiten Mal den Gipfel des «Roc Noir» auf 7490 m. Genau hier wird Bruno Durrer von seinem Pflichtbewusstsein an die Arbeit erinnert: Am 4. November muss er zurück in der Schweiz sein, und wenn jedermann seine Kräfte mit der Besteigung von Gipfeln verschleudern würde, von denen man so oder so wieder absteigen muss, dann wäre das Bruttosozialprodukt der Schweiz nicht, was es ist. Wir verabschieden uns hier oben auf 7490 m nach 52 gemeinsam verbrachten Tagen. Als ich später zu Ueli aufschliesse und ihn überhole, überrascht er mich mit einem eigenartigen Kauderwelsch. Ich drehe mich um: Ein grünliches Gesicht schaut mich an! Er ist grün! Sein Anblick entsetzt mich. Das Bild von Peter Hiltbrand am Nanga Parbat sitzt tief in mir – ich will keinesfalls noch einmal eine ähnliche Tragödie erleben. Ueli ist bei klarem Verstand, was heisst, dass er nicht von seinem Plan ablassen will: Er will nichts von Abstieg hören. Sein kantiger Kopf begreift in dieser Situation nichts von den Feinheiten der Psychologie. Wir drohen ihm schliesslich:

«Wenn du darauf bestehst, hier zu übernachten, werden wir dich mitten in der Nacht hinunterbringen müssen, die Expedition ist damit futsch, und wer weiss, in welchem Zustand du enden wirst!» Er lässt sich überzeugen und steigt in den Spuren von Bruno Durrer ab.

Wir erreichen die Schneehöhle und bessern sie aus. Ich habe nasse Füsse, was mir Sorgen macht am Vorabend des Aufbruchs zu einem Grat, der auf über 8000 m gipfelt und auf dem ständig ein schneidender Wind weht. Ich versuche deshalb, sie über dem Kocher zu trocknen. Allerdings habe ich dabei mehr Erfolg mit dem Schlafsack von Fritz: Ich schaffe es auf Anhieb, ihn zu entflammen – wenig später gleicht die Schneehöhle einer Hühnerfarm! Wir versuchen, die Schäden mit Heftpflaster zu beheben, das ja für seine Isolierfähigkeiten bekannt ist. Die Schneehöhle ist bequem wie jene Strohhütten, die man gegen kein Königsschloss hergäbe: Die Kerzen verströmen verhältnismässig viel Wärme und flackerndes Licht, wir führen uns ein Feinschmeckermenü aus Kartoffelstock und Käse zu Gemüte. In den Schlafsäcken liegend, lassen wir unseren Plänen freien Lauf: Wir werden mit der ganzen Ausrüstung aufbrechen, um den Grat zu überschreiten. Was die Besteigung der verschiedenen Gipfel betrifft, so wäre schon der Ostgipfel der Annapurna I ein schöner Erfolg. Hoffentlich wird morgen unser Glückstag anbrechen!

**Auf dem Annapurna-Ostgrat:
7,5 km auf über 7300 m,
vier Tage zwischen Himmel und Erde**

23. Oktober, 4.30 Uhr: Es ist schön, der Wind hat sich gelegt. Wir kochen nichts. Um 5.30 brechen wir von der Schneehöhle zum Ostgipfel auf. Nach einer halben Stunde stossen wir gegen eine Mauer. Sie ist nicht wirklich steil, hat aber ein abstossendes Aussehen, eine wirklich widerliche Visage. Ich packe sie an – die Kletterei ist extrem ausgesetzt! Nach ein paar Schritten auf der Platte kriege ich Angst und klettere langsam wieder zurück: Ich habe keine Lust, mit einem im Rucksack verstauten Seil den Todessturz anzutreten. Ich sichere Norbert beim Aufstieg über die Platte und folge ihm. Um 8.30 erreichen wir den Sattel am Fuss des Ostgipfels. Er scheint nahe, doch wir wissen genau, dass wir sicherlich vier Stunden benötigen, um ihn zu erreichen. Bis zum Ostgipfel bleiben 500 Höhenmeter. Der Hang will nicht enden. Glücklicherweise ist der Schnee hart und erspart uns das Spuren. Norbert und ich haben jeder einen eigenen Gehstil: Er schreitet rasch voran und erholt sich dann wieder, ich steige langsam auf und halte so wenig wie möglich an. Wir ähneln den Figuren aus der Fabel: Norbert der Hase und Erhard die Schildkröte. Unser Tempo gleicht sich ziemlich aus; es bringt nichts zu rennen, man muss gerade im richtigen Schritt losgehen. Doch meine Kräfte nehmen spürbar ab: Mein Heisshunger erinnert mich daran, dass wir bereits neun Stunden lang mit leerem Magen aufsteigen. Unmittelbar unter dem Gipfel seilen wir uns an, die Stelle ist brenzlig. Norbert bleibt vorne, ich habe mich noch nie so schwer getan. Gegen 14 Uhr erreichen wir endlich den Ostgipfel. Der Wind ist aufgekommen, heftig wie immer auf dieser Höhe.

> *Nach ein paar Schritten auf der Platte kriege ich Angst und klettere langsam wieder zurück: Ich habe keine Lust, den Todessturz anzutreten*

Dann passiert etwas Unerhörtes: Wie wenn sich uns die Frage nie gestellt hätte, steigen wir zum Sattel ab, der den Ost- vom Mittelgipfel trennt; wie wenn unsere Kräfte auf die Besteigung des Hauptgipfels programmiert wären, setzen wir unsere unglaubliche Überschreitung fort. Wir brauchen nicht ein einziges Wort zu wechseln, denn wir verstehen uns in Gedanken. Der Abstieg ist bedeutend weniger schwierig als erwartet, doch der Wind würde uns am liebsten wegreissen. In einer Stunde erreichen wir den Sattel. Wir beschliessen, dass der Tag für heute lang genug war. Ein letztes Funkgespräch, in dem wir unsere Absicht bekanntgeben, den Hauptgipfel zu besteigen und über die Nordflanke abzusteigen. Dann bereiten wir uns auf die Nacht vor. Wir graben ein Loch in den Triebschnee, entfernen etwas Eis, um uns zwei Alpinisten unterzubringen. Gegen 18 Uhr haben wir schliesslich ein Heim, in dem wir uns einrichten können. Wir befinden uns auf etwa 8020 m, es ist kalt, wir zittern am ganzen Körper. Weiss Gott warum – in dieser Situation kommt uns beiden immer wieder das Lied «Tell me why» der Sängerin Sade in den Sinn! Gute Frage: Es soll mir jemand sagen, warum wir hier oben sind, auf 8020 m, bei einer Kälte, die unser Körper durch Schütteln loszuwerden versucht wie ein Hund seine Flöhe... Ich ziehe meine Schuhe aus, stecke sie in den Schlafsack, ziehe meine zwei Paar Socken aus und lege sie auf meinen Bauch. Dann ziehe ich ein paar Daunenhandschuhe über die Füsse, schlüpfe in den Alveolit-Innenschuh und spüre in meinen Füssen so etwas Ähnliches wie Wärme. Die Schneehöhle wäre bequem ohne den Wind aus Nordwesten, der eindringt und ganze Wolken von Pulverschnee mit sich trägt. Es ist meine erste Nacht

**Abstieg vom Mittelgipfel (8068 m):
der letzte Aufschwung vor dem Hauptgipfel**

auf 8000 m. Ich habe Angst vor den Folgen dieses Biwaks. Wir sind an jenem Punkt angelangt, an dem der kleinste Fehler fatale Folgen hätte. Wenn ich nur wenigstens diesen Refrain aus meinem Kopf verbannen könnte: «Tell me why...»

Wer weiss, warum wir uns an jenem Mittwoch, dem 24. Oktober, aus unseren schneebedeckten Schlafsäcken schälen, warum wir von unseren Schuhen den Schnee entfernen und gegen den Hauptgipfel weitersteigen? Gegen 10 Uhr haben wir den Mittelgipfel hinter uns. Wir beginnen den Abstieg zum letzten Sattel vor dem Hauptgipfel. Da: die Überraschung! Wir stehen über einem 100 Meter hohen Felsriegel – mehr als genug, um sich alle Knochen zu brechen! Ich danke der Eingebung, die mich zwei Haken mitnehmen liess, zwei armselige Haken, zwei unschätzbar wertvolle Haken. Wir seilen daran ab und landen wohlbehalten in der letzten Scharte. Hier deponieren wir die Rucksäcke und bringen die letzten Meter des Aufstiegs leicht hinter uns.

Ich fühle mich wie beflügelt. In einer Stunde stehen wir auf den 8091 m, die aus der Annapurna den zehnthöchsten Gipfel der Erde machen. Es ist 13.30 Uhr, wir fallen uns in die Arme. Ein grosses Glücksgefühl überwältigt mich. Mein Gefühl für Statistik sagt mir, dass uns in den letzten Tagen eine neue Route auf den Glacier Dome (7190 m), die Drittbesteigung des Roc Noir (7490 m), die Erstbegehung des Annapurna-Ostgrates mit seinen drei Gipfeln (Ost-, Mittel- und Hauptgipfel) gelungen ist und dass wir vielleicht die erste Überschreitung eines nepalesischen Achttausenders schaffen werden. Ich wähle bewusst vorsichtig das Wörtchen «vielleicht», da wir die erste Überschreitung eines nepalesischen Achttausenders erst feiern können, wenn wir heil über die Nordflanke hinunterkommen und das Basislager lebendig erreichen. Und das ist ein anderes Kapitel.

Wir haben eben eine tolle Leistung vollbracht; doch ich habe das bestimmte Gefühl, dass das Abenteuer erst begonnen hat. Warum steigen wir nicht auf dem gleichen Weg zurück? Weil uns der Felsriegel den Rückweg versperrt. Wir bleiben zehn Minuten auf dem Gipfel und steigen dann in den Sattel zurück. Dort ziehen wir die Rucksäcke an und wagen uns in die Nordflanke. Wir steigen vorsichtig ab, wie wenn wir durch einen Fluss wateten und befürchteten, der nächste Schritt sei der letzte, wie wenn uns die Abgründe dieser Flanke davontragen könnten. Während des ganzen Abstiegs, der zweieinhalb Tage dauern wird, sind wir zu dritt: Norbert, ich und die Angst. Als einzige Beschreibung der riesigen Nordflanke haben wir eine Postkarte dabei, die ich in der Rucksacktasche mitgetragen habe. Sofern man darauf irgend etwas erkennen kann, besteht diese Wand aus einem Stapel Séracs mit senkrechten Felspartien dazwischen. Es wäre übertrieben zu sagen, der Tod sei einem hier gewiss, doch es ist auch keineswegs garantiert, dass man einen Abstecher in diese Flanke überlebt. In Tat und Wahrheit geht es darum, in der schmalen Zone, die den Tod vom Leben trennt, richtig zu steuern: Das ist, denke ich, die ganze Definition des Überlebens. Ich weiss, dass zwei Routen über die Nordflanke führen: die Faucille, die historische Route, die Herzog und Lachenal wegen Erfrierungen einen beträchtlichen Teil ihrer Hände und Füsse kostete, sowie die Route der Holländer, die direkter und damit schneller ist. Wir entscheiden uns für die Route der Holländer. Doch erst einmal müssen wir sie finden!

Auf etwa 6800 m richten wir unser viertes Biwak ein. Beim Aufstellen des Zeltes gleitet uns eine der Zeltstangen aus den Händen. Sie bleibt 100 Meter weiter unten an einer unzugänglichen Stelle liegen. Die heutigen Zelte sind jedoch sehr genau ausgedacht: Ausnahmslos alle Zeltstangen sind für die Stabilität nötig. Es bleibt uns schliesslich nichts anderes übrig, als das Zelt mit einem Seilstück festzubinden. Um 18 Uhr haben wir unseren wackligen Schlafplatz endlich aufgebaut. Ich koche zwei Liter Tee und Bouillon. Seit 36 Stunden haben wir fast nichts getrunken und nur zwei Ovosportstengel pro Tag gegessen. Das Zelt klappert im stürmischen Wind, während ich unsere Situation analysiere: Wir befinden uns über einem Eisabbruch, der einstürzen könnte, und unsere ganze Ausrüstung besteht aus zwei Pickeln, einem 5 Millimeter dicken und 50 Meter langen Seil und einer Eisschraube…

Am nächsten Morgen, dem 25. Oktober, warten wir auf die Sonne, doch sie kommt nicht. Gegen 8.30 setzen wir unseren Abstieg fort. Wir müssen unbedingt den Anfang der Holländer-Route finden, diesen Sporn, die paar Millimeter auf unserer Postkarte, die unseren Rettungsanker bedeuten. Wir finden den Sporn und müssen feststellen, dass der Rettungsanker in schlechtem Zustand ist: Der

Die Postkarte der Annapurna-Nordflanke, während zwei Tagen Abstieg unser einziges Orientierungsmittel

Sporn wird überragt von bedrohlichen Séracs. Ich versuche hinunterzuschauen und entdecke dabei 100 Meter weiter unten ein Fixseil – der Beweis, dass jemand vor uns diese Route bereits versucht hat und die Gegend nicht völlig menschenverlassen ist! Doch wie gelangen wir zum Fixseil hinunter? Ich sehe mich nach allen Seiten um – es ist grauenhaft. Wir sind umgeben von senkrechten Wänden, Gefangene der Senkrechten. Was tun? Wieder aufsteigen und zur Franzosen-Route wechseln? In unserem Erschöpfungszustand ginge damit ein ganzer Tag verloren! Unmöglich. Also nehmen wir das Risiko auf uns und steigen weiter ab. Norbert gibt mir seinen Pikkel, er nimmt sich die einzige Eisschraube aus unserer mageren Schlosserei, und ich beginne, ihn 50 Meter hinunterzulassen. Nach 5 oder 6 Metern schreit er, das Gelände sei überhängend. Unmittelbar darauf beginnt er zu pendeln – und dies um die Taille angeseilt und mit einem 15 Kilo schweren Rucksack auf dem Rücken! Er schafft es, auf einer kleinen Plattform auf festem Boden zu landen. Er muss nur noch eine Selbstsicherung einrichten, was ohne Pickel unmöglich ist. Ich steige ein paar Meter ab und lasse ihm einen Pickel hinunter. Er sichert sich, und ich ziehe den Pickel wieder hinauf. Nun ist die Reihe an mir. Mir fällt das Herz in die Hose. Ich finde in der Flanke einen Eisblock, der fester scheint als die anderen. Ich lege das Seil darum und lasse mich hinunter, von Norbert gesichert. Beim russischen Roulett muss man irgendwann einmal abdrücken: Ich bin am Rande des Überhangs angelangt und muss mich trotz der quälenden Furcht ins Leere wagen. Ich springe ins Nichts und lande 5 Meter weiter unten auf festem Boden. Da das Seil zu kurz ist, muss ich mich lösen und eine Birne hacken, die ich Stand nenne. Wir benötigen schliesslich vier Abseilmanöver bis zum Pfeilerfuss. Im Gegensatz zu unseren Hoffnungen ist auch die Fortsetzung nicht sehr einladend. Das Eis ist blank, wir beschliessen, uns loszuseilen – wenn einer von uns ausrutschen und abstürzen sollte, dann soll er das besser allein tun. Diese Haltung ist nicht egoistisch, sondern selbstlos. Wir steigen entsetzt über 65 Grad steile Hänge ab, die uns ein Lächeln kosten würden, hätte jeder von uns zwei Pickel zur Verfügung. Wir treffen auf alte Fixseile und folgen ihnen. Gegen 16 Uhr kommen wir auf das grosse Plateau, das allerdings nicht das Ende unserer Sorgen bedeutet: Hier entladen sich alle Lawinen, die von der Annapurna hinunterstürzen. Wenn man sich vorstellt, dass es Expeditionen gibt, die die Annapurna tatsächlich über diese Flanke besteigen wollen – dazu muss man lebensmüde sein! Wir finden die Überreste eines Lagers und hoffen, dort etwas Essbares zu finden, irgendwas Nahrhafteres als unsere Ovosportstengel. Stattdessen stossen wir auf die Leiche eines Sherpas, der im vorigen Jahr zurückgelassen wurde! Ohne andere Grabstätte als das Eis und das Himmelsgewölbe... Bei Einbruch der Nacht lassen wir uns bei einem Stein nieder, wir löschen unseren Durst an einer Wasserpfütze und schlüpfen schliesslich voll angezogen in die Schlafsäcke. Wir haben das Stadium erreicht, in dem nur noch die Befriedigung der elementaren Bedürfnisse zählt.

Freitag, der 26. Oktober: Wir sind schon eine Stunde wach und warten auf die Sonne. Plötzlich wird der Berg von einem Lärm erschüttert, den wir nur allzugut kennen: das Donnergrollen einer Eislawine. Anfangs

> *Ich sehe mich nach allen Seiten um – es ist grauenhaft. Wir sind umgeben von senkrechten Wänden, Gefangene der Senkrechten.*

beobachten wir das grandiose Schauspiel aus Freude am Schönen. Dann kommt die Katastrophe näher und mit ihr die Erkenntnis, dass wir von Zuschauern zu Hauptdarstellern des Dramas werden – die Lawine wird uns unter sich begraben! Mir sträuben sich die Haare. Wir ziehen unsere Schlafsäcke so gut wie möglich über uns und klammern uns am Pikkel fest. Trotz der Entfernung werden wir von der Druckwelle erschüttert. Wir überstehen die Lawine schliesslich verstört und weissgepudert unter 5 Zentimeter Schnee – aber immerhin leben wir noch!

Um 13 Uhr setzen wir die Füsse auf die Moräne. Die Tore zur Hölle schliessen sich hinter uns, und mit ihnen lassen wir unsere Furcht, die Zweifel und das Entsetzen zurück. Auf dem festen Boden lernen wir schnell, nicht nur in der unmittelbaren Gegenwart zu

Lager II (6500 m)
wird von der Annapurna
mit ihren riesigen Ausmassen dominiert

leben, sondern weiter in die Zukunft zu denken – wir konjugieren Verben in der Zukunft, und das Wort «morgen» ist nicht mehr unbedingt vom Wörtchen «falls» begleitet: morgen, falls die Séracs halten; morgen, falls wir die Route finden; morgen, falls wir es schaffen, den Aufschwung zu überwinden...

Eine Stunde später brechen wir wie ausgehungerte Gespenster in das Basislager einer japanisch-tschechoslowakischen Expedition ein. Die Alpinisten bieten uns zu essen und zu trinken an, sie beglückwünschen uns. Zehn Tage danach werden wir in Kathmandu unsere Expeditionskameraden wiederfinden; doch das Paradies auf Erden liegt im Jetzt und Hier!

Alpiner Sisyphus

Es gibt einen grundlegenden Unterschied zwischen den Alpinisten und den übrigen Erdenbewohnern, zwischen den handelnden und den beschaulichen Menschen, zwischen den Tapferen und den Schwätzern: Die einen leben und die anderen philosophieren. Unweigerlich stellt sich irgendwann die Frage nach dem «warum» – es ist der Moment, in dem die Alpinisten den Grund ihres Tuns angeben müssen. Der Alpinist wird vor das Gericht der «vernünftigen» Menschen geladen: «Warum, im Namen welches trügerischen Ideals, riskieren Sie Ihr Leben?», fragt der in die Robe der Tugend gehüllte Staatsanwalt. Die Menge pflichtet ihm bei; sie glaubt, wie Samivel schreibt, «alles gesagt zu haben, wenn sie diese Leistungen als unnütz abtut. ‹Unnötige Gefahren – man hat nicht das Recht, sich ihnen auszusetzen...›; denn in unserer Gesellschaft ist alles wunderbar reglementiert, sogar die Todesgefahr.» In unserer kleinkarierten Gesellschaft, in der jeder sich bemüht zu überleben, statt zu leben, ist der Alpinismus ein Rätsel. Die Gegensätze trafen bereits bei den ersten Besteigungen aufeinander: Nach der Tragödie am Matterhorn im Jahr 1865 wollte Königin Victoria – besorgt um die Langlebigkeit ihrer Untertanen – den Alpinismus verbieten. Mallory antwortete den Fragern recht unbeholfen, er besteige die Berge, «weil sie da sind». Ein halbes Jahrhundert später fügte Warren Harding diesen Worten einen Zusatz bei: Er besteige Berge, weil sie da seien und er verrückt sei. Der Bezwinger des El Capitan im Yosemite hoffte so, den quälenden Fragen zu entgehen – denn ein Verrückter kann für seine Taten nicht verantwortlich gemacht werden. Die Verrücktheit benötigt keine Rechtfertigung.

Die Diskussion ist längst nicht abgeschlossen, als Erhard Loretan die Medienbühne betritt. Er ist der dritte Mensch, dem die Besteigung aller Achttausender gelungen ist. Reinhold Messner hat seine Beweggründe in verschiedenen Büchern, z. B. «Der 7. Grad» oder «Berge versetzen: das Credo eines Grenzgängers», breit dargelegt. Mit seinen Werken geht er als Theoretiker des Abenteuers in die Annalen ein. Er sagt, er fände anstelle von handfesten Erklärungen nur Vorwände, aber keinen tieferen Sinn und löse die Frage nach dem Sinn im Gehen, Klettern und Handeln. Jerzy Kukuczka, zweiter Bezwinger aller Achttausender, ist nicht mehr da, um zu argumentieren. Doch er hinterliess einen denkwürdigen Satz: «Dort oben erlebt man in einem Monat mehr als im Verlauf von langen, im Alltagstrott verbrachten Jahren.» Erhard Loretan gibt zu, dass er keine Antwort bereit hat. Er stellt bloss fest, dass gewisse Menschen sich mit den Grenzen ihrer Existenz nicht abfinden wollen. Er nennt sie «Eroberer» und zählt sich in aller Bescheidenheit selbst dazu. Handle es sich um Erhard Loretan oder Reinhold Messner, um Neil Armstrong oder Vasco de Gama – ihre Glanztaten adeln die Menschheit. Allerdings sind nicht alle für dieses Argument empfänglich: Im Januar 1996 wurde Erhard Loretan zusammen mit zwei weiteren Alpinisten zu einer Diskussionsrunde am Deutschschweizer Fernsehen eingeladen. Er sah sich einer Frau, deren Ehemann im Himalaya ums Leben gekommen war, dessen Bruder sowie einer Theologin und einem Filmer gegenübergestellt. Während der Diskussion bemerkte die Witwe, sie habe beim Anblick der Bergsteiger geglaubt, dem Tod ins Angesicht zu blicken. «Die Öffentlichkeit versteht nicht, warum wir auf Achttausender steigen und erträgt es nicht, keine Antwort zu erhalten. Wie kann man aber Leuten, die nicht den kleinsten Hügel bestiegen haben, erklären, was sich dort oben abspielt?», verteidigte sich Erhard Loretan am Tag nach der Sendung, die ihn sprachlos machte.

Ein von Lionel Terray geprägter Begriff genügt, um die missbilligenden Stimmen zum Schweigen zu bringen: «Die Eroberer des Nutzlosen». Eine wunderschöne Formel und ein wunderschönes Buch – in deutscher Sprache heisst es «Vor den Toren des Himmels» –, dem wir folgende Passage entnehmen: «Was wir suchen, ist jene ungebundene und tiefe Glückseligkeit, die unsere Herzen zu sprengen droht, die alle Fasern unseres Wesens erfüllt, wenn wir nach langem Klettern über dem Abgrund des Todes das Leben wieder mit offenen Armen an uns drücken dürfen.»

Und muss man im Alpinisten nicht symbolisch den Menschen sehen, der in seine existentielle Suche verstrickt ist, ewiges Opfer des Absurden? «Das Besteigen des Gipfels oder zumindest das Gehen bis an die Grenze der Leistungsfähigkeit genügt, die Seele zu beglücken und den Geist zu befreien», schrieb der berühmte Doug Scott. Dieser Satz erinnert an die Worte von Camus, allein der Kampf um die Gipfel fülle das Herz eines Menschen, und man müsse sich Sisyphus glücklich vorstellen.

Wenn rund um ihn die Winde toben und der Berg sich gegen den Mann auflehnt, der wie eine Klette an ihm hängt, wenn die Elemente mit aller Gewalt die Partitur des verrückten Maestro spielen, wenn die Gefahr den Lebensfaden zu zerfasern droht, dann muss man sich Erhard glücklich vorstellen.

KAPITEL 6

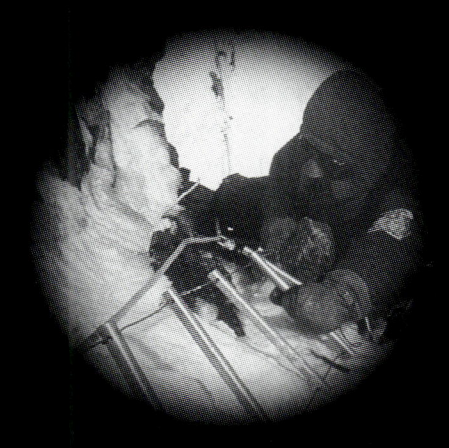

«Die Kälte lastet schwer. Entgegen der allgemeinen Meinung wiegen minus 50 Grad viel schwerer als minus 40. Es ist, als ob man zehn Kilo mehr auf den Schultern hätte.»

Jean-Louis Etienne

Nichts ist unmöglich!

1983, kaum vom Broad Peak abgestiegen, nimmt mich ein einziger Traum gefangen: die Besteigung des K2. Ich habe drei Achttausender in siebzehn Tagen erreicht, die schnellste Besteigung des Broad Peak geschafft, eine neue Variante am Hidden Peak eröffnet und doch bin ich nicht zufrieden: «Das Schlimmste an allem ist, dass ich schreckliche Lust habe, mit den Engländern an den K2 zu gehen», vertraue ich meinem Notizbuch an. Dann gehe ich – ich erinnere mich, wie wenn es heute gewesen wäre – auf einen Rundgang durch die Basislager der verschiedenen Expeditionen: Die englische Expedition empfängt mich freundlich, bietet mir ein Gedeck an und ehrt mich mit so prestigeträchtigen Gesprächspartnern wie Doug Scott, Don Whillans, Alan Rouse, Roger Baxter-Jones und Jean Afanassieff; ich erwarte aber einen Vorschlag, der nicht kommt: mit ihnen zum K2 aufzubrechen. Die Spanier bieten mir Tee und Brot an, die Italiener – Renato Casarotto ist darunter – Fruchtsalat, doch nirgends werde ich eingeladen, mich einer Expedition anzuschliessen. Nun: Wenn man sich den ganzen Tag lang den Bauch vollgeschlagen hat, darf man sich nicht beklagen. Ich verlasse das Baltoro vollgestopft und dennoch frustriert – der Beweis, dass der Mensch von Brot allein nicht leben kann.

Den K2 vergisst man nicht. Sein Bild gleicht einer Blendung, die sich in die Netzhaut prägt. 1985 ergreife ich die Initiative und organisiere eine Expedition an den K2. Aus unserer Region kommen Nicole Niquille, damals die erste Bergführer-Aspirantin der Schweiz, Pierre Morand, der bereits zwei Achttausender – Broad Peak und Gasherbrum I – bestiegen hat, und der Bergführer Jacques Grandjean mit. Ich lade Norbert Joos ein, den ich vom Nanga Parbat und von der Annapurna kenne, sowie Marcel Rüedi, der mich auf die drei Achttausender des Baltoro und 1984 auf den Manaslu begleitet hat. Der Walliser Jean Troillet, der im gleichen Jahr an der Annapurna gewesen ist, gesellt sich zu uns. Damit sind wir sieben Bergsteiger mit dem ehrgeizigen Ziel, eine Route durch die Südwand zu eröffnen. 1983 war Doug Scott an nämlicher Wand mit einer internationalen Expedition gescheitert. Wenn ich mich recht erinnere, so waren wir uns bei der Abreise alle einig, und es gab kein Missverständnis: Wir gingen ins Baltoro mit der Absicht, eine neue Route durch die Südwand zu eröffnen.

Als wir im Basislager ankommen, hat der Ehrgeiz bereits nachgelassen und nimmt jeden Tag mehr ab. Angesichts der imposanten Gestalt des K2 denkt ein Teil unserer Gruppe, ein Rückzug auf die Normalroute, den Abruzzi-Grat, wäre nicht weiter schlimm, und dass auch die erste Schweizer Begehung des K2 eine Ehre wäre. So ergeht es Marcel Rüedi, der bereits sechs Achttausender auf seinem Konto hat und in die Mühlen des Wettlaufs auf alle vierzehn Achttausender geraten ist, sowie Norbert Joos.

**Der K2 (8611 m):
Sein Bild, das einer Blendung gleicht,
vergisst man nicht**

Vom 23. Mai an teilt sich unser Team in zwei Grüppchen auf: Norbert, Marcel, Jacques und Nicole konzentrieren sich auf den Abruzzi-Grat. Pommel, Jean Troillet und ich gehen zur Südwand. Diese grossartige, 3500 Meter hohe, konkave und zerrissene Wand gibt dem K2 seine so charakteristische Pyramidenform. Der K2 gehört wie die Ama Dablam oder das Matterhorn zu den perfekt geformten Bergen. Tatsächlich weist der K2 an der Grenze zwischen Pakistan und China das einundvierzigfache Volumen des Matterhorns auf! Sollte uns die Besteigung der Wand gelingen, dann wollen wir sie Vincent Charrière und Jean-Claude Sonnenwyl widmen: Vincent war 1983 in einer Lawine gestorben, Jean-Claude im April 1984 ums Leben gekommen, als er versuchte, die Nordwand des Mont Dolent mit Ski zu befahren. Bei ihrem Tod nahmen sie jenen Teil von uns mit, den man Arglosigkeit oder gar Naivität nennt.

Am 23. unternehmen Jean, Pommel und ich einen zweitägigen Akklimatisations-Ausflug auf den Nordgrat des Broad Peak und machen von dort Aufnahmen der K2-Südwand. Auf dem Abruzzi-Grat reihen Norbert und Marcel ungeachtet des vielen Schnees Versuch an Versuch. Wir hingegen steigen in die Südwand ein. Am 29. Mai starten wir um Mitternacht und erreichen um 5.45 Uhr eine Höhe von 6000 m. Wir kommen rasch voran, doch die Schneeverhältnisse sind wirklich gefährlich. Nach 1300 Höhenmetern kehren wir um. Auf dem Abruzzi-Grat befindet sich Nicole allein in Lager I. Norbert, Marcel und Jacques, die sich in Lager II aufhalten, haben ihr zu verstehen gegeben, dass an ihrer Seite für sie kein Platz übrig sei!

Am 4. Juni unternehmen wir einen weiteren Versuch in der Südwand. Zwei Tage später erreichen wir 7000 m. Es ist extrem kalt, und obwohl wir ausgeprägt heterosexuell veranlagte Wesen sind, schlüpfen Pierre Morand und ich zusammen in den gleichen Schlafsack. Per Funk bitte ich Nicole, mir meine Treulosigkeit, die auf besondere Umstände zurückzuführen sei, zu verzeihen. Einmal mehr beunruhigen mich jedoch die Verhältnisse: Ich vertraue den Séracs, die die Haut dieser Wand in Falten legen, überhaupt nicht. Ich fühle mich nicht wohl und überrede Pierre und Jean zum Abstieg. Ich habe ein-

**Einer der Gipfel,
der den Konkordiaplatz überragt:
der Mitre Peak**

mal bei Chris Bonington gelesen, wie er solche Vorahnungen, zu denen man sich hinterher oft beglückwünscht, belächelt: «Ich hüte mich vor Vorahnungen. Lebt man am Abend noch, dann entscheidet man, dass eine Vorahnung gut war; stirbt man, dann war sie eben schlecht.» So oder so bereue ich meinen Entscheid nicht: Ein paar Tage nach unserem Abstieg bricht der ganze Séracriegel auf 8300 m in sich zusammen. In fünfzehn Sekunden verunstaltet die Eislawine die Südwand und breitet ihre dröhnenden Massen auf dem Godwin-Austen-Gletscher aus. Der Eisstaub überzuckert gar das Basislager! Man muss nicht Nivologe sein, um zu wissen, welches Schicksal uns die unaufhaltbare Flutwelle in der Südwand beschert hätte: Unsere Namen wären in einen Stein am Fuss des K2 gemeisselt worden.

Am 12. Juni haben Marcel und Norbert genug von der ewigen Warterei. Sie beschliessen, den K2 wie eine Festung zu stürmen. Am 15. nagelt sie der Wind in Lager II auf ca. 6700 m fest. Am 16. brechen sie wieder auf und steigen zu Lager III auf 7350 m weiter. Die Batterien des Funkgerätes sind erschöpfter als die zwei Alpinisten; wir verstehen sie kaum. Zwei Tage lang erhalten wir keine Nachricht. Wir vermuten, dass sie aufgegeben haben und umgekehrt sind. In ein paar Stunden, so denken wir, werden sich auf dem Gletscher zwei Figuren abzeichnen und unserer Unruhe ein Ende setzen. Der 18. geht vorbei – weder Marcel noch Norbert in Sicht. Am 19. suchen wir den ganzen Berg mit Feldstechern ab, wir sehen in jedem Flecken eine menschliche Form, doch alle Flecken bleiben hoffnungslos unbeweglich. Gegen 18 Uhr knistert es im Radio, wir verstehen ein paar Worte – Marcel und Norbert haben es geschafft! Sie haben den sechs Jahren, in denen am Abruzzi-Grat niemand Erfolg hatte, ein Ende gesetzt. Die letzte Besteigung war Reinhold Messner und Michel Dacher gelungen. Die Botschaft wirkt wie eine Motivationsspritze auf das ganze Team: Morgen um 4 Uhr werden wir alle fünf mit Nahrung und Gas für eine Woche aufbrechen.

> *Unsere Namen wären in einen Stein am Fuss des K2 gemeisselt worden.*

Als wir in Lager I auf 6000 m ankommen, begegnen wir Norbert und Marcel. Sie haben neun Tage am Berg verbracht, davon drei oberhalb von 8000 m mit einem Biwak auf 8350 m – ihr Anblick ist nicht schön. Ihr Zustand ist nicht besorgniserregend, doch beide haben Erfrierungen an den Füssen erlitten. Norbert Joos ist stärker davon betroffen: Seine Zehen schmerzen, und darüber hinaus leidet er an einer Augenentzündung. Er bewältigt fast den ganzen Abstieg auf dem Hintern, um seine Füsse zu schonen. Das Übel kann er dennoch nicht abwenden: Jacques Grandjean, der die zwei ins Basislager begleitet, erlebt mit, wie die Füsse des armen Norbert von weiss zu violett, dann zu schwarz wechseln. Zuerst bilden sich riesige Blasen an den Zehen, die später verschrumpeln; die Füsse schwellen an, bis die Haut reisst. Jacques, der die Ratschläge des Arztes einer Schweizer Expedition an den Broad Peak befolgt, verabreicht ihm pro Tag bis zu sechs Spritzen mit blutgerinnungshemmenden Mitteln und Morphin. Man biwakiert nicht ungestraft bei extremen Bedingungen ohne Schlafsack auf 8350 m: Norbert Joos müssen später, bei seiner Rückkehr in die Schweiz, alle Zehen amputiert werden. Marcel kommt mit Erfrierungen zweiten Grades davon. Ich habe nicht die Absicht, einem Berg den gleichen Preis zu zahlen, auch dem K2 nicht, dem die Alpinisten manchmal den schönen Namen «Traumfabrik» verleihen.

Am 26. Juni erreichen wir 8000 m auf dem Abruzzi-Grat; der Aufstieg durch den tiefen Schnee war mühsam, wir haben zwei eiskalte Nächte hinter uns und sind erschöpft. Erschöpft, aber vernünftig: Wir nutzen eine Wetterberuhigung aus und steigen ins Basislager ab, bevor wir unser Handeln nicht mehr kontrollieren können. Niemand hat Lust, auf dem Grat zu erfrieren oder sich auszugeben, bis der Tod von selber kommt. Gerade bevor wir das Basislager erreichen, werden Jacques, Norbert und Marcel mit dem Helikopter evakuiert. Wir sind nur noch zu viert. Der Aufenthalt ist gemütlich, doch er beginnt sich in die Länge zu ziehen. Wir sind schon beinahe zwei Monate am Fuss der Pyramide. Zu lange. Jeder Versuch nagt an der Motivation. Die Lust auf Umkehr siegt über den Abenteuergeist. Warum sollten wir uns noch einmal dort oben den Hintern abfrieren? Wir beschliessen, einen letzten Versuch zu unternehmen und dann heimzukehren, Erfolg hin oder her.

Am Donnerstag, dem 4. Juli, kurz bevor wir endgültig den Mut verlieren, wird das Wetter besser: Nicole, Jean, Pierre und ich verlassen das Basislager um 3 Uhr nachts. Unmittelbar auf uns folgt ein französisches Team von vier Bergsteigern; wir erkennen Eric Escoffier. Die Schneeverhältnisse sind bedeutend besser als bei unserem letzten Versuch. Wir steigen direkt zu Lager II auf 6800 m auf – unsere Akklimatisation ist perfekt. Bereits um 10 Uhr stellen wir weitere Zelte auf, um die vielen Leute, die sich am Abruzzi-Grat drängen, aufzunehmen. An jenem 4. Juli sind wir dort zu zwölft unterwegs: Franzosen, Schweizer und Japaner.

> *Ich habe nicht die Absicht, einem Berg den gleichen Preis zu zahlen, auch dem K2 nicht.*

Am 5. Juli verlassen wir alle bei Sonnenaufgang unsere Unterkünfte. Die ersten Schritte im Morgenlicht sind immer mühsam, bis man einen regelmässigen, ruhigen Rhythmus findet. Sofern man auf 7000 Meter über Meer, beim Aufsteigen an Fixseilen und über Felsbarrieren, überhaupt von einem ruhigen Rhythmus sprechen kann... Es ist der härteste Tag: Schon gegen 10 Uhr überziehen Wolken den Himmel, es beginnt zu schneien. 300 Meter vor Lager III ist der Schnee plötzlich sehr tief, und wir kommen nicht mehr voran. Der Schnee reicht mir bis über die Hüfte. Jede Bewegung bringt mich wieder zum Ausgangspunkt zurück. Ich muss den Sack ablegen und mit Hilfe meines Pickels einen Graben ausschaufeln, um die Füsse ein paar Zentimeter höher zu setzen. Die Übung wäre an sich nicht beängstigend, wenn ich nicht unaufhörlich daran dächte, dass sich der ganze Hang unter uns lösen könnte! Wir sind aber zu nahe beim Lager, um aufzugeben, und zwingen uns weiterzusteigen. Um 11 Uhr erreichen wir Lager III auf 7400 m.

Es schneit immer heftiger. Wir wollten eigentlich in einem Zug auf den Gipfel und dazu am gleichen Abend von Lager III aufbrechen, doch der Plan ist zum Scheitern verurteilt. Lange Reden sind keine nötig, es genügt mir, einen Blick auf die düsteren, griesgrämigen Gesichter meiner Freunde zu werfen, um unsere Erfolgschancen einzuschätzen. Gegen 18 Uhr die grosse Erleichterung: Der Himmel vergisst für einen Augenblick seine Drohgebärden und zeigt blaue Flecken. Wir bereiten uns sorgfältig auf die mühsamsten Stunden unseres Lebens vor. Von den acht, die gleichzeitig aufgebrochen sind, sind noch fünf übriggeblieben: Nicole, Pierre, Jean, Eric Escoffier und ich. Wir

In der Nordflanke des Broad Peak – eine Akklimatisationstour, bei der wir einen Blick in die K2-Südwand werfen können

verlassen das Lager um 21 Uhr. Die Nacht ist tiefschwarz und der Wind ziemlich stürmisch. Die Rucksäcke haben wir zurückgelassen; ich habe nur eine Halbliter-Trinkflasche dabei. Scharfsinnige Geister würden bemerken, dass eine Trinkflasche wenig zu einem bequemen Biwak beiträgt und es sich in einer Trinkflasche schlecht schläft – meine Antwort würde lauten, dass wir bei unserem Gipfelsturm sowieso jegliches Campieren vermeiden wollen! Auf etwa 7600 m verspürt Nicole den Anfang einer Venenentzündung in einem Bein. Sie weiss, dass der Erfolg von nun an für sie darin bestehen wird, gesund und sicher ins Basislager zurückzukommen. Sie wird zu den übrigen Alpinisten ins dritte Lager zurückkehren und am nächsten Tag ins Basislager absteigen.

Die Nacht ist bitterkalt, um die minus 40 Grad. Man muss kämpferisch veranlagt sein, um trotz des Winds, des Schnees und der Kälte weiterzugehen. Doch unser Vertrauen ist unerschütterlich: In wenigen Stunden wird der Tag X anbrechen. Unsere Akklimatisation ist perfekt, dank ihr können wir eine Nacht in Lager IV auf 8000 m vermeiden. Ich weiss genau, dass man sich oberhalb von 7000 m nicht einmal im Schlaf erholen kann. Allein der Aufenthalt auf diesen Höhen ist ein energieverzehrender Luxus. Ich glaube auch, dass der Gipfel in einem Zug von 6800 m aus machbar ist. Wer wagte es zudem, eine Wette auf das Anhalten des guten Wetters einzugehen? Aus all diesen Gründen ergibt sich der einfache Schluss: Wir müssen weiter!

Gegen 1 Uhr morgens des 6. Juli sind wir in Lager IV. Hier hätten wir eigentlich eine Pause einschalten wollen; doch ein Sérac ist uns zuvorgekommen und hat alles, was sich ihm in den Weg stellte, weggerissen: Die Zelte sind weggefegt. Es gibt nur eine Lösung, der Kälte zu entrinnen: weitergehen. Bei Tagesanbruch steigen wir durch ein ziemlich steiles Couloir empor, das zur Schlüsselstelle des Abruzzi-Grats führt, dem Flaschenhals unter einem grossen Sérac. Es handelt sich dabei um einen der imposantesten Séracs, die ich je gesehen habe; dementsprechend sind wir aufs äusserste angespannt. Wir müssen so schnell wie möglich die Querung unter diesem Damoklesschwert hinter uns bringen. Wären da nicht die Höhe, der Sauerstoffmangel, die Ausgesetztheit und alles, was den Charme des Karakorum ausmacht, wir würden um unser Leben rennen, um möglichst bald der Gefahrenzone zu entkommen! Auf 8200 m beschleunigen wir den Schritt, so gut es geht. Oberhalb des Séracs ist der Schnee wieder sehr tief und gefährlich vom Wind verfrachtet. Wir wechseln uns immer wieder im Spuren ab und brauchen dennoch fünf Stunden für die letzten 400 Meter.

**Pierre Morand
im House-Kamin (ca. 6500 m)
am Abruzzi-Grat**

Um 14 Uhr betreten Pierre, Jean, Eric und ich den Gipfel des K2, mit seinen 8611 m der zweithöchste Berg der Welt. Wir jubeln vor Freude – alle unsere Anstrengungen sind belohnt: die monatelange Warterei, die Momente der Entmutigung, die menschlichen Spannungen, alles ist wie weggeblasen!

DHAULAGIRI (8167 m)
Ostwand

○ Biwak (7900 m)

Diese Stunde, in der wir uns wie die Könige der Welt fühlen, rechtfertigt unsere ganze Verrücktheit. Das Wetter ist wunderbar. Wir fotografieren und lassen die einmaligen Augenblicke auf uns einwirken. Diesmal wird niemand Erfrierungen erleiden. Gegen Abend sind wir zurück in Lager III. Der Abstieg ist sehr heikel und verlangt doppelte Aufmerksamkeit. Die Erschöpfung stumpft unsere Reflexe ab; in unserem Zustand hätte der kleinste Fehler katastrophale Folgen. Am 7. Juli kommen wir heil und ganz ins Basislager zurück. Doch der Chogori, der Grosse Berg, wie ihn die Einheimischen nennen, fordert doch noch ein Opfer: Am Tag nach unserem Erfolg wird Daniel Lacroix letztmals auf etwa 8400 m gesehen.

Vier Monate später, am 9. November, starten Pierre Morand, Jean Troillet, Pierre-Alain Steiner und ich zur Winterbesteigung des Dhaulagiri (8167 m). Ein Scharfsinniger stellte mir einmal die Frage: «Warum gehst du im Winter zum Dhaulagiri?» Erstens, weil die äusseren Bedingungen in dieser Jahreszeit am extremsten sind – es gibt nichts Härteres, als den Winter auf 8000 m zu verbringen, und der Alpinist (den man nicht mit dem Masochisten verwechseln darf) liebt es, sich an den eigenen Grenzen zu messen. Zweitens, weil am Berg das ganze Jahr über nie so gute Verhältnisse herrschen wie im Winter: Der Wind hat die Flanken blankgefegt, und dank den geringen Niederschlägen bleibt einem kräftezehrende Spurarbeit erspart. Was diese, meine erste, Winterexpedition betrifft, wurden die zwei genannten Punkte bestätigt: Bergsteigerisch gesehen waren die Verhältnisse ausgezeichnet, doch was die Temperaturen angeht, waren sie fürchterlich. Genau das hatte ich gesucht.

Am 15. November machen wir uns von Jomson, 80 km nordwestlich von Pokhara, auf den Weg zum Basislager des Dhaulagiri. Für mich ist es eine Traumexpedition: In dieser Gegend von Nepal kann ich den K2 vergessen, die administrativen Bürden, die persönlichen Reibereien und die endlose Belagerung, die er uns abgefordert hat. Nach einer ersten Erkundung in der Ostwand des Dhaulagiri, nach der Pierre Morand auf die Besteigung verzichtet, gelangen wir zurück zu unserer Schneehöhle auf 5000 m am Wandfuss.

Mitternacht, 6. Dezember: Wir steigen in die Wand ein, die uns um beinahe 3000 m überragt. Am K2 haben wir auf leichten Stil gesetzt und den Gipfel in zwei Tagen über den Abruzzi-Grat bestiegen. Wir halten auch hier an diesem Stil fest: Unsere Rucksäcke hängen traurig am Rücken; sie sind nur mit einer Lawinenschaufel, einem Biwaksack und ein paar Kleinigkeiten beladen. Unser Vorgehen ist kühn – doch wenn man der Schildkröte ihren Panzer wegnimmt, macht man aus ihr einen Windhund...

Die Verhältnisse in der Wand sind ausgezeichnet: Der Schnee ist hart, wir kommen schnell und ohne zu sichern voran. Nach achtzehn Stunden pausenloser Kletterei gelangen wir auf 7900 m. Es bleiben uns nur noch 260 Höhenmeter, doch die Dunkelheit und der tobende Wind verhindern ein Weitergehen. Wir entschliessen uns, die Nacht hier zu verbringen. In Tat und Wahrheit hätten wir am Morgen hier ankommen sollen, um dann in einem Zug zum Gipfel gehen zu können. Wir haben unseren Gewaltsstreich schlecht berechnet und werden mehr als genug Zeit haben, über unseren Rechenfehler

> *Diese Stunde, in der wir uns wie die Könige der Welt fühlen, rechtfertigt unsere ganze Verrücktheit.*

nachzudenken. Die Wand könnte sehr leicht das Aussehen einer Riesenrutschbahn annehmen, wenn man nicht auf der Hut ist. Wir beginnen deshalb mit dem Graben einer Terrasse, aber mit der Schaufel verrichten wir in diesem harten Schnee überhaupt nichts. Wir können dem Berg lediglich mit dem Pickel ein paar lächerliche Zentimeter abringen und setzen uns mit knapper Not auf diese Plattform. Wir breiten unsere kargen Schätze aus, beziehungsweise der Wind breitet sie aus. Und dann beginnt die Nacht, eine der längsten Nächte meines ganzen Lebens. Jean Troillet hat sich die Mühe genommen, den Schlafsack hinaufzutragen. Zuerst haben wir sein Bedürfnis nach kuscheliger Wärme verspottet. Aber je länger die Nacht dauert und je kälter es wird, desto mehr verwandelt sich unser Hohn in eine Art Neid: Pierre-Alain und ich haben nur Gore-Tex-Biwaksäcke mitgenommen, die den Wind abhalten, aber die Kälte durchlassen. Ungern sehen wir die gepolsterten Rundungen, unter denen sich Jean verkriecht. Schliesslich erbarmt sich der edle, gute Jean und gibt uns ein bisschen von seiner Wärme ab: Er bedeckt uns abwechslungsweise mit seinem Schlafsack. Doch die Nacht ist lang... Ab und zu bahnt sich ein kümmerliches Gespräch an, das die eisige Kälte sehr schnell wieder zum Erliegen bringt. Oder jemand quatscht irgendwas in die vor Kälte erstarrte Atmosphäre. Wir versuchen zu

Pierre-Alain Steiner:
Wir steigen weiter, als ob unser Wortschatz
den Begriff «Umkehr» nicht enthielte

dösen, um der Nacht etwas Zeit abzustehlen. Unsere galoppierenden Gedanken sind die einzige Unterhaltung, unsere Körper sind mit Schlottern beschäftigt. Die Kälte aber lässt sich durch unser pausenloses Zittern nicht im Geringsten beeindrucken und fällt über unsere klappernden Körper her. Es ist bitterkalt, wir schätzen die Temperatur auf minus 50 Grad. Da hängen wir also an unseren Eisschrauben am Dhaulagiri und warten auf den Tag. Als die Sonne schliesslich die Erlösung ankündet, denkt niemand daran, die wiedergewonnene Freiheit zu nutzen: Wir machen uns bereit und steigen weiter – als ob uns die Möglichkeit eines Rückzugs während der langen Nacht nie in den hellwachen Sinn gekommen wäre, als ob unser nächtlicher Wortschatz niemals den Begriff «Umkehr» enthalten hätte!

Jean Troillet:
An jenem Tag begriff ich, dass ein entschlossener Mensch durch nichts aufzuhalten ist

8. Dezember, 13.30 Uhr: Wir stehen auf dem Gipfel des Dhaulagiri und haben die erste Winterbegehung seiner Ostwand hinter uns. Wir bleiben trotz des stürmischen Winds vierzig Minuten auf dem Gipfel, bevor wir den Abstieg antreten.

Im Rückblick war jener Augenblick für mich ein Schlüsselerlebnis: Die Tatsache, dass wir an jenem Tag trotz allem unseren Aufstieg fortsetzten, gab mir zu verstehen, dass ein entschlossener Mensch durch nichts aufzuhalten ist. Noch heute kann ich nicht verstehen, warum niemand von uns vom Aufgeben redete. In jenem Moment erkannte ich: Nichts ist unmöglich!

Pierre Morand – der «ältere Bruder»

Eines Tages zog sich Pierre Morand von gemeinsamen Unternehmungen zurück. Er, der bei den ersten Abenteuern von Erhard Loretan unter dem Namen «Pommel» auftritt, die auf dem Gipfel einer Kalknadel flüchtig wahrgenommene Gestalt, der Seilpartner, mit dem man aufbricht, um die Abgründe herauszufordern, der Waffenbruder, der mit dabei ist, als Erhard Loretan erstmals in den Bann der grossen Höhe gezogen wird... – er entschied sich eines Tages, dass er sich ein für allemal genug über die Schwerkraft und ihre Gesetze mokiert hatte. Das war 1985 am Dhaulagiri. Im gleichen Jahr allerdings hatten Pierre Morand und Erhard Loretan nur einen Tag benötigt, um die äusserst schwierige Route «Les Portes du chaos» am Eiger zu durchsteigen. Doch dort, in der Ostwand des Dhaulagiri, wo drei Männer einem vierten zu folgen versuchten, mitten im Dezember, bei polaren Temperaturen – die Rede war von minus 50 Grad –, dort befand er, dass sein innerer Thermostat sich diesem Abenteuer nicht mehr anpassen konnte: «Der Dhaulagiri im Winter – das war schrecklich», gibt er heute zu. «Da war natürlich einmal die Kälte, aber dann auch die Art der Besteigung. Wir waren in der Wand, Erhard stieg mit dem Seil im Rucksack voraus, Pierre-Alain Steiner, Jean Troillet und ich hintendrein, ohne Seil an senkrechten Stellen hängend. Da dachte ich, wir sind zur Hälfte verrückt.» Es war der letzte Versuch Pierre Morands, einen Achttausender zu besteigen, nachdem er die Gipfel von Hidden Peak, Broad Peak und K2 erreicht hatte. Er kehrte dem Himalaya den Rücken, überzeugt, dass er, hätte er dem

Pierre Morand, genannt «Pommel»

infernalischen Rhythmus von Erhard Loretan weiter zu folgen versucht, irgendwo erstarrt am Fuss eines Hanges läge. Nach diesem Verzicht ist «Pommel» wieder zu Pierre Morand geworden, der heute einem Familienbetrieb vorsteht.
Aber er erinnert sich, wie wenn es gestern gewesen wäre, an das erste Mal, als er Erhard Loretan beim Klettern zuschaute: Die Mauer im Steinbruch von Charmey war für alle Burschen gleich, die an ihr die Flügel ihrer fünfzehn Jahre etwas stutzten. Erhard indes schien sie sich geradezu hinzugeben, während die anderen sie mit Gewalt bezwangen. Hier muss von Instinkt gesprochen werden: Wie ist es sonst zu erklären, dass in der seit Jahrhunderten domestizierten Hauskatze plötzlich das Raubtier erwacht oder dass der Herbstbeginn die Schwalben in Aufbruchstimmung versetzt? Wie ist es sonst zu erklären, dass Erhard im Fels eine Wärme, ein geheimes Einverständnis findet, die seit der Zeit der Höhlenbewohner verschwunden schien? Wie ist es möglich, dass Erhard mit Steigeisen an den Schuhen wie ein eleganter Eistänzer wirkt? Und woher nimmt Erhard diese Sicherheit im Umgang mit dem Pickel,

diese Selbstverständlichkeit, die ihm beim ersten Mal die perfekte Ausführung des Schlages erlaubt? Das Gespür für die richtige Route, mit dem er Nebelschwaden umgeht, über Gratschneiden aufsteigt, dem Spaltenlabyrinth entrinnt, um das Lager oder die Hütte auf Anhieb zu finden? Pierre Morand fasst das ganze Geheimnis in ein einziges Wort: «Instinkt!», und er erklärt: «Erhard handelt instinktiv! Mit fünfzehn Jahren schon war er im wahrsten Sinne des Wortes ein Bergler: Die Berge sind sein Lebensraum. Bereits bei den ersten Touren offenbarte sich seine Überlegenheit. Sie verringerte sich zwar mit den Jahren etwas, trat dann aber an hohen Bergen wieder klar zutage. Ich war mit sehr, sehr starken Leuten unterwegs: im Himalaya etwa mit Pierre-Alain Steiner, ich bin Polen begegnet... Doch niemand hat mir jemals so Eindruck gemacht wie Erhard. Er ist eine Klasse für sich.» Stellen wir uns doch einfach vor, es sei einmal eine fliegende Untertasse auf irgendeinem Flecken unserer guten alten Erde gelandet, aus der Erhard ausstieg... Pierre Morand – selbst ein an Genie grenzendes Talent – zog es vor, als Seilzweiter mit Erhard Loretan unterwegs zu sein denn als Vorsteiger mit sonst jemandem. Durch die vielen gemeinsamen Biwaks auf Bändern, zu denen das Zusammengepferchtsein gehörte, durch die gemeinsam erduldete Kälte, bei der man sich gegenseitig aufzuwärmen versuchte, entstand zwischen den zwei Männern eine, wie er es nennt, «edle» Freundschaft. Eine wahre und edle Freundschaft wie immer, wenn sich zwei Einzelgänger finden. Pierre Morand skizziert ihre Beziehung mit wenigen Worten: «Wir können zwei Tage zusammen sein, ohne miteinander zu reden. Das stört mich nicht – lieber kein Wort, als dummes Zeug zu faseln.»

Erstbegehungen in den Gastlosen, eine Neutour an den Droites, das Supercouloir, die Westliche Zinne in den Dolomiten... Pierre Morand kramt in seinen Erinnerungen. Er weigert sich, von Sehnsucht nach alten Zeiten zu sprechen, denn er gehört zu jenen seltenen Menschen, die das Leben nur in der Gegenwart leben: den Abenteurern. Da waren aber Jean-Maurice, Jean-Claude, Freddy, Vincent, Erhard, Bernard, Nicole, Françoise – eine Handvoll origineller Menschen, die von den Bergen adoptiert wurden. Wieviele von ihnen sind fröhlich zu fernen Touren aufgebrochen und sind in düsteren Gefilden verschwunden? Der Tod ist wie eine zu stark gespannte Feder in die Jugend eingebrochen: Lawine, Absturz, Krankheit und Unfall haben die Gruppe dezimiert. Vincent, Jean-Claude, Freddy, Bernard – um nur von den engsten Freunden zu sprechen – sind nicht mehr da. «Alle diese Kameraden, mit denen du unglaubliche Dinge angestellt hast... – und du magst schon nicht mehr davon sprechen! Das reisst ein verdammt grosses Stück von dir weg», entgeht es Pierre Morand. Vor zwanzig Jahren verfolgte er vom sicheren Gras aus die Soloklettereien von Erhard am Grossen Turm in den Gastlosen. Daran hat sich bis heute nichts geändert: Er verfolgt Erhards Leiden im Himalaya mit der Nachsicht des älteren Bruders, der weiss, dass Ungestüm und Wildheit in der Familie erbliche Charakterzüge sind. Doch wenn nach Monaten des Stillschweigens das Telefon klingelt und die Stimme Erhards ertönt, dann entfährt Pierre Morand ein Seufzer der Erleichterung.

KAPITEL 7

«Schwimm. Das ist es, was sie immer sagen. Wenn du von einer Lawine erfasst wirst, schwimm. Niemand hatte mir gesagt, dass es ein Gefühl ist, als würde man durch feuchten Beton schwimmen, dass Wogen von schwerem Nassschnee meinen Körper in qualvollste Positionen verrenken und verdrehen würden. Schwimmen? Die Autoren der Bergsporthandbücher müssen echte Komiker sein!»

Joe Simpson

André Georges und seine Grossmutter

«Hallo, hier spricht André Georges. Hör mal, ich habe Lust, die Viertausender-Überschreitung in diesem Winter noch einmal zu versuchen. Bist du mit von der Partie?»

«...ja, warum eigentlich nicht?»

Meine Bedenkzeit erstreckt sich über die Dauer der drei Pünktchen. Ende 1985, als er mich anruft, kenne ich André Georges kaum, ausser von der Lektüre einiger Artikel über die eine oder andere seiner winterlichen Alleingänge in den Alpen. Ich weiss, dass er über Hartnäckigkeit und Beharrlichkeit verfügt. Zusammen mit dem Bergführer Michel Siegenthaler hat er schon zweimal das «Couronne impériale» – Kaiserkrone – genannte Unterfangen angepackt: die Aneinanderreihung von 38 Gipfeln im Winter, darunter dreissig Viertausender in den Walliser Alpen. 1983 wurden sie nach der Überschreitung der Mischabel-Gipfel vom schlechten Wetter gestoppt. 1984 begrub eine Lawine am Adlerpass das Projekt unter sich und kostete Michel Siegenthaler beinahe das Leben. Für seinen dritten Versuch wählte André Georges mich aus, eine Ehre, die ich nicht ausschlagen konnte.

Ich nehme also die Einladung an, obwohl ich das Vorhaben immer als verrückt eingeschätzt habe: Wann gibt es schon mitten im Winter drei Wochen anhaltend schönes Wetter? Später, in der Hitze des Gefechts, wird das schöne Wetter von zweitrangiger Bedeutung sein, ein dekoratives Element, das ein wenig Blau auf die Fotos bringt: Während der neunzehn Tage unserer Überschreitung ist es nur an sieben Tagen schön!

Seit unserem gemeinsamen Abenteuer, jenem alpinen Marathon, weiss ich etwas mehr über André Georges: Er hatte sich, einem Feinschmecker ähnlich, allein und im Winter die Nordwände von Liskamm (Route Nessi-Andreani), Mont Collon, Dent Blanche, Matterhorn (Gogna-Route über die Zmuttnase) zu Gemüte geführt. Weiter hatte er die vier Grate der Dent Blanche in einem einzigen Tag bestiegen. Doch er hatte auch die engen Grenzen des Val d'Hérens überwunden und die Ama Dablam bestiegen. Aus seinem Lebenslauf wusste ich überdies, dass er mit Agnès verheiratet und Vater von drei Kindern ist, dass er 1953 geboren wurde, 191 Zentimeter misst und 92 Kilo auf die Waage bringt. Kurz: ein robuster Bursche!

Der Termin unseres Aufbruchs wird auf den Beginn der nächsten Schönwetterphase festgelegt. Am 12. Februar 1986 ist es soweit. Ich warte im Bahnhofbuffet von Sitten auf André. Meine Augenlider sind schwer – im Greyerzerland ist die Fasnacht am Vortag zu Ende gegangen, und ich habe eben erst meine Indianer-Montur abgelegt. Der Geschmack der Friedenspfeife steckt mir im Hals, das Feuerwasser liegt mir schwer im Magen und unter meinem Skalp hämmern die Hufen der Bisons. Es ist kalt und schön – und André lässt auf sich warten. Wo steckt er nur? Gegen Ende des Nachmittags fahre ich zu Agnès. Weiss sie etwa, wo ihr Mann bleibt? Gemeinsam finden wir heraus, dass André wegen einer lächerlichen militärischen Angelegenheit im Gefängnis des Polizeipostens von Siders festgehalten wird. Er ist in polizeilichem Gewahrsam. Ich stehe vor einer Gewissensfrage: Darf ich es wirklich wagen, mit einem Kriminellen aufzubrechen? Man stelle sich die

Das Matterhorn und die Dent d'Hérens bei unserem dreiwöchigen Streifzug durch die Walliser Alpen

Dramen vor, die in jenen eisigen Wüsten ausgeheckt werden könnten! Mein Kumpan gehört glücklicherweise nicht zu jener Sorte Menschen, die sich schnell ins Bockshorn jagen lassen; am nächsten Tag ist er wieder auf freiem Fuss. Zusammen erledigen wir die letzten Einkäufe und die Fragen, die sich aus der Zusammenarbeit mit unseren Sponsoren ergeben. Wir bringen unsere Vorräte nach Zermatt, von wo aus die Helikopterfirma Air Zermatt sich um die Nahrungsmitteldepots kümmern wird.

Am 14. Februar starten wir in Grächen, obwohl das Wetter eher zum Stubenhocken verleitet: Der Wind bläst am Klein Matterhorn mit achtzig Stundenkilometern. Ein Helikopter setzt uns auf dem Riedgletscher ab. Wir marschieren um 9.30 los und besteigen fünf Viertausender in einem Tag. Wir verstehen uns prächtig, klettern im gleichen Rhythmus, fühlen uns in Sicherheit, ohne das Seil zu benötigen. Doch ich will die neunzehn gemeinsam in den Bergen verbrachten Tage nicht bis in alle Einzelheiten erzählen – ich möchte den Leser nicht langweilen. Erwähnt sei nur, dass wir dem ganzen Gebirgskamm von Grächen bis Zinal folgten, ohne einmal unter 3000 m abzusteigen; am 4. März langten wir in Zinal an.

Im Rückblick war unser Enchaînement, die Aneinanderreihung von Gipfeln, schön, sehr schön sogar. Trotz der drei Tage, an denen wir in feuchten und düsteren Biwaks festgenagelt waren, trotz der Nächte, die wir mit Schneeschmelzen verbrachten, und den Spalten. Trotz der elf Tage schlechten Wetters, der zu grossen eingegangenen Risiken und der endlosen Überschreitung des Moming-Grates. Doch, wenn man es richtig bedenkt, sucht der Alpinist eigentlich etwas anderes als dieses «trotz»?

Trotz des endlosen Moming-Grates, habe ich gesagt. Erinnerst du dich, André? Seit zwei Tagen wühlten wir uns durch den Schnee, der dir bis zum Bauch und mir bis zu den Ohren reichte. Die Etappen waren lang, und wir hatten genug. Nach dem Biwak auf dem Rothorn-Grat fragte ich dich – ich kannte die Etappe des nächsten Tages nicht –, wie es weitergehen würde: «Wir folgen erst dem Moming-Grat und steigen dann aufs Schalihorn. Die Etappe ist superleicht, ein Spaziergang für Rekonvaleszente! Ich habe sie mit meiner Grossmutter im Eiltempo gemacht!» Ich schlief voller Vertrauen in deine Grossmutter ein. Na ja, es war alles andere als ein Spaziergang für Rekonvaleszente, sondern einer von der Sorte, von denen man sich tagelang erholen muss! Statt der fünf Stunden, die du angekündet hattest, wühlten wir uns zehn Stunden lang pausenlos im tiefen Schnee über gefährliche und exponierte Grate... Mein lieber André! Du musst mir unbedingt einmal deine Grossmutter vorstellen!

Wie gesagt, das Wetter ist uns nicht sehr gut gesinnt: Nur sieben Tage lang ist es schön. Von den übrigen zwölf Tagen sind wir drei Tage lang in Biwaks festgenagelt. Im Gallarate-Biwak am Jägerhorn verbringt André den Tag mit Nähen, während ich koche und Geschmack finde an wunderbaren hochalpinen Mehrgangmenüs. In der Unterkunft der Zöllner an der Testa Grigia schleifen wir unsere Steigeisen und trinken eine oder zwei Flaschen italienischen Rotwein. In der Hörnlihütte schliesslich, am Fuss des Matterhorns, waschen wir das Geschirr ab, das andere Alpinisten schmutzig zurückgelassen haben. In dieser Hütte trocknen wir auch unsere Kleider, die von der Vortagesetappe – sie hatte mehr mit Wasser- als mit Bergsport zu tun – nass sind.

Bruno Jelk, unser Verbindungsmann in Zermatt, dreht uns ein Paar uralte Latten an, die mit der unverwüstlichen Kandahar-Bindung ausgestattet sind und die man damals nur noch in Alpinmuseen oder in der Schweizer Armee antraf. «Leider», erklärt er uns, «habe ich nur noch ein Paar, doch ihr könnt die Ski brauchen, wenn sie euch etwas bringen.» Dank einer christlichen Teilung bringen uns die Ski tatsächlich etwas: André passt die linke Bindung auf seine Schuhgrösse (44) an, ich schlage mich mit dem Kabel des rechten Ski herum. So schwingen wir uns, eine Mischung zwischen Flamingos und Skifahrer, über die Skipiste vom Klein Matterhorn hinunter und zweigen dann zum Hörnligrat ab. Das Fortbewegungsmittel ist schnell und wirkungsvoll, doch in unseren Schuhen steht das Wasser hoch.

Am Dienstag, 4. März, geht unser Abenteuer zu Ende. Es führt zu einer festen Freundschaft, gegenseitigem Verständnis ohne unnötiges Geschwätz und eisenfester Motivation. Keine Sekunde lang haben wir daran gedacht, die Tour abzubrechen. Der Ehrlichkeit halber muss erwähnt sein, dass uns die Tageszeitung La Suisse, die es inzwischen nicht mehr gibt, unterstützte. Jeden Tag wurden die Schlagzeilen grösser: Sie lauteten so ähnlich wie «Viertausender im Eiltempo»,

**André Georges
bei der Überschreitung
des Moming-Grates,
wo er seine Grossmutter spazierenführte**

**André Georges
steigt über den Zinalrothorn-Nordgrat ab;
wir haben 19 Tage auf über 3000 m verbracht**

«Husarenritt über die Gipfel» oder «Auf dem Höhepunkt des Exploits». Wie hätten wir es nach diesen heldenhaften Titeln auch wagen können, ins Tal abzusteigen? Doch der Götter müde, die diese Höhen bewohnen, sind wir schliesslich doch wieder in die Ebene zu den Ameisen hinuntergekommen, von denen sie besiedelt ist...

Es versteht sich von selbst, dass uns die von den Medien während neunzehn Tagen ausgeschlachtete «Kaiserkrone» nicht nur Freunde eintrug. Der Präsident einer Sektion des Schweizer Alpen-Clubs sprach von Selbstdarstellung und Angeberei. Die Puristen sprachen von der Entheiligung des alpinen Altars. Eine Erinnerung lässt mich alle Kritiken vergessen: Während unseres Ruhetages auf der Testa Grigia besuchte und ermutigte uns der älteste Bergführer von Zermatt, der berühmte Ulrich Inderbinen, Jahrgang 1900, rüstig, munter und noch immer aktiv. Alles andere ist nur Geschwätz.

Der Everest nimmt einen grossen Teil des Jahres 1986 ein. Bei meiner Rückkehr bedränge ich André Georges mit einem Projekt, an dem mir viel liegt: die Aneinanderreihung von dreizehn Nordwänden im Berner Oberland, 11 150 Höhenmeter innerhalb von zwanzig Tagen. Diese Unternehmung würde härter, länger und technisch schwieriger werden als die «Kaiserkrone». Die Touren, von denen viele Alpinisten ein Leben lang träumen, wollten wir in drei Wochen machen: die Nordwände von Eiger, Gspaltenhorn, Morgenhorn usw., sieben äusserst schwierige, drei sehr schwierige und drei schwierige Routen.

Montag, 9. Februar 1987: Ich treffe André Georges in Grindelwald. Kleine Materialkontrolle: Er hat die Feueranzünder vergessen, die ich hätte mitnehmen sollen, ich habe Mütze und Handschuhe vergessen... Wir packen die 1200 Meter hohe Nordwand des Grossen Fiescherhorns (4048 m) an, überwinden pro Stunde 300 Meter und steigen folglich vier Stunden später aus. Die Form stimmt! Am Abend verbindet uns das Telefon der Mönchsjochhütte mit der Zivilisation. Unsere Lebensgefährtinnen, Nicole und Agnès, erkundigen sich, die Zeitungen wollen Neuigkeiten für ihre Artikel, und mein Cousin Fritz kündigt uns an, dass der Helikopter keine Nahrungsmittel abladen konnte!

Am nächsten Morgen verunmöglicht das Wetter jegliche Tour. Wir beschliessen, mit dem Zug zur Station Eigergletscher hinunterzufahren und dort weiterzusehen. Das Wetter wird etwas besser, und wir zögern; was wollen wir als nächstes angehen: die Nordwand des Eigers oder jene des Mönchs? Der Mönch ist weniger gefährlich, wir entscheiden uns für ihn. Ein falscher Entscheid! Am

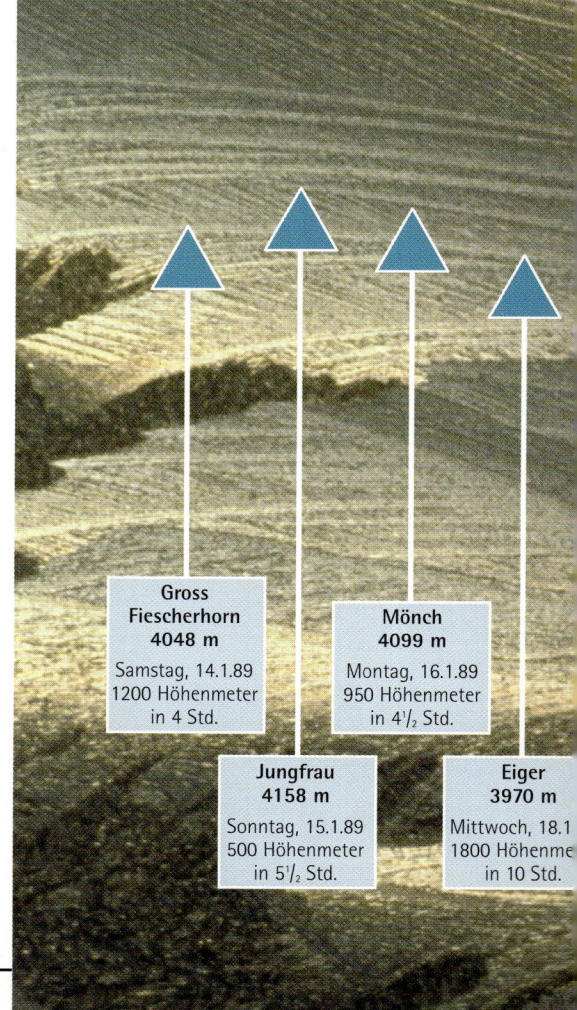

Gross Fiescherhorn
4048 m
Samstag, 14.1.89
1200 Höhenmeter
in 4 Std.

Mönch
4099 m
Montag, 16.1.89
950 Höhenmeter
in 4½ Std.

Jungfrau
4158 m
Sonntag, 15.1.89
500 Höhenmeter
in 5½ Std.

Eiger
3970 m
Mittwoch, 18.1
1800 Höhenme
in 10 Std.

12. Februar um Mitternacht stehen wir auf, schnallen die Ski an und beginnen den langen Zustieg zum Fuss der Mönchnordwand. Wir schlängeln uns zwischen mehr oder weniger hohen Felsriegeln hindurch. Irgendwann öffnet sich eine meiner Skibindungen. Ich halte an, um sie wieder in Ordnung zu bringen. André befindet sich ein paar Meter weiter links über mir. Plötzlich schreit er: «Pass auf!» Ich habe nicht einmal Zeit, den Kopf zu heben, als ich schon mitgerissen werde. Ein Schneebrett trägt mich davon und schleudert mich ins Leere. Der Sturz ist lang oder scheint mir wenigstens so. Einen ersten Aufprall überstehe ich ohne grossen Schaden. Es geht alles gut, der Schnee reisst mich weiter mit. Ich muss versuchen, an der Oberfläche zu bleiben. Geht meine Fahrt wohl bald zu Ende? Nein, ich werde ein zweites Mal in die Luft katapultiert. Diesmal scheint der Flug kein Ende zu nehmen, ich spanne meine Muskeln so fest wie möglich an und bereite mich auf die unvermeidliche Notlandung vor. Der Schlag des Aufpralls ist unglaublich stark – ich verspüre sogleich einen fürchterlichen, von einem Gefühl intensiver Wärme beglei-

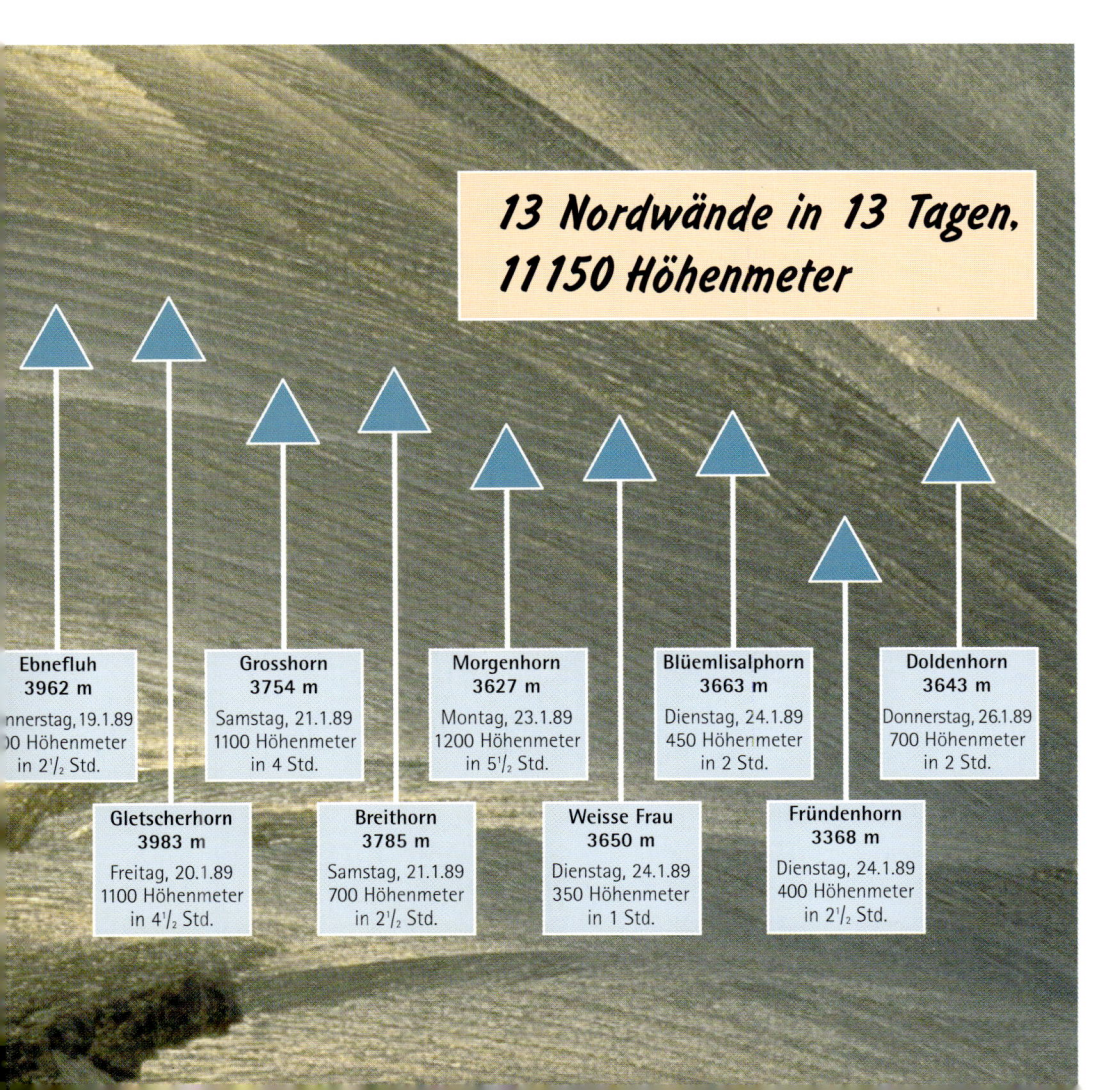

13 Nordwände in 13 Tagen, 11150 Höhenmeter

Ebnefluh
3962 m
Donnerstag, 19.1.89
00 Höhenmeter
in 2½ Std.

Gletscherhorn
3983 m
Freitag, 20.1.89
1100 Höhenmeter
in 4½ Std.

Grosshorn
3754 m
Samstag, 21.1.89
1100 Höhenmeter
in 4 Std.

Breithorn
3785 m
Samstag, 21.1.89
700 Höhenmeter
in 2½ Std.

Morgenhorn
3627 m
Montag, 23.1.89
1200 Höhenmeter
in 5½ Std.

Weisse Frau
3650 m
Dienstag, 24.1.89
350 Höhenmeter
in 1 Std.

Blüemlisalphorn
3663 m
Dienstag, 24.1.89
450 Höhenmeter
in 2 Std.

Fründenhorn
3368 m
Dienstag, 24.1.89
400 Höhenmeter
in 2½ Std.

Doldenhorn
3643 m
Donnerstag, 26.1.89
700 Höhenmeter
in 2 Std.

teten Schmerz im Rücken. Und weiter geht es, ich lebe immer noch und bin bei Bewusstsein, aber jetzt kann ich meinen Fall in der Lawine, meinen Höllenritt nicht mehr kontrollieren. Ich bin eine Marionette, der die Fäden abgeschnitten wurden. Ich breche zusammen. Mein Gott – wenn es noch lange so weitergeht, wird es mein letzter Flug sein. Ich weiss, dass mich weiter unten eine 200 Meter hohe Felsmauer erwartet; dort ginge mein Glück zu Ende. Endlich kommt alles zum Stillstand. Mein Kopf und meine Arme ragen aus den Schneemassen hinaus, doch ich kann mich nicht bewegen und habe kein Gefühl in den Beinen. Ich rufe André. Keine Antwort. Nach ein paar Minuten schreie ich noch einmal nach ihm; diesmal höre ich seine Stimme. Er kommt zu mir und mustert den vier Meter hohen Schneehaufen, der mich armen, machtlosen Krüppel gefangenhält. «Nimm mich hier heraus!», bitte ich ihn. André benachrichtigt meinen Cousin Fritz Loretan, der Rettung anfordert. Die Helikopter können wegen des Föhns zunächst nicht fliegen; schliesslich ist es eine Maschine der Basis Lauterbrunnen, die mich eineinhalb Stunden später holt. Ich kenne den Piloten, Dölf Gisler, einer der besten der Gegend; ich kenne den Arzt, Bruno Durrer, der mit mir an der Annapurna war – die alpine Szene ist klein... Bruno steckt mir eine Infusion und packt mich für den Flug bis zur Station Eigergletscher ins Netz. «Geht es?», fragt man mich. «Ja, ja, es geht schon.» Es geht sogar alles bestens – ich bin 400 Meter von einer Lawine mitgerissen worden, bin über eine 30, dann eine 40 Meter hohe Felsmauer geflogen, meine Rippen sind eingeschlagen, und ich spüre meine Beine nicht mehr... Aber abgesehen davon geht es sehr gut, ja sogar bestens!

Um 15 Uhr nimmt sich im Inselspital in Bern ein Spezialistenteam meiner an, das Wunder vollbringen wird. Während mehrerer Stunden werde ich durch die verschiedensten Einrichtungen des Universitätsspitals geschleust, von der Röntgenabteilung bis zum Computertomographen. Etwas später kommt ein Arzt und teilt mir mit, die Sache sei ernst: Der zweite und der dritte Wirbel sind kaputt, und das Rückenmark ist auf 90 Prozent komprimiert. Er verschweigt mir nicht, dass meine Chance, einmal wieder gehen zu können, minim sei. Ich höre ihm zu und rege mich nicht auf. Ich weiss, dass ich bei meiner Tätigkeit tagtäglich damit rechnen muss, gelähmt zu werden. Natürlich wäre es für mich das Schlimmste, diese Welt der Berge, die mein ganzes Leben ist, aufzugeben. Ich bin aber überzeugt, dass man – sogar wenn man sich nur noch im Rollstuhl fortbewegen kann – weiterhin grossartige Dinge tun kann. Im Moment bleibt allerdings ein bisschen Hoffnung, und daran halte ich mich fest.

Ich werde noch am gleichen Tag operiert. Die Operation dauert sieben Stunden. Ich wache in der Intensivstation auf, in einem Dschungel von Schläuchen und Röhren, in dem man sich verlieren könnte! Zwischen den Lianen erkenne ich meine Mutter, Nicole, André – ich bin glücklich, sie zu sehen. Ich bin da, doch meine Beine sind anderswo. Niemand kann mir zusichern, dass ich sie jemals wieder spüren werde. Besuche sind verboten, Telefonanrufe werden rationiert. In dieser Situation erfahre ich, dass ich in den verschiedensten Ecken der Schweiz Väter habe: Journalisten telefonieren und geben sich –

> *Jetzt kann ich meinen Fall in der Lawine, meinen Höllenritt nicht mehr kontrollieren. Ich bin eine Marionette, der die Fäden abgeschnitten wurden.*

Im Berner Oberland:
Ich schlug André Georges vor, 13 Nordwände in 20 Tagen aneinanderzureihen

angesichts der Reserviertheit der Ärzte – für meinen Vater aus. In einem einzigen Tag erbe ich vier Väter! Und wenn man sich vorstellt, dass mir meine Mutter von ihnen nichts erzählt hat!

Am Tag darauf wagt mein Arzt, Christian Etter, eine optimistische Aussage: Er erklärt mir, dass die neurologischen Tests gut seien und ich die Bewegungsfähigkeit zurückgewinnen sollte. Tatsächlich: Fünf Tage später wachen meine Beine auf. Ein leichtes Kribbeln, ein feines Pulsieren, wie wenn mein Herz den vorübergehend vergessenen Weg in diese Glieder wiedergefunden hätte. Zehn Tage später verlasse ich das Spital fast wie neu oder zumindest in einem zufriedenstellenden Zustand für jemanden, der eben über einen 30 und einen 40 Meter hohen Felsriegel hinuntergesprungen ist. Die Ärzte verpassen mir ein hübsches Korsett. Es eignet sich perfekt zum Monoskifahren, was ich drei oder vier Tage später einmal ausprobiere. Wo bleibt nur meine Vernunft? Da ich spüre, dass die Berge meiner Heimat einer ruhigen Genesung abträglich sind, tausche ich das Greyerzerland gegen Brasilien ein, wo ich mit meinem Freund Ruedi Zingg den Zuckerhut erklettere. Es gelingt mir aber nicht, das Jahr 1987 heil hinter mich zu bringen: Im Juli breche ich zwei Wirbel beim Gleitschirmfliegen. Ich finde mich darauf einmal mehr im Inselspital in Bern wieder, wo nur ein einziger Wirbelsäulenspezialist abkömmlich ist, jener nämlich, der mich schon im Februar operiert hat. Er ist zwar gerne bereit, mich zu behandeln, aber nicht ohne mir zuvor eine Moralpredigt zu halten: Falls ich nicht die Anweisungen befolge, die eine Wiederherstellung garantieren, dann wird er mich von Kopf bis Fuss eingipsen, um mir meine Purzelbäume auszutreiben. Ich verspreche ihm, lieb und brav zu sein und mein Korsett drei Monate lang zu tragen. Eine einfache Kopfrechnung hat mich den Ernst der Situation schnell erfassen lassen: Wenn ich in diesem Rhythmus weiterfahre – vier Wirbel pro Jahr –, dann werde ich in acht Jahren keinen ganzen Knochen im Rücken mehr haben. Die damit erreichte Beweglichkeit liesse phänomenale Klettereien zu...

Träume sterben nicht: Sie trocknen nur aus und schrumpfen – es genügt, sie mit etwas Begeisterung anzufeuchten, und schon nehmen sie wieder ihr ursprüngliches Volumen und ihren Geschmack an. Am 13. Januar 1989 begleite ich André Georges bei einem weiteren Versuch, die dreizehn Nordwände im Berner Oberland aneinanderzureihen. André Georges oder die Rückkehr eines Totgeglaubten: Am 15. September 1988 hatte ihn ein mysteriöser Nepalkorrespondent für tot erklärt, später wurde die Nachricht dementiert. Wir steigen zur Mönchsjochhütte auf. Als wir die Wände rund um uns betrachten, beginnen wir zu zweifeln: Sie sind schwarz, düster und abweisend.

Am 14. Januar wiederholt sich die Geschichte: Wie vor zwei Jahren stehen wir am Fuss der Nordwand des Grossen Fiescherhorns. Wie vor zwei Jahren stehen wir nach vier Stunden auf dem Gipfel. Allein fahren wir mit Ski zum Wandfuss ab. Diesmal wollen wir kein Medientheater, keine Journalisten, die uns über unsere Form und Projekte ausquetschen, den Lärmpegel unseres Schnarchens messen, die Menüpläne erfragen und sich um unsere Verdauungsprobleme sorgen. Die Skiabfahrt ist erholsam und geht schnell vorbei. Wir haben noch genug Zeit, um den Zustieg zur Jungfrau auszukundschaften. Der Hang, der zum grossen Plateau führt und über den wir morgen hinunterklettern müssen, besteht aus Blankeis – eine riskante Angelegenheit! Wir kehren zur Bahnstation zurück, wo uns ein Angestellter einen Kaffee macht. Bei unserem Spaziergang durch die Stollen entdecke ich plötzlich eine Schachtel voller Nägel: 180 Millimeter lange Zimmermannsnägel! Ich habe sofort eine Idee, die mich die ganze Nacht beschäftigt. Man könnte beinahe von einem vorsätzlichen Verbrechen sprechen: Am nächsten Morgen steige ich noch einmal zur Bahnstation zurück und stecke eine grosse Handvoll Nägel ein.

**André Georges
im legendären Hinterstoisser-Quergang
in der Eiger-Nordwand**

Meine Skrupel bringe ich zum Schweigen, indem ich mir wiederholt sage, dass eine Handvoll Nägel das Budget einer Eisenbahngesellschaft noch nie schwer belastet habe. Als wir dann den Abstieg unter die Füsse nehmen, ziehe ich die Früchte meines Diebstahls aus der Tasche, setze sorgfältig einen Nagel ins Eis, ziehe das Seil hinter dem Nagelkopf durch und überlasse dem 92 Kilo schweren André die Ehre, meine revolutionäre Abseilmethode zu testen. Die Natur hat ihn begünstigt, und dafür muss er geradestehen! Mit ein paar Abseilmanövern gelangen wir sehr schnell an den Fuss unseres zweiten Ziels, der Jungfraunordwand. Es gehört nicht zu unseren Gewohnheiten, Routenbeschreibungen zu lesen. Wir steigen in das erstbeste Couloir ein, das sich uns anbietet. Von allen Wänden, die wir durchsteigen, ist dies die brüchigste, und die Kletterei über den Gipfelaufschwung stellt sich als sehr heikel heraus. Später werden wir erfahren, dass wir die Jungfraunordwand über eine neue Route und in weniger als vier Stunden begangen haben.

Am folgenden Tag habe ich eine Verabredung mit meinen früheren Dämonen. Ich weiss, dass sie mich am Mönch unter ihrer Mönchskutte erwarten. Ich profitiere von einem Helikopter des Fernsehens, um sie zu umgehen. Wir lassen uns am Wandfuss absetzen. Ich bin erleichtert, dass ich den Zustieg vermeiden kann und den Schauplatz meines Unfalls nicht noch einmal betreten muss. Gewisse Orte bergen düstere Erinnerungen, dieser felsdurchsetzte Hang gehört zu ihnen. Wie dem auch sei, der Bergschrund versetzt mich wieder in die Gegenwart: Er ist heikel, genau gleich wie die darauffolgende Rinne aus feinem und glasigem Eis. Um die Sache spannender zu machen und die Schwierigkeiten zu erhöhen, haben wir die Eisschrauben vor drei Tagen im Kofferraum zurückgelassen. Schade – ein Auto ist weniger auf Eisschrauben angewiesen als zwei Alpinisten an einem Wintermorgen in der Mönchnordwand! Wir seilen uns los und steigen Seite an Seite empor. Wir wählen eine Variante, die direkt zum Gipfel führt und benötigen dreieinhalb Stunden für 900 Höhenmeter!

Am nächsten Tag, dem 17. Januar, gönnen wir uns einen Übergangstag in der Station Eigergletscher und bereiten die Begehung der grössten Alpenwand vor: der Eigernordwand. Um 5 Uhr morgens sind wir am Fuss des Eigers. Die Verhältnisse sind ausgezeichnet, und wir nehmen das Seil bis zum «Todesbiwak» nie aus dem Rucksack. Hier leisten wir

**Zimmermannsnägel:
André Georges wird mit seinen 92 Kilo
die neue Abseilverankerung testen!**

uns eine kleine Pause. Am gestreckten Seil und mit den Steigeisen an den Füssen überwinden wir die «Rampe». Der erste sichert; sobald ihm das Material ausgeht, übernimmt der zweite den Vorstieg. Wir fühlen uns so gut, dass wir uns am Ende der Rampe wieder losseilen, auch wenn der «Götterquergang» heikel ist. Um 15 Uhr erreichen wir den Gipfel, eineinhalb Stunden später sitzen wir hinter einem zünftigen Bier in der Station Eigergletscher. Der Eiger ist nicht mehr, was er einmal war –

heute liegt die Hauptschwierigkeit im Finden der Route. Überall stecken Haken, die den Unentschlossenen leicht vom Weg abbringen können.

Am 19. Januar durchsteigen wir in zweieinhalb Stunden die Nordwand der Ebnefluh, am 20. Januar packen wir die Gletscherhorn-Nordwand durch das Couloir in der Wandmitte an. Nach 100 Metern nehme ich ein eigenartiges Geräusch wahr. Zuerst ist es weit weg, dann immer näher, bis es schliesslich alles andere übertönt. Ich kann mich noch gerade rechtzeitig in ein Loch ducken, bevor riesige Eisblöcke an unseren Köpfen vorbeipfeifen. Auf sie folgt ein Schneerutsch. André befindet sich etwas weiter unten im Couloir und genau in der Schusslinie. Ich lasse den Kugelhagel an mir vorbeiziehen; er hält beinahe zehn Minuten an. Dann trete ich aus der schützenden Nische und wage einen Blick nach unten: nichts als ein Trichter, der eben sauber und leer gewischt wurde! Ich erstarre: Wo ist André? In den Schneemassen, die weiter unten zum Stillstand kommen, bewegt sich plötzlich etwas: André konnte sich mit Hilfe seines Rucksacks schützen und schüttelt sich nun den Schnee vom Leib; er hat keinen Kratzer abbekommen! In viereinhalb Stunden bringen wir die Wand hinter uns, die pausenlos von blinden Schützen bombardiert wird.

Zehn Tage nach dem Grossen Fiescherhorn, am 24. Januar, hängen wir in einem Tag drei Nordwände aneinander: Weisse Frau, Blüemlisalphorn und Fründenhorn. Letzteres besteigen wir über eine Route, die ich in meinen jungen Jahren erstbegangen hatte. Am 26. Januar verlassen wir den Gipfel des Doldenhorns per Gleitschirm und beenden so unser dreizehntägiges, luftiges Abenteuer.

Mehr als sieben Jahre nach jenem Streifzug durch dreizehn Nordwände in dreizehn Tagen bin ich der Überzeugung, dass es – vom technischen Standpunkt her betrachtet – unser schwierigstes Unternehmen war. Auch wenn die Medien das Bild zweier lächelnder Alpinisten wiedergaben, die noch in den schwindelerregendsten Wänden miteinander scherzen, so habe ich den psychischen Druck nicht vergessen, dem wir ausgesetzt waren. Ich habe auch die schlaflosen Nächte, in denen uns die Gefahren des nächsten Tages die Ruhe nahmen, nicht vergessen. Die Sze-

André Georges:
einmal «kriminell», einmal totgeglaubt,
aber immer wieder unterwegs

nen, die in jenen finstern Nächten auf meinem inneren Bildschirm abliefen, hätten schlimmer nicht sein können. Doch wenn der Schauspieler das Drehbuch, die vorgesehene Handlung nicht ändern könnte, worin bestünde dann die Freude an der Inszenierung?

Wer nichts wagt, gewinnt nichts

Man kann nicht für den eigenen Mut einstehen, wenn man nie in Gefahr war. Das Bergsteigen bietet Gelegenheit, seinen Mut zu prüfen. Die meisten Bergsteiger bemühen sich, bei ihrem Handeln ihre offenkundige Sterblichkeit nicht zu sehr in den Vordergrund zu schieben. Denn beim Alpinismus ist es wie bei anderen gefährlichen Tätigkeiten: Es gibt immer eine Möglichkeit, die Risiken herabzusetzen. Gewisse Alpinisten sagen gerne, sie gingen ein «kalkuliertes Risiko» ein. Dieser Begriff ist ein Missbrauch der Sprache, eine Falle, die die Mathematiker der Vernunft stellen. Denn die Toten sind zahlreich, die beweisen, dass das Bestimmen der objektiven Risiken rein subjektiv ist, dass ein Risiko nicht berechnet werden und das Bergsteigen eine Fehlkalkulation mit sich bringen kann. Ein Leitartikelschreiber nahm die Definition von René Daumal auf: «Der Alpinismus ist die Kunst, die Berge zu durchstreifen, indem man den grössten Gefahren mit der grösstmöglichen Vorsicht begegnet.» Einige stimmen allerdings nur dem ersten Teil der Definition zu: Sie sind damit einverstanden, die grössten Gefahren auf sich zu nehmen, lassen aber nicht unbedingt die grösstmögliche Vorsicht walten. Erhard Loretan gehört offensichtlich zu ihnen. Kaum hatte er das Klettern entdeckt, als er sich allein in extreme Routen wagte: in äusserst schwierige Anstiege mit künstlicher Kletterei – und als ihn ein Haken betrog, verzichtete er künftig auf künstliche, aber nicht auf Solokletterein! Damit bewies er eine sonderbare Art der Weisheit, die vielleicht den Sechzehnjährigen eigen ist: «Beim Solo fasziniert mich, dass ich mir keinen Fehler leisten kann, dieses Gefühl, mit dem Leben zu spielen», bekennt er. Von seinen ersten Klettereien im Alleingang in den Wänden der Gastlosen über die Annapurna-Überschreitung zum Kangchenjunga gibt es eine Konstante: die Suche nach dem Risiko. Bei der Erinnerung an seinen Versuch, die Überschreitung vom Lhotse zum Lhotse Shar zu vollbringen, an den ungeheuren Einsatz, der damit verbunden war, sagt Erhard beiläufig: «Eigentlich suche ich doch das Überleben und will meine Grenzen ausloten.» Die Psychiater sprechen von einer Kategorie von Menschen, die sich erst an der Grenze zum Tod ihres Lebens bewusst werden.

In unserer Welt, in der die Sicherheit so viel zählt, erstaunt das Verlangen nach Risiko und brüskiert die Gesellschaft. Der Ethnologe sieht darin das Weiterbestehen der Initiationsriten: Der Abenteurer verfügt in unserer Gesellschaft über ein Prestige, das sich proportional zu den Prüfungen verhält, denen er sich unterzieht. Der Soziologe spricht vom Ritus, der zum Gottesurteil führt: Ein Verdächtiger muss sich einer Prüfung unterziehen, die über seine Unschuld – sein Überleben – oder seine Schuld und damit seinen Tod entscheiden wird. Der Alpinist, der sich in der Todeszone bewegt, fordert das Jenseits heraus. David LeBreton schreibt dazu, wenn er überlebe, verstärke der symbolische Austausch mit dem Tod die Begeisterung, noch am Leben zu sein, und vermittle das berauschende Gefühl, sich in Sicherheit zu wähnen. Die Psychologen haben ihre eigene Auffassung vom Draufgänger: Sie glauben, dass negative

Emotionen positive hervorrufen können. Das gilt etwa für die Angst, die einem Euphoriegefühl weicht. Eine in den sechziger Jahren mit amerikanischen Fallschirmspringern durchgeführte Untersuchung enthüllte diese Verkettung von gegensätzlichen Gefühlen. Die Aussage der Forscher lautet: «Die Abfolge von Angst und Euphorie bringt Fallschirmspringer, Alpinisten, Autorennfahrer und alle anderen Draufgänger dazu, nach dem durch die Angst bewirkten seelischen Schrecken zu suchen. Tatsächlich ist die Auseinandersetzung mit diesen Angstgefühlen der Grund für die Liebe zum Risiko.» Erhard Loretan hat nichts dagegen, dass man seine Abenteuerlust darauf zurückführt. Wenn ihm eine Situation ausweglos erscheint, greift er gerne auf die «Adrenalinstösse» zurück, die die physiologische Form der Angst sind. «Je mehr du riskierst, desto mehr gewinnst du. Wenn ich etwa an die Expedition nach Peru denke, erinnere ich mich heute, fünfzehn Jahre später, nur noch an den Caras I und den unmöglichen Ausstieg. Ich weiss, dass ich mich bei jenem Ausstieg schlecht fühlte und auf dem Gipfel jubelte.» Schliesslich gibt es auch eine Theorie, die besagt, dass jeder von uns einen Risiko-Thermostat habe. Dieser Thermostat ist je nach Person auf verschiedene Temperaturen eingestellt. «Jeder bemüht sich, auf eine neue Situation so zu reagieren, dass das Risiko, das er auf sich nimmt, der Regulierung seines inneren Thermostats entspricht», schreibt Michael Thompson. Die Neurologen sprechen von der Angst als Charakterzug, der von Mensch zu Mensch mehr oder weniger ausgeprägt ist. Sei es nun ein Thermostat oder ein Wesenszug – bei Erhard Loretan ist die Risikobereitschaft offensichtlich eine entscheidende Komponente seiner Persönlichkeit. Kaum war er den Achttausendern entronnen, als er sich mit dem Snowboard in unmögliche Wände, mit den Ski in extreme Steilrinnen und mit dem Gleitschirm in unberechenbare thermische Strömungen wagte... Im Gespräch über einen seiner Freunde, der ums Leben gekommen ist, sagt Erhard: «Dem Tod nahe zu sein, war seine Droge.» Wie heisst es doch im Sprichwort: «Dem Mutigen gehört die Welt.»

KAPITEL 8

«Diese Pioniertat, die in den Medien kaum gewürdigt worden ist, zählt für mich mehr als ein Dutzend Achttausender zusammen.»

Reinhold Messner

Etwas Wille genügt...

Als wir 1986 an den Everest gehen, misst er noch 8848 m. Sechs Jahre später, am 29. September 1992, wird ein wissenschaftliches Team seine Höhe dank Benoît Chamoux genau bestimmen können: Die Welt wird dann mit Erstaunen vernehmen, dass der höchste Berg der Welt sich angemasst hat, innerhalb von ein paar Jahren zwei Meter zu schrumpfen. Hätten wir das früher gewusst, wären wir wohl zwei Meter weiter unten stehengeblieben? Wer weiss! Am 30. August 1986 jedenfalls schliessen Jean Troillet und ich uns in die Arme, stolz, die 8848 m, die in Tat und Wahrheit nur 8846 m sind, bezwungen zu haben. Gipfel der Eitelkeit und Selbstgefälligkeit...

Am Anfang dieser Expedition steht Jean Troillet. Er verfügt über die Bewilligung für den Everest und will eine Solobegehung der Nordwand unternehmen. Bei einem Filmfestival in Annecy begegne ich Pierre Béghin, den ich vom Hörensagen kenne. Das alpinistische Palmarès des Ingenieurs aus Grenoble war beachtlich: Er hatte drei Achttausender bestiegen, darunter in einem aufsehenerregenden Alleingang den Kangchenjunga im Jahr 1983. Er teilt mir mit, er möchte mit mir etwas im Himalaya unternehmen. Jean Troillet schlägt uns vor, zu dritt loszugehen. Von diesem Moment an gleicht die Expedition der Geschichte des Frosches, der anschwillt bis zum Platzen. Eigentlich wären wir am Everest zu dritt gewesen. Doch Pierre Béghin gibt uns zu verstehen, dass er an seine Sponsoren gebunden sei. Deshalb müsse er ein Kamerateam und einen Arzt mitnehmen, weiter werde seine Frau und ihr Sohn dabei sein... Angesichts dieses Menschenauflaufs schlage ich Nicole Niquille vor mitzukommen.

Ich habe in meinem ganzen Leben nur an zwei grossen Expeditionen teilgenommen; sie führten an den K2 und an den Everest. Und beide waren grässlich! Nehmen wir einmal an, wir müssten ein Puzzle aus elf Teilen zusammensetzen – wenn die elf Teile aus zwei oder drei verschiedenen Puzzles stammen, können wir sie zwar mit Gewalt zusammenfügen, ihre Ecken runden oder entfernen, doch ein harmonisches Bild werden wir dennoch nie erhalten!

Mit dabei sind also Annie Béghin, ihr Sohn Olivier, der Filmer Jean Afanassieff, Marie Hiroz für die Tonaufnahme, der Arzt Alain Vagne, Sandro Godio, Dominique Marchal, Pierre Béghin, Jean Troillet, Nicole Niquille und ich. Insgesamt elf Personen. Nun, ich will keine schmutzige Wäsche in der Öffentlichkeit waschen. Tatsache ist, dass wir Anfang Juli nach Nepal abreisen und dass Nicole Niquille am 9. August in der Zeitung La Gruyère schreiben wird: «Die Stimmung ist anders geworden; der Wahn der Zivilisation ist in unsere Gruppe eingebrochen, hat ein Durcheinander angerichtet und Zwietracht in unserem friedlichen Lager gestiftet. Überdies ersticken persönliche Interessen, Ruhm und Geld mit ihren Fangarmen die Freundschaft, den Spass am Bergsteigen und am gemeinsamen Vorgehen. (...) Ich will nicht einzelne Expeditionsteilnehmer schlecht hinstellen. Jeder hat seine Gründe, an einem solchen Abenteuer teilzunehmen. Ich gebe nur meinem Ekel über Individuen Ausdruck, die ich für gesund hielt. Hoffentlich wird die Zukunft mich mit Werten versöhnen, von denen ich glaubte, sie seien unter Alpinisten stark.» Punkt, neuer Absatz.

Im Juli herrscht in Nepal Monsun. Im Monsun beweint die Erde längst vergangene Zeiten, in denen alles noch flüssig war. Die Regenfälle versetzen Bergflanken und Strassen in den ursprünglichen Zustand. Am 13. Juli verlassen wir Nepal in Richtung China. Der kleine, verlorene Grenzposten mitten in den Bergen markiert den Beginn von China und pingeligem Gehabe. Stundenlang müssen wir mit pflichtbewussten Funktionären verhandeln. Ist ein Funktionär überdies noch Zöllner, dann ist es sehr schwierig, die Grenze zwischen (lobenswertem) Eifer und (tadelnswerter) Dummheit festzulegen. Als wir den Grenzposten verlassen, der irgendwo zwischen China und Kafka angesiedelt ist, sind die chinesisch-schweizerischen Beziehungen beträchtlich getrübt. Wir erstürmen einen Bus, der uns nach Xegar bringt, wo wir unsere zwei Tonnen Ausrüstung auf einen Lastwagen hieven, auf dem wir zwanzig Stunden Naturpiste ertragen müssen. Oft reicht das Wasser der Wildbäche bis auf die Höhe der Achse, oder der Lastwagen neigt sich – mit seiner ganzen Ladung – bedenklich auf eine Seite. Wir überqueren einen 5200 m hohen Pass, bevor wir in das Rongbuk-Tal hinunterfahren. Von hier aus unternahmen die Engländer die ersten Expeditionen an den Everest. Die Lastwagen bleiben mehrmals im Morast stecken, und die Männer müssen dem asthmatischen Motor

Im Monsun beweint die Erde längst vergangene Zeiten, in denen alles noch flüssig war.

EVEREST (8846 m)

Nordwand

○ Biwak (7900 m)

Beistand leisten. Schliesslich trudelt ein angeschlagenes Team im Basislager ein: Wir befinden uns auf 5200 m und sind viel zu schnell so hoch hinauf gefahren. Erbrechen, Kopfweh, Schlaflosigkeit, Schwindel – alle Warnlämpchen leuchten auf der Schalttafel unseres Organismus auf, der plötzlich viel sauerstoffärmerer Luft ausgesetzt ist.

Am 21. Juli erreicht die Yak-Karawane das Basislager. Wir wollen am Ende der Moräne auf rund 5500 m ein vorgeschobenes Basislager einrichten. Für den ersten Transport bereiten wir zwölf Lasten zu 54 Kilo vor. Das Gehen auf den scheinbar gleichmässigen und doch so zerrissenen Moränen ist schwierig. Über einen Bach müssen wir ein Seilgeländer einrichten, um nicht davongetragen zu werden. Die Yaks haben viele Vorteile gegenüber dem Menschen, doch was die Seilhandhabung angeht, sind sie sehr ungeschickt – da sie die Seilbrücke nicht benützen können, müssen sie

**Die Everest-Nordwand:
43 Stunden im Auf- und Abstieg für eine Besteigung, die ausserhalb der Zeit steht**

eine weitere Stunde aufsteigen, bevor sie eine Furt finden. Um 19 Uhr kommen wir schliesslich im vorgeschobenen Basislager an, wo wir sechs Wochen verbringen werden.

Ich habe einen Gleitschirm mitgenommen. 1986 steckt das Gleitschirmfliegen noch in den Kinderschuhen. Tatsächlich ist mein Gleitschirm eher ein Regenschirm ohne Griff. In meinem Kopf geistert die etwas verrückte

Idee herum, vom Gipfel des Everest durch die Lüfte hinunterzusegeln. Am 25. Juli weist der Himmel ein paar blaue Flecken auf. Ich trete einen Ausflug in die Höhe an. Ich steige auf 6000 m auf und schaue aufs Lager hinunter, das einen weichen Landeplatz abgeben wird. Hier entfalte ich mein Tuch; der Wind ist ziemlich stürmisch. Um so besser! Seine Stärke wird den für diese Höhen typischen Mangel an Auftrieb kompensieren. Ich verbringe mehr als eineinhalb Stunden mit vergeblichen Startversuchen. Die Winde zerknautschen den Schirm, sobald er sich entfaltet. Endlich schmückt sich der Himmel mit einem Regenbogen, der Schirm bläht sich. Ich starte! Zwischen einem Flug und einem Sturz liegt der einzige Unterschied in der Dauer: Fällt man sehr lange, dann handelt es sich um einen Flug. Fliegt man sehr kurz, dann ist es ein Sturz. Jene, die meinem Flug zugeschaut haben, stimmen überein, dass es sich dabei um einen Sturz gehandelt hat. Der Arzt bestätigt den allgemeinen Eindruck mit seiner Diagnose und zählt auf: «Schwere Knöchelverstauchung, starker Schlag auf die Fusswurzel, in Mitleidenschaft gezogenes Fersenbein. Hoffentlich ist nichts gerissen oder gebrochen. Du darfst dich acht bis zehn Tage lang nicht bewegen.» Meine Moral rutscht auf die Höhe meiner angeschlagenen Füsse hinunter.

Kote 8846 m.
Ich bin auf dem Gipfel des Everest,
dem höchsten Punkt der Erde!

Ich bleibe zwei Wochen im Basislager, während sich die anderen an den Gipfeln der Umgebung akklimatisieren. Eines schönen Tages halte ich es nicht mehr aus: Ich rede mir ein, ich müsse unbedingt Gehversuche machen. In den Turnschuhen schmerzt mein Fuss zu stark, ich kann ihn nicht belasten. Darauf probiere ich es mit den Bergschuhen: Der Schmerz ist erträglich, und ich kann gehen. Am nächsten Tag breche ich um Mitternacht für zwei 6000 bis 6500 Meter hohe Gipfel mit wunderschönen Flanken auf. Auf dem höchsten Punkt des zweiten Berges angelangt, zögere ich, den Gleitschirm auszupacken. Doch dann macht sich in meinem Gehirn allmählich die Vorsicht breit: jene Tugend, die so alt ist wie der Mensch und dank der er überhaupt all die Zeiten überstanden hat. Verdanke ich es ihr – oder etwa nur dem ungünstigen Wind –, dass ich auf den Gleitschirmflug verzichte? Am nächsten Tag steigen wir alle zum Lho La, dem Pass zwischen Tibet und Nepal. Beim Abstieg falle ich plötzlich in ein Loch und stosse mir dabei den Pickel in den Arm. Irgendwo habe ich gelesen, Leo Trotzki sei an einem Pickelhieb in den Schädel gestorben. Ich glaube gern, dass er die Liebkosung des Metalls nicht überstanden hat: Mein Arm weist gerade über dem Ellbogen eine sieben oder acht Zentimeter tiefe Hiebwunde auf. Das Blut fliesst in Strömen. Die Pickelhaue hat die Anatomie meines Arms freigelegt: Zwischen den Fleischfetzen ist die Arterie zu sehen. Alain näht die Wunde ohne Narkose behelfsmässig zu, und wir kehren ins vorgeschobene Basislager zurück. Das Messzelt wird in einen Operationsraum verwandelt, er desinfiziert die Wunde, näht eine durchtrennte Vene zusammen, schneidet die Fleischlappen ab und schliesst schliesslich alles sauber zu: ein paar Stiche unter der Haut und elf an der Oberfläche... Ich muss eine Woche warten, bevor ich wieder bergsteigen darf. Der Himmel solidarisiert sich mit mir und lässt es tagtäglich schneien, wie wenn er mir die Rekonvaleszenz erleichtern möchte.

Am 23. August kehrt Nicole in die Schweiz zurück, wo sie den Bergführerkurs als erste Bergführerin der Schweiz abschliessen wird. Der Monsun sollte am Fuss des Everest eigentlich aufhören und in andere Gebiete wandern. Doch dieses Jahr macht er sich über den offiziellen Kalender lustig: Es schneit jeden Tag 20 bis 30 Zentimeter. Am ersten Schönwettertag warten wir skeptisch ab. In jenem Sommer des Jahres 1986 wird es insgesamt vier schöne Tage geben. Am zweiten davon, dem 29. August, steigen Pierre Béghin, Jean Troillet und ich an den Wandfuss. Wir ducken uns an den Fuss der riesigen Flanke und warten darauf, dass aus ihren Schiessscharten keine Schneerutsche mehr auf uns niedergehen. Wie es uns die Erfahrung gelehrt hat, brechen wir mit leichtem Gepäck auf: kein Zelt, keinen Schlafsack, aber eine Lawinenschaufel, um sich eingraben und der Illusion hingeben zu können, im Mantel des Berges etwas Wärme zu finden, einen Biwaksack, einen Kocher und ein paar Ovosportstengel als Proviant...

Um Mitternacht packen wir die Nordwand an; in der Finsternis wirkt sie wie eine riesige Mauer. Tastend suchen wir den Einstieg ins Labyrinth. Nach zwei oder drei Fehlversuchen finden wir endlich das richtige Couloir. Es hat unglaublich viel Schnee. Auf dieser Höhe und bei diesen Temperaturen ist er mit Sicherheit

Der Gipfelgrat – für die letzten 400 Meter brauchen wir zehn Stunden

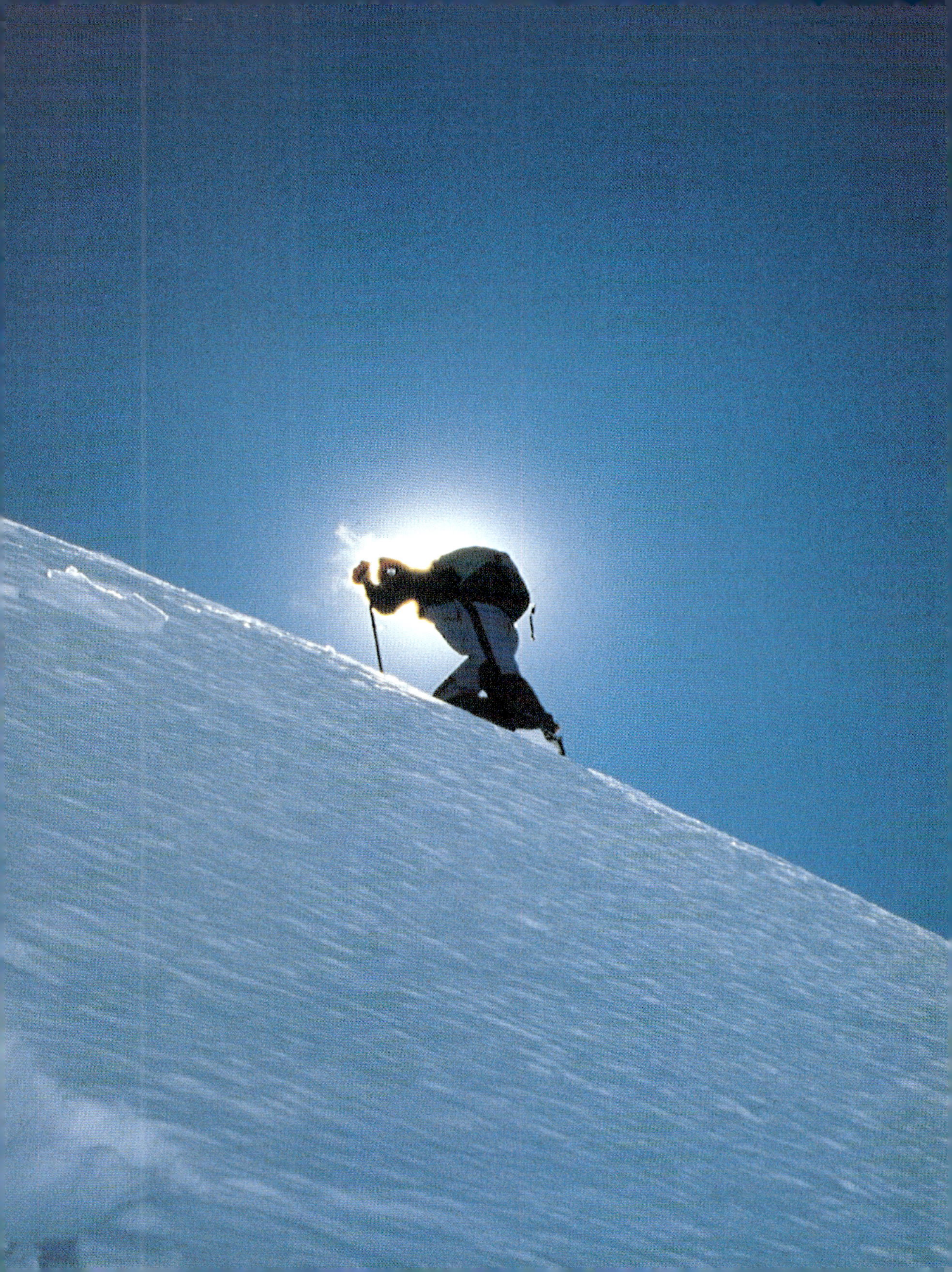

nicht verfestigt und könnte uns jederzeit in den Bergschrund hinunterreissen. Wir wühlen uns bis zu den Knien durch die Schneemassen und lösen uns jede Viertelstunde im Spuren ab. Ich habe sechs Wochen im Basislager hinter mir. In dieser Zeit habe ich mir beinahe die Knochen gebrochen und die Glieder enthäutet, habe nur zwei Gipfel bestiegen, um fit zu bleiben, und doch – jetzt, beim Versuch, den Everest zu besteigen, fühle ich mich in olympiareifer Form! Wahrscheinlich liegt das vorgeschobene Basislager (5500 m) auf einer für die Akklimatisation idealen Höhe. Zu dritt steigen wir wortlos empor, jeder lebt sein inneres Abenteuer. Jean geht nach vorne. Dann überholt mich Pierre. Welche Gedanken verbergen die von der Anstrengung gezeichneten Gesichter? Ich weiss es nicht. Welche stummen Worte entfliehen uns beim Ausatmen? Ich weiss es nicht. Wir kommen schnell voran: In zehn Stunden bringen wir 2000 Meter hinter uns.

Um 11 Uhr morgens nähern wir uns der 8000-Meter-Grenze. Über uns beginnt das eigentliche Hornbein-Couloir, das nach jenem Bergsteiger benannt ist, der den Everest erstmals überschritten, und zwar auf einer originellen Route. Wir entschliessen uns, ein paar Stunden auszuruhen und graben eine Schneehöhle. Die Temperatur ist angenehm, ich beglückwünsche mich zu meinem Entscheid, einen leichten Anzug der Marke «SNC» zu tragen, den auch die Skifahrer gerne benützen. Wir richten uns in unserem Loch ein wie Maulwürfe, die sich ins Reich der Kondore verirrt haben. Das Loch ist logischerweise nicht geräumig. Damit es einem darin gefällt, muss man ein Liebhaber von Fahrstühlen, Raumschiffen, Taucherglocken, Squashhallen und ähnlichem sein. Jemand unter uns macht es sich ganz ungeniert bequem. Anderl Heckmair, einer der Erstbegeher der Eigernordwand, hat zu Recht bemerkt, im Biwak seien die Qualen der einen die Voraussetzung für das Wohlergehen der anderen. Das trifft so genau zu, dass ich schliesslich unser Loch verlasse und eines für mich allein grabe. Wir versuchen, uns auf halbem Weg zwischen Him-

**Jean Troillet und Pierre Béghin:
Welche Gedanken verbergen die von der
Anstrengung gezeichneten Gesichter?**

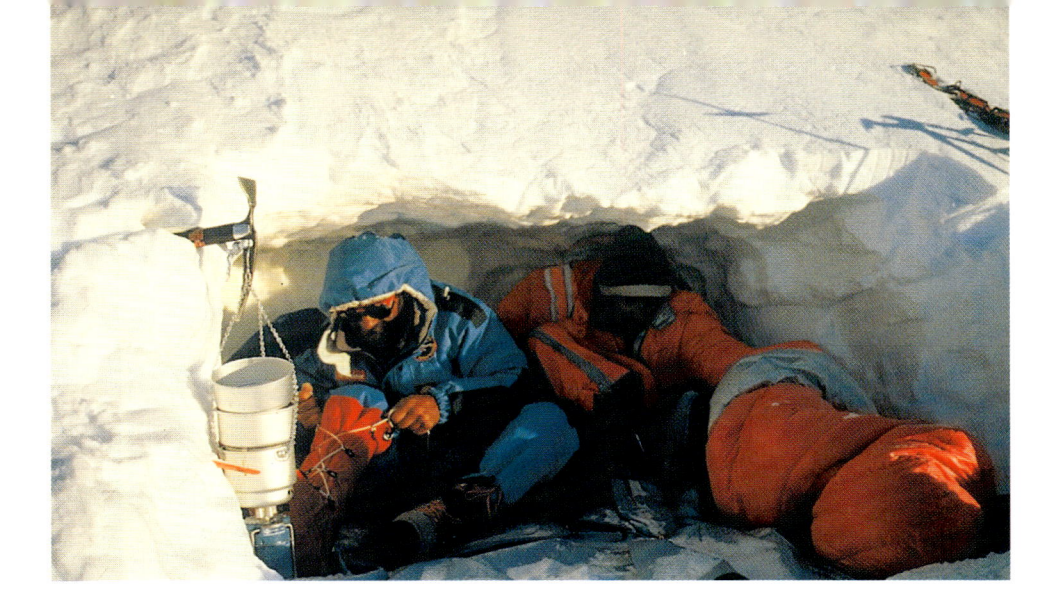

Jean Troillet und Pierre Béghin bei der Rast; im Biwak sind die Qualen der einen die Voraussetzung für das Wohlergehen der anderen

mel und Erde zu erholen. Wir sprechen nicht miteinander, warten darauf, dass die Sonne den Nachmittag verbrennt. Mit dem Einbruch der Dämmerung verschwindet unsere Lethargie. Wir machen uns bereit und lassen alles zurück, was uns auf den letzten 1000 Metern Aufstieg bremsen könnte.

Gegen 20 Uhr verlassen wir die schützende Höhle, die wie ein Schwalbennest unter dem Dach der Welt klebt. Bereits bei den ersten Schritten spüre ich, dass mir die achtstündige Pause nicht gut getan hat. Ich habe gehofft, frisch aufgemöbelt den letzten Abschnitt anzutreten – stattdessen bin ich völlig ausgelaugt. Jean Troillet dagegen fühlt sich gut. Wir steigen im gleichen Rhythmus weiter, als plötzlich Schreie die leblose Welt um uns durchschneiden: «Ich steige zur Schneehöhle ab!» Pierre Béghin hatte immer mehr Mühe, uns zu folgen, sein Körper wurde zunehmend schlapper. Er zieht es vor, seine Erfolgschancen für den nächsten Tag aufzu-

heben. Wir steigen weiter und wechseln uns im Spuren ab: Der verkrustete Schnee saugt unsere Kräfte wie ein Löschpapier auf. Gegen Mitternacht stösst der Lichtstrahl unserer Stirnlampen gegen eine schwarze Barriere. Bei allem, was ich im Himalaya je unternommen habe, habe ich mich immer dem Gelände angepasst. Ich habe nie Dokumentationen auswendig gelernt, Literatur konsultiert oder Routenbeschreibungen studiert. Ich weiss, wo der Gipfel ist und wo der Ausgangspunkt. Von dort an ist es wie sonst im Leben: ich improvisiere! Mit unseren Stirnlampen suchen wir einen Riss im 65 bis 70 Grad steilen Felsriegel – bevor wir den rettenden Einfall haben, sind wir erst einmal perplex. Wir sind zwei Lichtpunkte, zwei an einem Mammutbaum hängende Glühwürmchen. Die Stelle sieht fürchterlich aus. Ich gebe zu: Hätte ich die Routenbeschreibung gelesen, dann wüsste ich, dass die schreckliche Passage die Schlüsselstelle des Hornbein-Couloirs ist, die logischerweise in den Führern gebührend erwähnt wird; ich wüsste zudem, dass mittendurch ein Fixseil hochführt. Wir suchen uns einen unrühmlichen Fluchtweg: Jean und ich weichen nämlich nach rechts aus, wo die Wand weniger abweisend scheint. Als wir den rechten Rand des Couloirs erreichen, donnert es plötzlich über uns: Eine Lawine löst sich und fegt 3000 Meter durch das ganze Couloir hinunter! Vor weniger als fünf Minuten befanden sich noch zwei Alpinisten im Trichter, der eben leergewischt wurde. Und die zwei Alpinisten betrachten völlig verdutzt den Punkt, der das Ende ihres Weges bezeichnet hätte... Eigentlich hätte hier unsere letzte Stunde schlagen sollen; doch in der letzten Sekunde wurde uns Aufschub gewährt. Wir steigen weiter, überzeugt, dem Schicksal einen Streich gespielt zu haben, und steigen auf die grosse Schulter aus. Während des Aufstiegs spielt sich etwas Eigenartiges ab, etwas, das mir noch nie passiert ist: Pierre Béghin hat uns zwar vor ein bis zwei Stunden verlassen; und doch bin ich überzeugt, es folge uns ein dritter Mensch. Ich drehe mich häufig um: niemand. Dann steige ich weiter, und das Gefühl, jemand sei hinter mir, kommt wieder auf.

> *Und doch bin ich überzeugt, es folge uns ein dritter Mensch. Ich drehe mich häufig um: niemand...*

Etwa gegen Mitternacht erreichen wir 8400 m. Wir haben kein Bild der Flanke dabei und wissen nicht genau, wie wir den Gipfelgrat erreichen können – kurz, wir fühlen uns ein bisschen verloren und entschliessen uns zu einem Halt von ein paar Stunden. Wir sitzen eng aneinander gelehnt auf unseren Rucksäcken. Die menschliche Wärme ist in dieser Nacht zu wertvoll, um sie gratis der Atmosphäre zu überlassen. Doch bald werden wir, die hier oben die einzigen Botschafter des Lebens sind, von der Kälte übermannt. Wir rasten drei Stunden, unsere Zähne klappern im Takt. Nun verfluche ich meine Dummheit:

Ich hatte einen so leichten Anzug bestellt, weil ich wusste, dass ich im Sommer an den Everest gehen würde. Und im Sommer ist es bekanntlich heiss. Ich hätte daran denken sollen, dass man sich hier oben die Jahreszeiten besser aus dem Kopf schlägt. Ich erfinde ein Sprichwort: «Besser ein Winter in Dar es Salaam als ein Sommer auf 8400 m Höhe!»

Der Mond geht auf, wir analysieren die Situation: Es bleiben uns noch über 400 Höhenmeter bis zum höchsten Punkt der Erde. Nach drei Stunden bringen wir unsere Unterkiefer zur Ruhe, strecken unsere steifen Glieder und brechen wieder auf. Von diesem Moment an wird der mühsame Aufstieg zur regelrechten Schinderei: Der Schnee ist so tief, dass wir bis zur Hüfte einsinken. Wir kommen kaum voran. Für die letzten 400 Meter brauchen wir zehn Stunden – 40 Meter pro Stunde, das ist an jenem Tag zwischen 8400 und 8846 m die durchschnittliche Geschwindigkeit von uns zwei Zweibeinern! Unsere Methode? Einer von uns legt seinen Rucksack ab und wühlt sich 10 Meter höher; dann steigt er zurück, zieht den Rucksack wieder an und lässt den anderen arbeiten. Und so weiter. Bei unserer Grabarbeit dürfen wir nicht daran denken, dass sich der ganze Hang lösen könnte. Endlich erreichen wir den Punkt, wo der Westgrat und die Nordwand zusammenlaufen. Wir steigen etwa 50 Meter mit gesenktem Kopf weiter, Zeichen unserer sturen Unnachgiebigkeit. Dann ist über uns plötzlich nur noch der Himmel – ich spüre einen Kloss im Hals, Tränen steigen mir in die Augen. 14.30 Uhr, ich bin auf dem Gipfel des Everest, auf dem Gipfel der Erde. Freude, Freudentränen.

In einem ganzen Leben gibt es sehr wenige Momente der Erfüllung, Momente, in denen der Mensch nichts anderes begehrt, als was er eben hat. Das Glück liegt in diesen Sekunden des Gleichgewichts, der Harmonie. Das empfinde ich auf dem Gipfel des Everest. Wir verbringen eineinhalb Stunden damit, die Erde zu betrachten, als deren Könige wir uns fühlen. Dies ist das einzige Mal, wo weder Jean noch ich vom Gedanken an den Abstieg beherrscht sind. Wir wissen, dass er keine technisch schwierigen Stellen aufweist, dass chenen Worte festzuhalten. Er geht der Zeit um zwei Jahre voraus und sagt: «Wir sind am 30. August 1988 um 14 Uhr hier oben angekommen… ich bin voller Eindrücke.» Die Umstände eignen sich nicht für eine Dissertation über den Sinn unserer Suche. Wir geben Worte von uns, die überall sonst hohl tönen würden: «Ein Sieg über sich selbst… die Welt über 8000 m ist irre! Wirklich irre!» Wir

Es ist etwa 4 Uhr morgens, der Pumori ragt am Horizont auf

wir bloss in die Sicherheit hinunterrutschen können. Jean nimmt ein Tonbandgerät hervor, um unsere mit schwerer Zunge gesprochenen Worte festzuhalten.

können unseren Erfolg kaum glauben: «Bist du wirklich da?» «Wart mal, ich kneife mich – doch, ich bin da!» Es ist einer jener magischen Tage im Himalaya: Die Temperatur ist angenehm. So angenehm, dass ich in meinem hübschen roten Skianzug nicht friere. Vor allem aber herrscht Flaute: Es ist absolut windstill, nur ein leises Säuseln in der Luft auf beinahe 9000 Meter! Unglaublich.

Als Jean auf einer Wolke plötzlich einen Elektrizitäts-Transformator erblickt, macht es bei mir «klick». Ich weiss aus sicherer Quelle, dass es in der Umgebung des Everestgipfels keine Elektrizitäts-Transformatoren gibt. Das ist eine erste Halluzination, höchste Zeit zum Abstieg. Wir steigen zum Hornbein-Couloir zurück und packen die 3000 Meter Abstieg an, die uns vom vorgeschobenen Basislager trennen. Das durchschnittlich 50 Grad geneigte Hornbein-Couloir eignet sich sehr gut zum Abrutschen. Wir setzen uns auf den Schnee und treten unsere Rutschpartie auf dem Hosenboden an. Es ist kein schwindelerregender Abstieg, keine Ski-Weltcupabfahrt, aber auch kein Spaziergang durch die Ebene. Man muss einfach das Gleiten mit dem Pickel kontrollieren, und wenn man zufälligerweise auf ein Eisschild gerät, muss man das Werkzeug so einsetzen, wie man einen Notalarm auslösen würde: ohne zu zögern und sehr bestimmt. Plötzlich schlittere ich über blankes Eis, ich schlage den Pickel mit aller Kraft ein und kann meine Fahrt anhalten. Die Gesundheit bewahrt man sich mit solchen Reflexen, denn der Bergschrund weiter unten kostete einen sonst die Nasenspitze! Natürlich muss man auch die Füsse in die Luft halten: Würde sich ein Zacken unserer Steigeisen im Schnee verfangen, dann hiesse das Sturzflug kopfvoran in die Tiefe – die erste Skeleton-Abfahrt vom Everest. Nach drei Stunden Abstieg (oder eher Abfahrt) trudeln wir in unserem vorgeschobenen Basislager ein. Wir haben 43 Stunden hin und zurück für die Besteigung des Everest gebraucht: 39 Stunden Aufstieg, über eine Stunde auf dem Gipfel, drei Stunden Abstieg. Der Kreis ist geschlossen. Wir sind am Wandfuss, etwas benommen, als Jean sich unvermittelt einen denkwürdigen «Tiefenrausch» leistet: Sein Geist dient als Bildschirm für eine psychedelische Show, ein Feuerwerk – vor seinen Augen steigen Clowns aus den Spalten, ein amerikanischer (!) Postsack, Majoretten, drei bis vier Meter grosse Riesenkèrle...

Der Everest ist in meinem Gedächtnis keine Erinnerung, sondern ein Flash. Der leichte Stil, die schnelle Besteigung, der Verzicht auf künstlichen Sauerstoff, das Gefühl der Erfüllung auf dem Gipfel – das sind die Elemente, die aus jenen 43 Stunden eine offene Klammer machen, ein Ereignis, das ausserhalb der Zeit steht. Ich habe Lust, an den Everest zurückzukehren, obwohl ich weiss, dass ein erneuter Erfolg eine Enttäuschung wäre. Ich werde nie mehr das Gleiche erleben wie 1986. Es ist eine einmalige Erfahrung, und deshalb ist sie wertvoll.

Unser kometenhafter Auf- und Abstieg am Everest stiess in der alpinen Szene auf einiges Echo. Auch in der medizinischen Welt. Ich weiss, dass gewisse Höhenmediziner nicht verstehen konnten, wie eine solche Begehungszeit überhaupt möglich war. Ich wurde gefragt, ob wir uns mit Amphetaminen vollgestopft hätten. Ich verneinte. Man sagte mir, die Grenzen der Medizin seien erreicht, und es gäbe keine wissenschaftliche Erklärung für eine solche Glanztat. Ich antwortete: «Dabei ist es ganz einfach. Etwas Wille genügt!»

> *Es ist absolut windstill, nur ein leises Säuseln in der Luft auf beinahe 9000 Meter! Unglaublich.*

Jean Troillet, der Seilgefährte

Jean Troillet hat die leise Stimme jener Menschen, die ihrer inneren Kraft sicher sind. Auf seinem Hemd steht SOS. Darin kann man eine Kleidermarke, aber auch das Zeichen einer Selbstironie sehen. Der Bergführer aus Orsières im Wallis hat 48 Lebensjahre hinter sich, in denen es oft ums Überleben ging. 1984 versuchte er mit Pierre-Alain Steiner aus der Westflanke der Annapurna zu fliehen, indem er auf die Nordseite auswich. Die Flucht war ein Debakel: mehrere Stürze,

Jean Troillet; keine andere Himalaya-Seilschaft hat solange Bestand gehabt wie jene von Troillet und Loretan

darunter ein 200-Meter-Sturz sowie eine Spalte, in die er bis zum Hals hinunterfiel. Überdies wurden sie beinahe von einer Lawine mitgerissen, die sie mit weissgepudertem Gesicht und zitternd an ihre Pickel festgeklammert überstanden. «Ein fabelhaftes Abenteuer!», sagt Jean Troillet heute. Was von einer seltsamen Auffassung des Begriffs «fabelhaft» zeugt. «Ohne die Befriedigung, die eigene Angst überwunden zu haben, wären gewisse Besteigungen nicht der Mühe wert», meint Sir Edmund Hillary ironisch. Jean Troillet liebt die lebensfeindlichen Höhen, weil sie ihm unbekannte Welten eröffnen: «Als ich an der Annapurna abstürzte, trug ich einen Pulsmesser. Nichts geschah! Der Puls stieg bei meinem Sturz nicht an! Das ist der Beweis, dass wir im Himalaya nicht in einem normalen Zustand sind. Der Sauerstoffmangel im Gehirn nimmt uns zuerst unsere Ängste und lässt uns dann unsere Grenzen vergessen.»

Seit 1985, seit der Expedition an den K2, war Jean Troillet der treue Gefährte von Erhard Loretan. Denn Erhard hat wie General de Gaulle oder Che Guevara nicht Freunde, Partner oder Kameraden, sondern Gefährten. Der treuste, tapferste von allen war Jean Troillet; er begleitete ihn auf acht Achttausender. Von Terence Hill und Bud Spencer wäre er Bud Spencer – neben dem 168 Zentimeter kleinen Erhard Loretan wirkt man schnell wie ein Koloss. Mit seinen 180 Zentimetern und 80 Kilo vermittelte Jean Troillet der Seilschaft die ruhige physische Kraft, die eine Voraussetzung für Abenteuer oder Abenteuergeschichten ist. Doch kann man bei Loretan und Troillet von einer Seilschaft sprechen? Zwischen den zwei Männern verkörperte das Seil nur selten den symbolträchtigen Bindestrich. Während ihrer ganzen Himalaya-Odyssee nahmen sie das Seil nur einmal hervor: am Cho Oyu, bei einer Felspassage. Jean Troillet erläutert: «Eine Seilschaft, das heisst nicht, dass die Alpinisten durch das Seil verbunden sind, sondern dass die Alpinisten gemeinsam aufsteigen.» Das ist Alpinismus im Computerzeitalter. Die Seilschaft Loretan-Troillet funktionierte mit oder ohne Nylonfaden perfekt. Nüchtern analysiert Erhard Loretan das gegenseitige Verstehen: «Oberhalb von 6000 m werden die Menschen zu Robotern, die nichts anderes tun, als einen Fuss vor den anderen setzen – und zwei Maschinen verstehen sich immer gut.» Darin liegt also die ganze Romantik. Vergessen geht dabei, dass Erhard Loretan und Jean Troillet die bedeutendste Himalaya-Seilschaft aller Zeiten waren. Pierre Béghin, der sie am Everest begleitete, betrachtete sie als «die absolut besten Himalayabergsteiger der Gegenwart». Zusammen haben sie am Cho Oyu und am Shisha Pangma neue Routen eröffnet, am Dhaulagiri eine Wintererstbegehung gemacht, originelle Projekte am K2 und am Makalu angepackt und bei allen ihren Besteigungen unglaublich schnelle Zeiten hingelegt (die 43 Stunden am Everest ist die beeindruckendste). Keine andere Seilschaft kann ein vergleichbares Palmarès vorweisen, keine andere Seilschaft hat solange Bestand gehabt, keine Seilschaft hat zehn Jahre Himalaya überstanden, mit seinen Risiken, seinen realen Stürmen und menschlichen Gewittern. Denn eine Expedition kompliziert Beziehungen zwischen Menschen oder vergiftet sie gar. Jean sagt von Erhard, er sei im Basislager nicht immer leicht zu ertragen; Erhard sagt von Jean, das beruhe auf Gegenseitigkeit… Zehn Jahre haben sie handelnd und schweigend verbracht. Andere Bergsteiger machten immer wieder die überraschende Feststellung, dass die zwei wohl durch ihr Tun, aber nicht durch das Gespräch verbunden waren. Jean Troillet meint dazu: «Wir verstanden uns wirklich gut. Vor allem, was schnell zu treffende Entscheide und den Besteigungsstil angeht. Wir konnten Entscheide fällen, ohne ein Wort miteinander zu sprechen. Das ist ein wunderbarer Vorteil.» Hört man ihnen zu, scheint es, als ob sie sich telepathisch unterhalten und intuitiv entschieden hätten. Beide sind Fatalisten. Wenn sie an eine Gefahr zurückdenken, der sie wie durch ein Wunder entkamen, verwenden sie den gleichen Ausdruck: «Unsere Stunde hatte noch nicht geschlagen.» Wagt jemand, auf das Glück zu verweisen, und die Rolle, die es vielleicht beim Schutz der bedrohten Gesundheit gespielt hat, kommt sofort Widerspruch: «Mit Glück hat das nichts zu tun», erwidert Jean Troillet. «Es war uns bestimmt, weiterhin zusammen Achttausender zu besteigen und weiterzuleben.» Jenes Leben fortzuführen also, das manchmal einem Kreuzweg gleicht. «Der Mensch muss sich Prüfungen unterziehen, damit er besser wird und seine Persönlichkeit an Grösse gewinnt.» Jean Troillet wechselt übergangslos vom Bergsteigen zum Stoizismus: «Wir wollen nicht zu Philosophen werden, doch man wird es gezwungenermassen, wenn man so grosse Risiken eingeht und angesichts des Tods von Freunden Tränen vergiesst.» Die Berge sind mit Jean nicht immer sanft umgegangen. Sie haben ihm Pierre-Alain Steiner entrissen, den er als Bruder betrachtete. Entschieden weist er aber die Vorstellung einer räuberischen Natur zurück: «Nicht das Gebirge ist grausam. Der Berg tötet nicht, es ist der Mensch, der im Gebirge ums Leben kommt.» Die Besteigung des Kangchenjunga im Herbst 1995 markiert das Ende der gemeinsamen Geschichte. Jean und Erhard werden sich trennen. Jean will nicht mehr in die Senkrechte aufbrechen. Er träumt von der azurblauen Horizontale: Mit dem Segler Laurent Bourgnon bereitet er Streifzüge durch alle Weltmeere vor. Erhard aber wird ohne Jean weitersteigen, ohne ihn, der lange Zeit auf jenen menschenverlassenen Höhen sein einziger Begleiter war.

KAPITEL 9

«Was ist die Essenz des Abenteuers? Ins Unbekannte geworfen zu werden und nicht zu wissen, wie man damit fertig wird.»

Voytek Kurtyka

Kletterfinken-Ferien am Trango Tower

Man stelle sich vor: eine auf 6257 m kulminierende Kathedrale aus Granit mit einem Wald von Türmchen und 1200 Meter hohen Orgelpfeifen und, um die Proportionen des Gebäudes besser zu veranschaulichen, zwei Männer, die durch das Kirchenschiff schlendern. Auf dem Weg zum Konkordiaplatz, im Herzen des Karakorum, entdeckt der Reisende ein atemberaubendes Massiv: die Trangotürme. Auf dem Anmarsch über den Baltorogletscher zu einigen der höchsten Berge der Welt markieren die Granitflammen der Trangotürme, die entlang dem Gletscher aufragen, einen imposanten Gegensatz zum Eis. Die aneinandergereihten Zacken und gestaffelten Flanken erinnern an die patagonischen Anden, und man muss kein besonders guter Beobachter sein, um nicht da den Bruder des Cerro Torre oder dort einen Zwilling des Fitz Roy zu entdecken.

Im Juni 1988 befinde ich mich mit Voytek Kurtyka am Fuss des «Nameless Tower», des 6257 m hohen Namenlosen Turms. Wir wollen die vierte Besteigung des schönsten Granitobelisken, den ich kenne, und die Erstbegehung seiner Ostwand versuchen. Wir planen eine Route, die sich in ihrem Verlauf an einem Lot orientiert: zuerst ein 1000 Meter hohes Eiscouloir, dann ein 1200 Meter hoher Pfeiler. Die Idee dazu stammt von Voytek Kurtyka. Der polnische Bergsteiger zählt zu den bedeutendsten Himalayabergsteigern der Gegenwart: Er erbrachte einige grosse Leistungen an Achttausendern

**Voytek Kurtyka,
lebende Legende und einer der grossen
Bergsteiger aus der polnischen Schule**

(Erstbegehung der Dhaulagiri-Ostwand, neue Routen an Hidden Peak und Gasherbrum II, Überschreitung des Broad Peak), doch die aufsehenerregendste Tat gelang ihm am Gasherbrum IV: 1985 bezwang er die eindrückliche Ostwand der 7925 m hohen Pyramide. Als er dabei mit Robert Schauer auf den Gipfel steigen wollte, wurde er vom Sturm festgenagelt und verbrachte vier Tage ohne zu essen, drei ohne zu trinken. Voytek Kurtyka wurde zur lebenden Legende, als er vom Gasherbrum IV zurückkam. 1988 war er 41 Jahre alt. Ein paar Jahre zuvor hatte er sich in den Turm der Trangogruppe verliebt, doch er blitzte ab: Sein erster Versuch zusammen mit zwei Japanern schlug nach zwei Seillängen fehl.

Als ich Voytek in Kathmandu treffe, kommt er eben von dieser gescheiterten Expedition zurück; er tröstet sich, indem er mir von den glatten Granitflanken vorschwärmt, die ausgelassene, tolle Ausflüge in die Senkrechte erlauben würden. Ich lasse mich durch die Schönheit des Projekts verführen.

Diese Expedition an den Trango Tower bedeutet für mich das Ende einer schwarzen Serie: Im Herbst 1986 starb Pierre-Alain Steiner bei unserer Cho-Oyu-Expedition vor meinen Augen; anfangs 1987 brach ich mir zwei Wirbel beim Versuch, die Besteigung von dreizehn Nordwänden aneinanderzureihen; im Sommer des gleichen Jahres kostete ein Gleitschirmunfall zwei weitere Wirbel, und im Frühling 1988 brach sich Jean Troillet ein Bein beim Anmarsch zum Makalu. Eigentlich war es nicht so sehr der Anmarsch, der ihm Probleme bereitete, als der Anflug: In Nepal folgen die Wege selten den Flüssen, sondern führen frisch-fröhlich an den Talflanken hinauf und hinunter: Beim Anmarsch zum Makalu etwa muss man an einer Stelle tausend Meter absteigen, um dann auf der anderen Talseite gleich wieder 1000 Meter aufzusteigen. Vernünftige Charaktere sträuben sich gegen solche unbegründete Anstrengungen – deshalb nahmen wir die Gleitschirme mit, um den Steilhang mit einem Flügelschlag überwinden zu können. Ich begriff bald, dass die Idee einer solchen Abkürzung durch die Luft Jean nicht sehr begeisterte, und wollte deshalb mit dem guten Beispiel voran. Ich breitete meinen Schirm aus, der kurz darauf zerfetzt in den Bäumen hing... Jean hatte keine andere Wahl, als seinerseits zur Erkundung aufzubrechen. Ich half ihm, sich vorzubereiten. Der Wind liess nach. Ein Start war unmöglich. Dann aber nützte er mutig einen Lufthauch aus und flog davon. Ich schaute

NAMELESS TOWER (TRANGO TOWER) (6257 m)

Ostwand

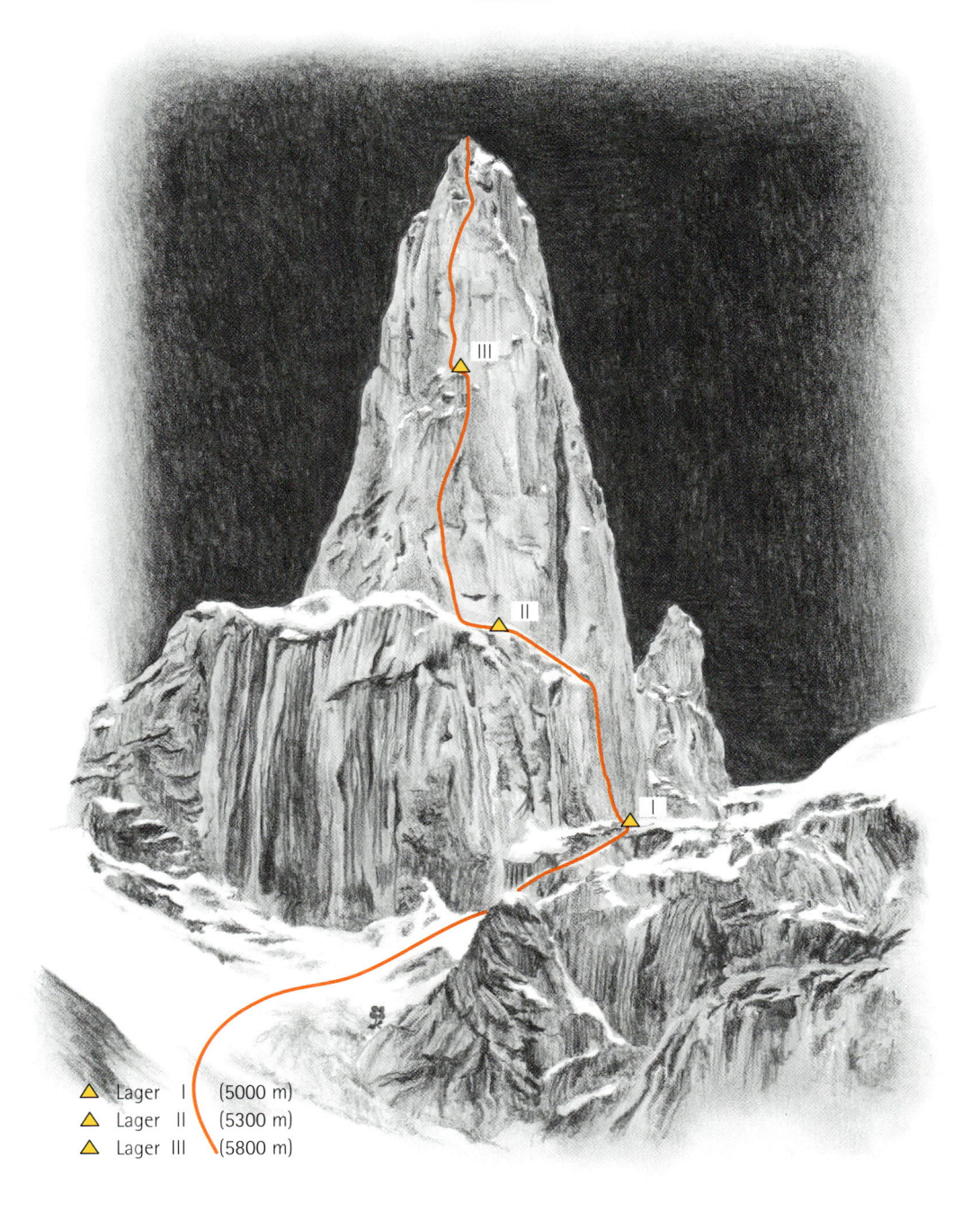

△ Lager I (5000 m)
△ Lager II (5300 m)
△ Lager III (5800 m)

ihm zu, majestätisch überquerte er das Tal, um schliesslich wie ein Albatros elendiglich an einer Mauer zu zerschellen. An einer Mauer, der einzigen Mauer des Distrikts! Bilanz: ein gebrochenes Bein. Ich verkaufte alle Lebensmittelvorräte, kehrte nach Kathmandu zurück und arbeitete dort einen Monat lang als Schreiner. Ich teilte Voytek mit, dass ich Zeit hätte, und wir verabredeten uns in Islamabad.

Am 1. Juni 1988 treffen Voytek und ich uns in der Hauptstadt von Pakistan. Zu zweit brechen wir zum Nameless Tower auf. Das Forfait von Jean Troillet macht uns traurig, doch es behindert uns nicht: Die Zeiten, in denen eine Dreierseilschaft als die höchste Sicherheit betrachtet wurde, sind vorbei, seit Mummery die alpine Szene vor bald hundert Jahren betrat. Zu zweit würden wir schneller vorankommen.

Die Trango-Tower-Episode wäre nicht vollständig ohne den unausbleiblichen Abschnitt über den Papierkrieg – einem klassischen Bestandteil der Besteigungsberichte. Man liest darin, wie der Alpinist, der vom Blau des Himmels träumt, sich den Kopf an den tiefhängenden Decken der Verwaltung anschlägt und an pedantische Beamten aneckt: In Islamabad warte ich beinahe zwanzig Tage auf einen Verbindungsoffizier. Während dieser Zeit ist das ganze Expeditionsmaterial bei 43 Grad im Schatten in einem Lagerhaus untergebracht. Die Haken, Karabiner und Seile ertragen diese Art von Temperaturen zwar recht gut, Schokolade, Salami und Käse aber weniger – sie erreichen ihren Schmelzpunkt.

Voytek Kurtyka steigt an den Fixseilen auf – ist es die Spinne nie satt, an ihrem Faden aufzusteigen?

Ich werde als Erfinder von flüssigem Salami in die Geschichte eingehen! Ich bin Schweizer, also bin ich Diplomat: Wir treffen schliesslich ein Übereinkommen und verlassen Islamabad am 14. Juni. Am 20. Juni, nach sechs Marschtagen, erreichen wir zusammen mit unsern 27 Trägern das Basislager auf 4000 m. Ich kann Ihnen versichern, dass es schwieriger ist, sich mit der menschlichen Dummheit als mit den Bergen herumzuschlagen. Die Berge bieten wenigstens Griffe.

Es herrscht schönstes Wetter, was in diesem Massiv nicht üblich ist. Am 22. rücken wir zu einer kurzen Erkundungstour aus, um ein paar Depots in diesem riesigen Felslabyrinth anzulegen. Dem gigantischen Trümmerfeld entspringt ein Eiscouloir, das den Zugang zu «unserem» Turm ermöglicht. Wir entdecken einen Riss auf der linken Seite der Pyramide: der Harnisch des Nameless Tower weist also eine Schwachstelle auf. Am nächsten Tag bereiten wir die Ausrüstung für die Besteigung vor: mehr als 120 Kilo Material, davon 400 Meter Seil, das wir in die Wand schleppen müssen. Wir wollen zwei Transporte machen; daraus ergibt sich eine simple Rechnung:

Das Basislager am Fuss des Nameless Tower; hier können wir die Angst vor einem Sturz vorübergehend vergessen

30 Kilo pro Nase und Transport. So oft wir die Lebensmittel und die Kletterausrüstung auch durchgehen: Wir können nichts streichen, jedes Gramm hat seine Funktion. Ich bin beunruhigt – wird meine durch die zwei Unfälle angeschlagene Wirbelsäule diese Schinderei ertragen?

Ein paar Worte zum Verlauf der Kletterei, damit der Faden der Geschichte nicht reisst: Wir werden drei Lager einrichten, die wir jeweils am Abend aufsuchen. Lager I befindet sich beim Einstieg zum Nameless Tower auf 5000 m, Lager II (5300 m) auf einem Schneeband, das den Obelisken vom Vorbau trennt und Lager III auf einer Terrasse auf 5800 m. Jeden Morgen werden wir an den Fixseilen zum höchsten am Vortag erreichten Punkt aufsteigen.

Am 24. Juni, einem Freitag, verlassen Voytek und ich das Basislager um halb eins in der Nacht. Wir müssen den Wandsockel unbedingt vor der Sonne erreichen. Das Couloir, das zum Turm führt, ist von Steinschlag bedroht, der jeden Tag bei Sonnenaufgang losgeht. Für die 1200 Höhenmeter benötigen wir sieben Stunden. Der Zustand meines Rückens beruhigt mich: Sieht man einmal von der Plackerei ab, die sieben Stunden Aufstieg mit 30 Kilo Gewicht am Rücken bedeuten, habe ich überhaupt keine Schmerzen. Das heisst, ich verspüre keine nennenswerten Schmerzen. Oben am Couloir angelangt, 1000 Kilometer vom nächsten Computertomographen entfernt, segne ich die Errungenschaften der Medizin!

Der Tag ist noch lang. Voytek handelt eine zweistündige Pause aus, dann richten wir unser Biwak auf einem schneebedeckten Absatz auf 5000 m ein. Danach bereiten wir ein paar Meter am ersten Pfeiler vor. Seit Monaten haben wir auf den Moment gewartet, in dem wir Hand an den Pfeiler legen würden: In der gleichen Sekunde, in der unsere Finger den Fels berühren, geht unser Traum in Erfüllung. Die Frage ist nur, wer das Vorrecht geniesst, zu beginnen. Da keiner (vor allem er nicht) freiwillig darauf verzichtet, als erster an die Reihe zu kommen, heisst die einzige Lösung, durch Kopf oder Zahl zu entscheiden. Ich hätte auf Kopf tippen sollen! Voytek klettert die erste, zwischen 40 und 50 Meter lange Seillänge, deren Schwierigkeit wir auf IV bis V+ einschätzen. Zum Glück haben wir noch Zeit für eine zweite Seillänge. Ich beginne eine freie Kletterei in herrlichem Fels. Gegen 17 Uhr sind wir zurück im Biwak. Gutbürgerlich schlüpfen wir in unsere Schlafsäcke, und um den ersten Felskontakt gebührend zu feiern, öffnet Voytek eine Dose Kaviar, die er aus Polen exportiert hat. Es gibt nichts zu rütteln, der Eiserne Vorhang hatte auch seine guten Seiten! Was mich betrifft, stehe ich zu meiner proletarischen Herkunft und schneide mir Salami und Knoblauchkäse ab.

Am nächsten Tag steigen wir über die 100 Meter auf, die wir am Vortag fixiert haben, und richten weitere 200 Meter bis zu einem Schneehang ein. Hier schlüpfen wir aus unseren feinen Pantoffeln und führen den vertika-

**Lager III auf 5800 m;
im Biwak erholt man sich
und denkt nach**

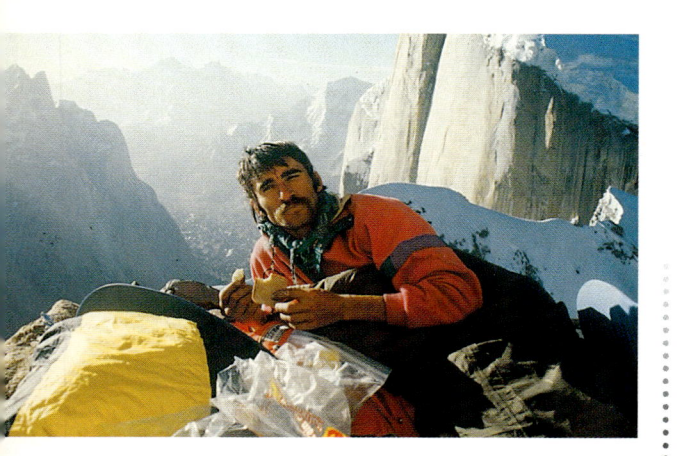

len Tanz in Schalenschuhen, mit Steigeisen und zwei Eisgeräten weiter. Ich sinke bis zum Bauch ein, und die 100 Meter, die uns von der zweiten Felsbastion – dem eigentlichen Obelisken – trennen, verlangen mehr als eine Stunde Anstrengung. Hier deponieren wir unser ganzes Material und kehren für eine zweite Nacht in unsere erste Unterkunft zurück.

Am 26. Juni klettere ich eine weitere Länge im Vorstieg (IV+ mit einem Schritt V); dann seilen wir ab und gehen ins Basislager. Wir haben nicht genug Nahrung dabei, um höherzusteigen. Zurück im Basislager lesen wir aus den Mienen unseres Verbindungsoffiziers und des Kochs, dass unsere Leistungen sie gleichgültig lassen, um nicht zu sagen, ihre Geduld erschöpfen. Doch wir müssen sie zurückhalten: Nicht so sehr die menschlichen Qualitäten unseres Verbindungsoffiziers als das kulinarische Talent unseres Kochs würden uns fehlen. Voytek ist mit meiner positiven Bilanz der ersten Tage am Berg einverstanden. Wir sind frisch und munter für den Endspurt, der zehn bis fünfzehn Tage dauern und einem Marathonsprint gleichkommen wird. Während der Pause legt Voytek seine ganze Professionalität zutage: Er sucht den Platz für das Basislager so aus, dass er möglichst mühelos einen steifen Hals kriegt – lieber hier unten als oben in der Wand, wo er beim Klettern beeinträchtigt wäre!

Am Samstag, dem 2. Juli, begeben wir uns wieder zum Nameless Tower. Wir brechen unter dem Gewicht der Rucksäcke fast zusammen; sie enthalten alles Material für

**In der überhängenden Verschneidung:
Der kleinste Unfall hätte wegen
des Einsatzes, den die Wand verlangt,
katastrophale Folgen**

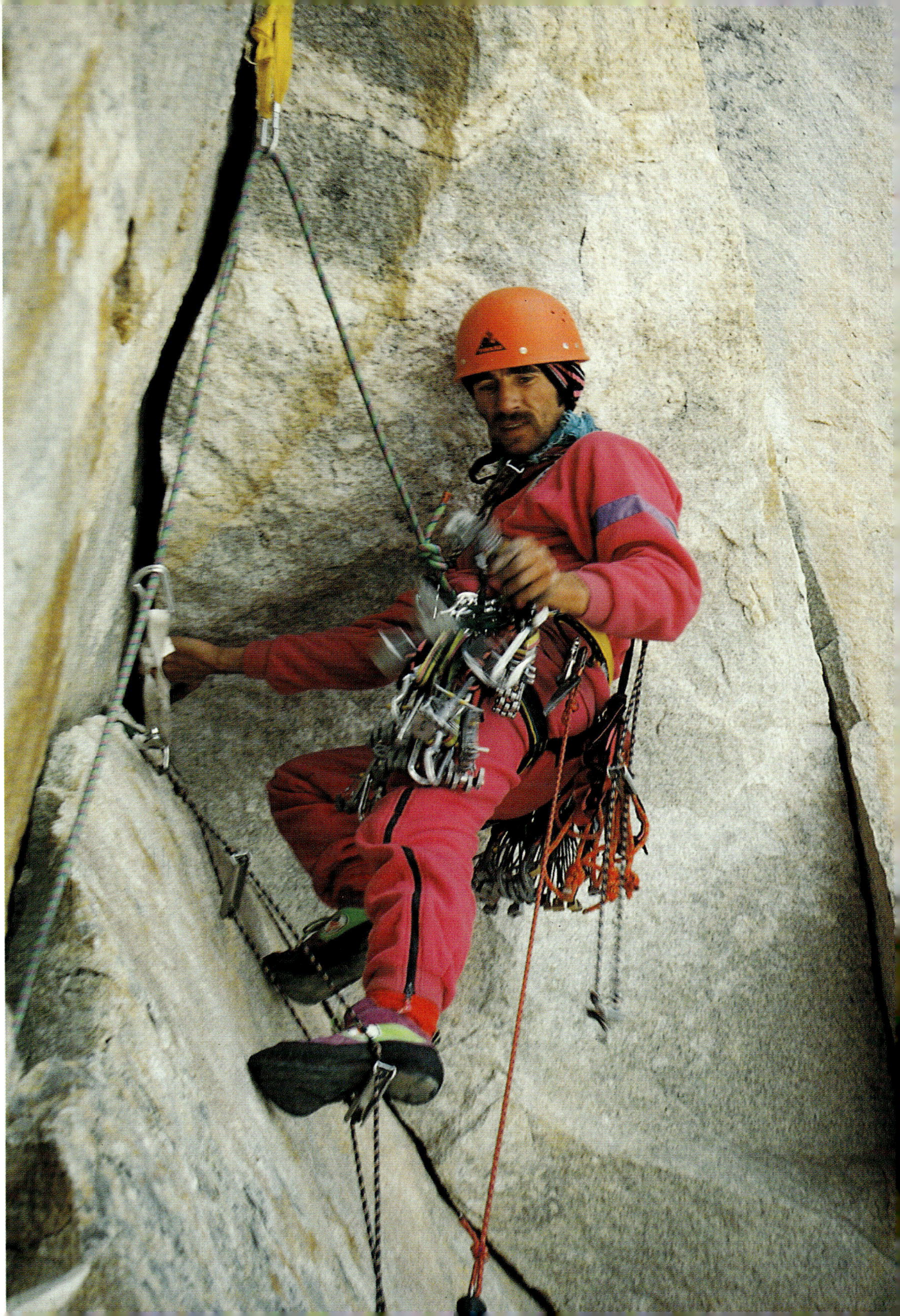

zwei Wochen in der Wand. Wir steigen an den Seilen bis zu Lager II auf 5300 m auf. Bekommt es die Spinne eigentlich nie satt, an ihrem Faden aufzusteigen? Gegen 15 Uhr erreichen wir das Lager. Wir haben 1300 Höhenmeter in den Beinen, den Armen und nicht zuletzt im Rücken!

Am 3. Juli setzen wir unseren Aufstieg fort. Wir haben uns entschieden, abwechselnd einen Tag lang vorzusteigen. So kann sich der Seilzweite warm anziehen, sich in die Daunenjacke kuscheln und die Bewegungen des anderen verfolgen. Das Seil, das durch seine Hände läuft, enthüllt ihm alles über die Kletterei des Vorsteigers: ob er zögert, schnell und problemlos vorwärts kommt oder Mühe hat. Wenn das Seil ab und zu brüsk nachgibt, weiss der Sichernde, dass der Vorsteiger eben gestürzt ist. Sekundenbruchteile später muss der Seilzweite den Sturz stoppen. Heute steigt Voytek vor. Zu Tagesbeginn gönnt er sich einen 10-Meter-Sturz, am Ende des Tages einen zweiten. Seine zwei Versuche, der Erdanziehungskraft zu entfliehen, enden mit einem ramponierten Ellbogen und einem kaputten Daumen. Diese Zwischenfälle erschweren ihm die ganze Besteigung und erinnern uns daran, dass die Sicherheit wirklich erstrangig ist: Wegen der Abgelegenheit des Massivs und der Dimension der Wand hätte auch der kleinste Unfall katastrophale Folgen. Wir befinden uns nicht am Eiger oder am Matterhorn und spielen auch nicht den Hanswurst unter dem Balkon eines Hotels!

Beim Klettern essen wir fast nichts. Unsere «Arbeitszeiten» überschneiden sich mit jenen eines Bäckers und denen eines Bergarbeiters: Wir stehen um 4 auf und gehen um 20 Uhr schlafen. Ins Biwak kommen folglich jeden Abend zwei hungrige Männer zurück, doch die Anspannung, die den ganzen Tag herrscht, sättigt unsere Mägen, und wir essen verhältnismässig wenig. Die Speisekarte ist schnell zusammengefasst: Fondue mit sehr viel Knoblauch – Knoblauch ist ausgezeichnet für die Arterien und die Prostata, was sich später noch zeigen wird –, Brot, Käse, Salami... Und dann senkt sich die Nacht auf unsere satten und steifen Körper. Das Gehirn nutzt die körperliche Untätigkeit und wird aktiv: Es bereitet den nächsten Tag vor, berechnet die möglichen Risiken, programmiert die rettenden Reflexe – kurz, es grübelt nach. Morgen bin ich an der Reihe; es erwartet mich eine überhängende Seillänge, die von einem riesigen Klemmblock überragt wird. Wird er halten? Die Antwort wird morgen fallen.

«Voy, be careful, I'm very uncomfortable» sage ich, nachdem ich durch einen 10 Zentimeter breiten Riss emporgeklettert bin und entdeckt habe, dass ich unmöglich eine weitere Sicherung anbringen kann – die letzte ist 5 Meter unter mir. Ich befinde mich in der sechsten Seillänge und riskiere einen 10- bis 12-Meter-Sturz, wobei ich von der Annahme ausgehe, die letzte Sicherung halte. Was noch zu beweisen wäre. Ich muss schnell überlegen, denn meine Kräfte schwinden rasch. Panik ist in meiner Situation ein Luxus, den ich mir nicht leisten kann. Hinauf- oder hinunterklettern? Beide Lösungen scheinen mir riskant. Undeutlich sehe ich einen Ausweg: Ich muss einen Bohrhaken setzen! Dazu benötige ich den Bohrer, den Hammer und eine Hand. Doch meine beiden Hände sind durch den Riss in Beschlag genommen und ausschliesslich damit beschäftigt, den Sturz

> *Wir befinden uns nicht am Eiger oder am Matterhorn und spielen auch nicht den Hanswurst unter dem Balkon eines Hotels!*

hinauszuschieben. Durch einen glücklichen Zufall schaffe ich es, ein Knie im Riss zu verklemmen und meine Hände freizukriegen. Normalerweise braucht man fünf bis zehn Minuten, um einen guten Bohrhaken zu

Im Halbschlaf habe ich plötzlich keine Luft mehr, der Platz wird kleiner, alles wird eng, ich fühle mich in einen Sarg eingesperrt – träume ich etwa? Ich öffne die Augen: überall Schnee. Kleine Lawinen stürzen über die

**Der Absatz von Lager III:
Auf diesem winzigen Flecken
gründen wir den einzigen wirklich
kommunistischen Staat der Erde**

schlagen. Diesmal dauert es eine halbe Stunde, bevor ich an diesem Stück Metall befestigt bin und wieder Luft holen kann. Die Fortsetzung geht besser als befürchtet: Der Klemmblock scheint zu halten – ich sage mir jedoch, dass man das Schicksal nicht unnötig herausfordern soll und setze in seiner Umgebung keinen Haken. Gegen 19 Uhr seilen wir uns ab.

Wand hinunter und halten auf der ersten flachen Ebene, unserem Unterstand. Unser ganzes Material ist unter Schnee begraben! Wir müssen schnell handeln. Aha, hier ist ein Schuh – ideal wäre es, auch noch den zweiten zu finden. Oh Gott! Wo ist die Schaufel! Angst steigt in uns auf; müssen wir zurück ins Basislager? Nein, in Anbetracht der Steilheit des Geländes und der zahlreichen Lawinen binden wir uns lieber an unserer Terrasse fest und warten auf die Rückkehr des schönen Wetters. In solchen Krisensituationen, wenn die Dinge einem aus den Händen zu gleiten drohen, sehnt man sich plötzlich nach Komfort und Sicherheit; sollte es bei unseren Unternehmungen nur um den Tapetenwechsel gehen, warum reisen wir dann nicht einfach an einen fernen Strand in Brasilien? Eben weil wir, auf unserer Plattform zusammengequetscht, die Vergänglichkeit des Lebens, seine Schönheit und seinen Wert besser schätzen lernen. Und weil wir in jenen entbehrungsreichen Monaten den Reiz des Einfachen neu begreifen.

Gegen 10 Uhr hellt das Wetter auf, damit verschwindet ein grosser Teil unserer Unsicherheit. Wir steigen an den 200 Metern Fixseil hoch, und Voytek eröffnet eine weitere Seillänge. Während der Nacht fängt es wieder zu schneien an, dieses Mal ist der Eindruck des Erstickens real: Am Morgen bleibt uns ein Quadratmeter Platz für beide, der Schnee breitet sich ungeniert aus. Wir müssen diese Mäusefalle schleunigst verlassen. Voytek zögert. Er weiss nicht, vielleicht... Ich überlasse ihn seinen Ausflüchten und schlage mich eine halbe Stunde mit den Knoten herum, um den Abstieg vorzubereiten. Als ich mit starren Fingern ins Biwak zurückkomme, liegt Voytek in seinem Schlafsack. Er bestellt etwas zu trinken. Ich weiss nicht, ob mein Viertagebart oder meine gepflegten Finger mir das distinguierte Benehmen eines Kellners verleihen – Tatsache ist jedoch, dass Voytek etwas zu trinken wünscht, wenn möglich etwas Warmes. Ich erläutere ihm, dass es nicht die richtige Stunde für ein gemütliches Frühstücksbuffet sei, dass das Haus heute nur gefrorenes Isostar servieren könne und es zudem sehr nett von ihm wäre, sich zu entscheiden, ob er hinauf oder hinunter möchte. Endlich willigt er in den Abstieg ein. Um 9 Uhr sind wir wieder im Basislager. An diesem Punkt müssen wir auf die Vorzüge des Knoblauchs zurückkommen –

**Trango Tower (6257 m) –
beim Zustieg zum schönsten
Granitobelisken, den ich je gesehen habe**

seit einem Tag trägt Voytek nämlich einen Keuschheitsgurt: Ein Schraubkarabiner hat sich verklemmt, und mein armer Freund kann sich nicht mehr von seinem Klettergurt befreien, was logischerweise die Erledigung der natürlichen Bedürfnisse erheblich erschwert; daher die Erinnerung an die positiven Auswirkungen des Knoblauchs auf die Prostata! Eine Säge und eine Zange verhelfen meinem Seilgefährten schliesslich zur Freiheit.

Unsere Rückkehr ins Basislager erlaubt es uns, drei Tage dem Gesetz der Schwerkraft zu entfliehen, ein Gesetz, das uns durch die Zwangsvorstellung eines Sturzes verfolgt: Wir dürfen nichts loslassen. Wir sind vom Abgrund umgeben, der alles verschlingt. Der Verlust eines Kochers, eines Schuhs oder eines Steigeisens hätte schlimmste Folgen. Alles, mit dem wir hantieren, muss erst befestigt werden. Das erfordert unsere ständige Aufmerksamkeit. Hinter der panischen Angst, etwas zu verlieren, verbirgt sich natürlich auch die Angst vor einem eigenen Sturz. Wenn ein Haken nachgäbe, ein Stein ausbräche, unsere Wachsamkeit nachliesse oder uns die Kräfte ausgingen, dann sausten wir – wie der Kocher oder der Schuh – in den Abgrund. Die Leere unter uns ist ein schwarzes Loch.

Am 9. Juli steigen wir zum dritten Mal die 1000 Meter durch das Couloir auf. Das Lächerliche dieser Wiederholung ist mir egal; ich hoffe nur, es werde keinen vierten Versuch geben. Wir folgen den Fixseilen und steigen um 5 Uhr morgens am ersten Biwakplatz, um 8 Uhr am zweiten vorbei. Drei Stunden später langen wir am höchsten zuvor erreichten Punkt an. Ich überwinde eine weitere Seillänge und stosse auf 5800 m auf eine Terrasse, die einen akzeptablen dritten Biwakplatz abgibt. Sie ist nicht sehr geräumig, sie ist sogar winzig. Wir werden uns mit diesem Balkon mit Aussicht über das Baltoro begnügen müssen. Zurück zu Lager II – heute haben wir 1800 Höhenmeter, davon über 600 mit unseren Steigklemmen, hinter uns gebracht.

Am 10. Juli lassen wir die Terrasse unter uns. Voytek steigt vor und stellt fest, dass der Fels auf 150 Höhenmetern von einem brauchbaren Riss durchzogen ist. Wir können gerade mal unsere Finger hineinzwängen. Erfordert das Klettern nicht eher die Finger eines Pianisten als die eines Schmieds? Die Entdeckung des Risses freut uns, und plötzlich kommt es uns vor, als ob die Festung die Zugbrücke hinunterlasse und die Kapitulation verkünde: Der Erfolg ist uns sicher, vorausgesetzt, wir geraten nicht noch in einen Sturm. Voytek erschliesst am gleichen Tag zwei weitere Seillängen. Am Abend verbringen wir unsere erste Nacht auf 5800 m. In Wirklichkeit ist hier nur Platz für eine Person, die zweite muss ihre Füsse beim Schlafen über den Abgrund baumeln lassen. Auf diesem winzigen Flecken errichten wir den einzigen echt kommunistischen Staat dieser Erde, auf der sonst der Besitz geheiligt wird: Fünf Nächte lang zwingt uns unser freiwillig akzeptiertes kollektivistisches Regime dazu, abwechselnd Platz zu tauschen. Die Regel lautet: eine bequeme Nacht, eine enge Nacht.

Vom dritten Biwak an kommen wir etwa zwei Seillängen oder 80 Meter pro Tag voran. Mit jedem Tag, der vorbeigeht, wird die Spannung grösser: Wolken nähern sich uns allmählich. Am 11. Juli übernehme ich den Vorstieg. Ich verwandle mich in ein menschliches Pendel und schwinge mich hin und her, um die Lösung für unsere Route zu finden.

**Die letzten Klettermeter:
Der Fels wird von Eis abgelöst,
und ich habe das Gefühl, mich im Pyjama
in einem kalten Zimmer aufzuhalten**

Wenn ich so weitermache, werde ich bald rund um den Nameless Tower gependelt sein, und Voytek und ich würden erstmals eine um einen Berg gewundene Route erklettern. Solche Kunststücke erfordern eisenhartes Vertrauen in die Sicherungen, die wir eben angebracht haben. Dazu muss man grossen Schwung ins Seil bringen, ein paar Schritte über die Wand rennen und vor allem nicht zwischen den Beinen nach unten schauen, wo sich 1000 Meter Abgrund öffnen! Am 12. Juli übernimmt Voytek die Führung. Er überwindet eine grosse Verschneidung in freier Kletterei und steigt 20 Meter weiter. Bei Einbruch der Nacht halten wir an. Es ist 20 Uhr, und über einem grossen Überhang zeichnet sich der Gipfel ab. Die nächsten 20 Meter sind vielleicht die letzte Verteidigungslinie des Gipfels. Wir seilen 300 Meter zum Biwak ab. Ein Gefühl der Dringlichkeit überkommt uns: Während die Wolken sich plötzlich in rasender Geschwindigkeit bewegen, verdammt uns die Dunkelheit zur Untätigkeit. Die Wolken holen Zeit auf – wir dürfen uns nicht im letzten Moment, einen Tag vor dem Gipfel, schlagen lassen!

Mittwoch, 13. Juli, vierzehnter Tag in der Wand. Wir stehen um 3 Uhr morgens auf, ich bereite wie jeden Morgen Kaffee und Birchermüsli zu. Wir füllen unsere Einliter-Thermosflaschen, packen etwas Biwakausrüstung ein, man weiss ja nie... Dann seilen wir uns an. Der Wettlauf gegen die Zeit beginnt. Wir steigen an den Fixseilen empor; oben angekommen, steht mir turnusgemäss die Ehre des Vorstiegs zu. Ich habe die Kletterei unterschätzt: Der Riss ist schwierig; wo er nicht stumpf ist, ist er eisgefüllt. Nach ein paar Metern finde ich mich mit Kletterfinken auf einer Eisplatte wieder. Was tun? Voytek bitten, mir die Steigeisen hinaufzuschicken oder Stufen schlagen? Ich entscheide mich für die zweite Lösung, klettere durch ein Risssystem weiter und richte einen guten Stand ein. Die Szenerie wechselt: Wir befinden uns auf über 6000 m, der Fels wird von Eis abgelöst, und ich habe das Gefühl, mich im Pyjama in einem kalten Zimmer aufzuhalten. Ich ziehe die Überhosen an, die dicke Jacke, meine Schalenschuhe und Steigeisen und ziehe den Rucksack nach, während Voytek an den Seilen aufsteigt. Dann gehe ich schnurstracks weiter, überwinde zwei Schneepfropfen und steige auf die Gipfelhänge aus. Die Luft, die mich von allen Seiten umwirbelt, verrät mir, dass ich mich nahe beim höchsten Punkt befinde, in dem alle Risse, Rillen und Verschneidungen zusammenlaufen, die wir in vierzehn Klettertagen angetroffen haben. Es bleiben höchstens zwei Seillängen im Eis übrig, das wie ein weisser Teppich unter unseren Füssen ausgerollt ist. Oh Schreck! Ein 30 Meter hoher, felsiger Aufschwung versperrt den Zugang zum Gipfel! Es ist 15 Uhr, an meinem Klettergurt hängen als ganzes Arsenal drei Haken und eine Handvoll Klemmkeile. Als David Goliath gegenüberstand, wird er es sicher einen Moment lang bereut haben, nur über eine Schleuder zu verfügen! Die ersten 20 Meter überwinde ich ohne Schwierigkeiten, dann aber bleibe ich, knapp 15 Meter unter dem Ziel, in einer Sackgasse stecken. Voyteks Stimme dringt bis zu mir hinauf: «Erhard, listen, we go down to take some equipment!» Absteigen, um Material zu holen? Ein solches Akrobatenstück würde uns drei Stunden und damit – in unserer Situation – einen weiteren Tag kosten. Ich schinde Zeit: «Just a minute, please!»

Über mir steckt ein Haken, Überrest einer früheren jugoslawischen Expedition. Wenn ich ihn erreiche, bin ich gerettet. Ich schlage einen Haken hinter eine Granitschuppe, ziehe eine Reepschnur durch die Öse des Hakens, ich richte mich auf – und die ganze Schuppe bricht aus! Die Früchte meiner Naivität, Haken und Reepschnur, bleiben traurig

> *Es ist höchste Zeit, jene Eigenschaften einzusetzen, die man als die bedeutendsten Triebkräfte der Tat bezeichnet: Hoffnung und Angst.*

an den Frontzacken meiner Steigeisen hängen. So setze ich halt wacklige Klemmkeile in einen vereisten Riss: Es ist Zeit, die Technik durch das Basteln zu ersetzen und etwas Neues zu erfinden. Es ist höchste Zeit, jene Eigenschaften einzusetzen, die man als die bedeutendsten Triebkräfte der Tat bezeichnet: Hoffnung und Angst.

«Be careful Voy, I'll try.»

Das heisst übersetzt, dass ich alles auf eine Karte oder besser gesagt auf zwei Klemmkeile setzen werde, die nicht aussehen, als ob sie besonders stark klemmen würden. Ich habe Voytek mit diesen Worten zu verstehen gegeben, dass er nicht erstaunt sein soll, falls er im Himmel über dem Baltoro plötzlich menschliche Umrisse erkennt. Er ist also gewarnt. Und es geht! Ich knüpfe an die grossen Seiten der Alpinliteratur an, auf denen steht, dass man mit einem einzigen Pickel alle Schwierigkeiten bewältigt. Eine halbe Stunde später stehen wir zusammen auf dem Gipfel des Nameless Tower. In unseren Blicken liegt der Stolz, eine prachtvolle Route an einen prachtvollen Berg gelegt zu haben.

Lägen nicht 1200 Abseilmeter vor uns, hätte unser Jubeln sicherlich länger gedauert. Noch am gleichen Abend seilen wir zu Lager III ab, und am nächsten Tag brechen wir zu Lager II auf. Wir verteilen die Aufgaben: Ich richte die Standplätze ein, Voytek überprüft sie auf ihre Sicherheit. Hält der Block? Sollte man die Schlinge nicht doppelt anbringen? Solchen Fragelisten ist es vielleicht zu verdanken, dass man als Bergsteiger alt wird! Ich bringe 100-Meter-Abseilstellen mit zwei Rucksäcken hinter mich. Der eine ist mit dem Abseilgerät verbunden, den anderen trage ich auf dem Rücken. Plötzlich hänge ich in einem überhängenden Wandteil, gute 3 Meter trennen mich vom Fels. Nicht nur der Turm von Pisa ist schief, denke ich für mich und schaffe es glücklicherweise, mich an den Stand zu ziehen – sonst hätte ich wieder mit dem Jümar aufsteigen müssen! Der Abstieg durch das letzte Couloir ist schwierig: Durch die 35 Kilo auf meinem Rücken neige ich dazu, die Bewegungen zu überstürzen. Ich muss mich mit allen Kräften dagegen wehren. Am 14. Juli um 16 Uhr sind wir zurück im Basislager. Es regnet, und ich habe das Gefühl, den Berg rechtzeitig verlassen zu haben.

Die Erstbegehung der Ostwand des Nameless Tower gefiel mir: Sie war nicht so belastend wie eine Achttausender-Besteigung. Natürlich kann man ihre rein technische Schwierigkeit nicht mit meinen anderen Unternehmungen im Himalaya vergleichen, doch die Höhe war für einmal gastfreundlich und sanft. Sie hatte nichts zu tun mit der Todeszone, in die man sich nicht ungestraft vorwagt. Es war eine entspannte, lässige Expedition, Ferien, in denen ich meine Kletterfinken fast nie auszog.

In einer Biwaknacht hatte ich einen Albtraum: Die Polizei verfolgte und verhaftete mich. Ich glaube, für einen Menschen gibt es nichts Schlimmeres, als seine Freiheit einzubüssen. Vor allem, wenn dieser Mensch es gewohnt ist, unter freiem Himmel zu leben. Das Klettern, auch wenn es künstlicher Art ist, bedeutet Freiheit.

> *Ich knüpfe an die grossen Seiten der Alpinliteratur an, auf denen steht, dass man mit einem einzigen Pickel alle Schwierigkeiten bewältigt.*

Erhard Loretan – ein Id...?

Mozart war sicherlich ein miserabler Kletterer, und der Beitrag Erhard Loretans zur Musik wird bescheiden bleiben, sieht man von ein paar Improvisationen für Harmonika und Einmannorchester ab. Der Vergleich hinkt zwar, ich gebe es zu; damit soll aber nur gesagt sein, dass der Begriff «Schwierigkeit» relativ ist, und man sich vor Erhard Loretans Bewertungen in acht nehmen muss.

Ein paar Beispiele der Schwierigkeitsbewertung nach Erhard Loretan – etwa der Trango Tower, vierzehn Klettertage, eine als äusserst schwierig bewertete Kletterei mit ein paar A3-Stellen künstlicher Kletterei: «Technisch gesehen, war es nicht härter als das, was wir in den Gastlosen machen. Wenn wir uns in den Gastlosen richtig abrackern, sind wir solchen Routen gewachsen.» Die Südwand des Shisha Pangma, 2200 Höhenmeter und eine durchschnittliche Neigung von 50 Grad: «Das ist ein Spaziergang, den man mit dem Pickel in der einen und einem Skistock in der anderen Hand macht.» Der Cho Oyu kommt nur wenig besser weg: «Ein Spaziergang mit einer oder zwei Stellen im Fels.» Zeigt man ihm ein Buch, in dem ein anerkannter Autor die durch das Trio Loretan-Troillet-Kurtyka am Shisha Pangma und am Cho Oyu eröffneten Routen als prägende Etappen des Himalayabergsteigens bezeichnet, meint er: «Glaub mir, die schreiben irgendwas!» Den Makalu-Westpfeiler, der auch als Walkerpfeiler des Himalaya bezeichnet wird und oberhalb von 7200 m A2- und Sechserstellen aufweist, reduziert er auf ein Seilziehen, auf eine Sache der Bizeps: «Er ist voller Fixseile! Als wir den Westpfeiler 1991 begingen, hatten ihn die Spanier gerade vorbereitet. Ich meine damit nicht, dass du dich daran hochziehen kannst wie ein Trottel. Doch die Fixseile helfen dir wirklich und nehmen der Leistung den Glanz. Wer den Pfeiler heute begeht, muss keine Fünferstellen mehr überwinden.» Und die Nordwand des Everest? Jene grossartige Besteigung des Hornbein-Couloirs, über das wir in der Fachliteratur erfahren, dass es bis zu 70 Grad steil ist und je nach Verhältnissen Viererstellen in kombiniertem Gelände aufweist? Die Seilschaft Loretan-Troillet erkletterte die 2600 Höhenmeter in 39 Stunden, ohne Seil und mit einem Skistock in der Hand. Loretan erläutert die Schwierigkeit des Aufstiegs anhand des leichten Abstiegs, «wir sind auf dem Hosenboden hinuntergerutscht...», und seiner Snowboardkünste: «Mit dem Snowboard fahre ich über Hänge wie die Everest-Nordflanke hinunter!»

Verlassen wir den Himalaya, um einen Abstecher in die Mythologie der Alpen zu machen. Was hält er vom «letzten Problem der Alpen», womit wir natürlich die Eigernordwand meinen? «Eine solche Route macht mir wirklich Spass!» Bei der Winterbegehung der Eigernordwand brauchten er und André Georges das Seil nur auf ein paar Metern in der Rampe. Zum berühmten Hinterstoisser-Quergang, der in der Literatur ausdrücklich als Point of no return bezeichnet wird, nach dem der Weg zurück nur über den Gipfel führt, meint er: «Heutzutage kannst du zurück, wo du willst: Der Hinterstoisser-Quergang etwa ist voller Fixseile.» In der Tat zollte Erhard den alpinistischen

Legenden nie grossen Respekt. Im Cassin-Quergang, in der Nordwand der Westlichen Zinne, stellte er mit der Unverfrorenheit seiner neunzehn Jahre fest: «Er endet mit einem Band, das so breit ist, dass man es mit einem Fahrrad befahren könnte.»

Erhard Loretan beleuchtet Mythen kritisch und entmystifiziert Legenden. Damit entweiht er vieles, und viele lassen sich durch den Schänder täuschen. In Erhards Artikelsammlung stösst man auf folgende kurze Notiz, die im Februar 1991 in einer Ausgabe des Heftes Alpirando erschien und mit Leuchtstift unterstrichen ist: «Das Bergsteigen artet aus... manchmal wird eine Leistung ausgeschlachtet, manchmal wird auf gefährliche Art banalisiert. So hat ein bekannter Bergführer die Anfrage eines Sechsundsechzigjährigen erhalten, der sich für den Cho Oyu (8201 m) anmelden wollte, obwohl er noch nie Hochtouren gemacht hat. Er liess sich aber von einem kurzen Satz von Erhard Loretan überzeugen, in dem dieser sagte, der Cho Oyu sei ein Spaziergang. Die Reaktion des Bergführers: ‹Loretan ist ein Id...!» Wobei jedem freisteht, die drei Pünktchen durch drei Buchstaben zu ersetzen.

Erhard Loretan gehört zu jenen Abenteurern, die ihre Taten ins Banale ziehen, um nicht des Heldentums bezichtigt zu werden.

KAPITEL 10

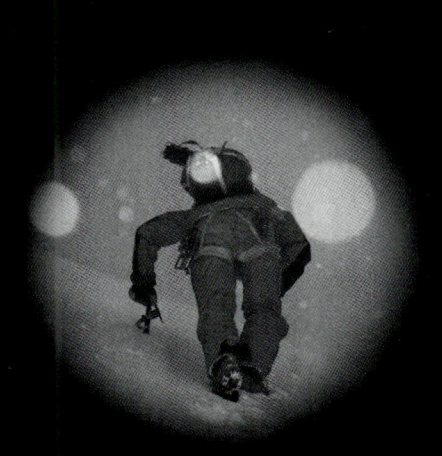

«Verdienen die Berge, jene grausamen, erbarmungslosen Götzen, überhaupt so viel Liebe und Kummer?»

René Desmaison

Albtraum und Erfolg am Cho Oyu

Man vergisst nichts, man häuft nur an; man vergisst nichts, man gewöhnt sich, das ist alles. Ich muss nur die Augen schliessen, um den Tod von Pierre-Alain Steiner am Cho Oyu wieder zu erleben. Ich kann jene tragischen Stunden nicht vergessen, denn sie gehören zu den traumatischen Erlebnissen.

Ich kannte Pierre-Alain Steiner von der Dhaulagiri-Winterbesteigung im Dezember 1985 her gut. Etwas weniger als ein Jahr später, Anfang September 1986, halte ich mich in Kathmandu auf. Meine Euphorie und mein Heisshunger sind gross: Ich bin eben von der Everest-Nordwand zurückgekommen und bin für Mitte Oktober mit Marcel Rüedi verabredet, um die Überschreitung Everest-Lhotse zu versuchen. Was ich noch nicht weiss: Marcel Rüedi wird nie zum Rendez-vous eintreffen, da er Ende September am Makalu stirbt. Ich weiss nur, dass ich ein paar freie Wochen vor mir habe, die ich ausnützen will. Ich frage das nepalesische Touristenministerium an, ob man nicht einen «freien» Gipfel für mich auftreiben könne. So ergattere ich eine Bewilligung für den Cho Oyu (8201 m), auf den eine koreanische Expedition verzichtet hat. Ich möchte eine Neutour durch die Westflanke eröffnen. In einer Gasse von Kathmandu stosse ich mit einem Freund aus dem Greyerzerland, Christian Dupré, zusammen, der sich mir anschliesst. Und als ich eines Abends im Hotel eintreffe, finde ich einen Telex von Pierre-Alain Steiner vor. Darin kündet er an, er komme nach Kathmandu und wolle mit mir zum Cho Oyu fahren. Es ist mir unerklärlich, welcher Schachzug des Heiligen Geistes ihm half, meine Adresse aufzustöbern und meine Absichten herauszufinden, doch seine Worte sind klar: Er schliesst sich mir an. Ein Drama entsteht immer durch das Zusammentreffen unglücklicher Umstände. Warum musste ich sechs Wochen frei haben? Warum wurde ausgerechnet dann ein Gipfel zur Besteigung frei? Warum musste Pierre-Alain mitkommen? Später erfuhr ich, dass Pierre-Alain mit Michel Piola ins Yosemite Valley hätte reisen sollen, doch er zog den Cho Oyu vor. Das Schicksal ist blind.

Ich steige etwa 100 Meter vor Pierre-Alain ab, als ich plötzlich das charakteristische Geräusch von synthetischem Stoff, der über Eis gleitet, vernehme.

Wir brechen also zu einer Expedition im leichten Stil auf. Am Sonntag, dem 19. Oktober, verlassen Pierre-Alain, Christian und ich schliesslich das Basislager, um eine neue Route durch die Westflanke des Cho Oyu zu eröffnen. Auf etwa 7300 m werden wir durch einen Sturm blockiert. Es ist 1 Uhr nachts, wir steigen ohne Seil auf, bis wir unter einem schrägen Felsaufschwung unsicher werden. In dieser Jahreszeit sind die Wände ausgeapert, und die Stelle ist besonders schwierig, weil fast kein Eis den Fels bedeckt. Ich sage zu den anderen: «Wir verbringen die Nacht hier und sehen morgen weiter.» Eine Vertiefung muss als Terrasse herhalten, es herrscht arktische, durch den Wind noch bissigere Kälte. Die Aussicht auf eine solche Nacht entmutigt Christian. Er steigt ab und überlässt seinen Schlafsack Pierre-Alain. Es ist eine grässliche Nacht. Am nächsten Morgen präsentiert sich die Situation nicht gerade angenehm: Pierre-Alain hat offensichtlich Probleme mit der Höhe. Ich fühle mich – eben vom Everest zurück – bestens akklimatisiert. Doch wir beschliessen, aufzugeben und zum Basislager abzusteigen. So beginnen wir gegen 7 Uhr mit dem Abstieg. Die ersten 100 Meter sind steil, dann wird der Hang sanfter. Ich steige etwa 100 Meter vor Pierre-Alain ab, als ich plötzlich das charakteristische Geräusch von synthetischem Stoff, der über Eis gleitet, vernehme. Ich drehe mich um: Pierre-Alain stürzt mit grösster Geschwindigkeit über die ganze Flanke hinunter, er rutscht an mir vorbei und fällt über die Felsen weiter unten hinab, Gefangener einer infernalischen Rutschbahn! Er verschwindet im Abgrund! Ich bin sicher, dass er in den Tod gefallen ist: Er ist etwa 800 Meter gestürzt.

Ich brauche eine Stunde, um zu Pierre-Alain zu gelangen. Ich spreche ihn an, überzeugt, vor mir liege ein Körper ohne Leben. Doch der Körper ohne Leben antwortet. Es ist, als ob mir der Himmel auf den Kopf stürzte: Wir befinden uns auf 6500 m, Pierre-Alain ist übersät mit Brüchen. An der Hüfte und am Arm sind offene Brüche erkennbar. Er liegt in einer Blutlache, ist vom Schock betäubt und sagt dennoch: «Was habe ich nur getan? Was habe ich gemacht?» Er sieht mich an, ohne mich zu erkennen. Was ich jetzt sage, ist fürchterlich, aber es entspricht der Wahrheit: Pierre-Alains Stimme freut mich in jenem Moment überhaupt nicht, denn für mich ist der Fall hoffnungslos, und der Tod hat seinen scheusslichen Tribut bereits gefordert. Wir sind ein paar Marschtage von Namche Bazar,

**Pierre-Alain Steiner
beim Abstieg vom Cho Oyu,
wenige Minuten vor dem Drama**

dem nächsten Dorf, entfernt, doch Pierre-Alains Zustand würde eine Rettung innerhalb von Minuten erfordern. Was tun, um die Hoffnungslosigkeit zu überlisten? Ich hülle ihn in einen Schlafsack und den Gore-Tex-Biwaksack. Christian erwartet uns im vorgeschobenen Basislager; ich eile zu ihm hinunter. Als ich zwei Stunden später dort eintreffe, bitte ich ihn, mit Nahrung und Gas wieder aufzusteigen. Ich steige weiter zum Basislager ab, das ich zehn Stunden später erreiche. Dort treffe ich auf den Koch, den ich nach Namche Bazar schicke, wo er Rettung – wenn möglich einen Helikopter und ein paar Sherpas – holen soll. Er geht los, und ich warte im Basislager. Als er zwei Tage später zurückkommt, ist er allein: Die Helikopter können nicht fliegen, die Sherpas sind wegen der Trekkingsaison unabkömmlich. So steigen der Koch und ich wieder zu Pierre-Alain und Christian auf. Pierre-Alain lebt immer noch. Er hat den Verstand wiedererlangt, er spricht, er leidet. In der Nacht bereiten wir ihn zum Transport vor, doch wir haben keinen Schlitten dabei. Wir ziehen ihn in der Nacht über den Gletscher. Er brüllt vor Schmerz. Grauenvolle, entsetzliche Nacht! Er muss schliesslich sterben, um unserem Unvermögen ein Ende zu setzen. Denn alle unsere Anstrengungen, unsere Bemühungen haben ein einziges Ziel: unsere grausame Ohnmacht zu vertuschen. Wir lassen die Leiche von Pierre-Alain, 26 Jahre alt, in eine Spalte gleiten. Ein gesunder Mensch hätte zehn oder zwölf Stunden bis ins Basislager gebraucht; wieviel Zeit hätten wir dazu mit Pierre-Alain benötigt? Mehr, als seine Lebenserwartung noch betrug. Der Helikopter trifft vier Tage später im Basislager ein. Alles ist schon besiegelt.

Wenn ich den Film des Dramas heute, Jahre später, in meinem Kopf ablaufen lasse, denke ich, die Lösung wäre vielleicht gewesen, nach Tibet zu eilen und mit Yaks zu Pierre-Alain aufzusteigen. Vielleicht... Tatsache ist, dass der Überlebende irgendwann absteigen und erklären muss, was sich dort oben ohne Zeugen abgespielt hat. Die grösste Belastung war nicht, dass ich Pierre-Alain das Leben zu retten versucht und versagt hatte; das Schwierigste war, mich der Kritik zu stellen. Niemand kann sich vorstellen, was es heisst, einen Freund sterben zu sehen, hilflos zuschauen zu müssen, wie das Leben verlöscht. Im Himalaya ist es nicht wie in den Alpen, wo ein Helikopter jederzeit jemanden retten kann. Im Himalaya kann ich auf 6000 m, im flachen Gelände, nichts tun, um einen Verletzten zu retten. Wäre Jean Troillet bei einer unserer Expeditionen etwas Schlimmes zugestossen und hätte er sich nicht selber helfen können, dann hätte das seinen Tod bedeutet. Als Jean und ich im folgenden Jahr, 1987, zum Shisha Pangma (8046 m) gingen, hatte ich nicht den Mut weiterzusteigen. Der am Cho Oyu erlebte Albtraum verfolgte mich. Ich setzte mich hin. Jean fragte mich, was los sei. Ich antwortete: «Ich habe keine Lust, deine Leiche in eine Spalte zu stossen.» Er verstand mich, und wir kehrten um.

Niemand kann sich vorstellen, was es heisst, einen Freund sterben zu sehen, hilflos zuschauen zu müssen, wie das Leben verlöscht.

Bin ich allein unterwegs, kann ich mir das schlimmstmögliche Szenario ausdenken, meine Vorstellungskraft kennt keine Grenzen. Sind andere dabei, darf ich nicht an einen Unfall denken. Seit dem Unfall am Cho Oyu lässt mich mein eigenes Schicksal gleichgültig, doch die Sorge um den Kameraden jagt mir Angst ein.

1990 bin ich wieder – mit Jean Troillet und Voytek Kurtyka – am Cho Oyu. Wir sind diesmal von der tibetischen Seite her angereist. Das hat zwei Gründe: Erstens wollen wir zwei Wochen später die Besteigung des Shisha Pangma (8046 m) anfügen, zweitens ist der Cho Oyu, sollten wir Rettung benötigen, von Tibet her leichter zugänglich. Wir haben vor, eine neue Route durch die Südwestwand zu eröffnen, indem wir 2500 Meter durch ein 50 bis 60 Grad steiles Couloir aufsteigen. Es enthält auch ein paar Viererstellen, doch die Schwierigkeit sollte nicht extrem sein.

Am 15. August sind wir in der Schweiz gestartet, am 28. langen wir im Cho-Oyu-Basislager an. Nur drei Tage zuvor waren wir noch in Kathmandu, und jetzt sind wir schon im Basislager auf 5700 m. Tatsache ist, dass man sich in einem Fahrstuhl schlecht akklimatisiert: Wir haben drei Viertel der Anreise im Jeep hinter uns gebracht und leiden alle unter Kopfweh. Jean ist am stärksten davon betroffen. Am Donnerstag, dem 30. August, scheint er keiner auf dieser Erde vertretenen Rasse mehr anzugehören: Er ist weder weiss, noch rosa, noch schwarz, noch gelb, noch rot, sondern grün wie die Marsmenschen aus der Science-fiction. Zweifellos leidet er an Höhenkrankheit. Er kann sich kaum auf den Beinen halten und bewegt sich mit der Behendigkeit eines Astronauten. Wir brauchen neun Stunden, um ins tiefergelegene Lager abzusteigen

CHO OYU (8201 m)
Südwestwand

○ Biwak (8150 m)

– im Aufstieg hatten wir sechs benötigt. Wir überlassen Jean der erholsamen Höhe.

Die nächsten Tage verbringen wir wartend. Ich lese ein sehr interessantes Buch: «L'innocence perdue». Wir akklimatisieren uns auf der Normalroute, steigen bis auf 7000 m auf, machen zwei Erkundungstouren zur Südwestwand und schliessen Wetten ab: Wir werden drei Stunden benötigen, um den Wandfuss zu erreichen und 27, um von dort bis auf den Gipfel zu steigen. Die geplante Linie sieht prächtig aus und eignet sich perfekt dazu, im alpinen Stil begangen zu werden. Unsere Motivation wird immer grösser, bis wir endlich handeln können. Am 14. September stehen wir zu dritt am Fuss der Südwestwand. Um 17 Uhr sammeln wir unsere vereinten Kräfte für den bevorstehenden Anstieg. Da nehme ich plötzlich wahr, wie Voytek uns lustlos nachzottelt. Er bummelt immer mehr, je näher die Wand kommt. Wenn seine Energie weiter so nachlässt, wird er bald rückwärts schlurfen. Ich sage scherzhaft auf Englisch zu ihm (wollte ich meine Lehrer beleidigen, so würde ich es Schulenglisch nennen): «Willst du nicht in die Wand einsteigen?» «Oh – eher nicht!» «Bist du sicher?» «Ja...»

Natürlich wirkt die Antwort wie eine kalte Dusche auf unser Team: Ein Drittel der Truppe hat im entscheidenden Moment aufgegeben. Jean wirkt aber motiviert, und so gehen wir los. Wir überqueren den Gletscher, und ich muss feststellen, dass Jean nicht in bester Form ist. Nach einer Stunde teilt er mir mit, wie wenig ihn der Besteigungsversuch begeistert. Ich habe meinerseits keine Lust, wie ein Ochse eine Furche durch die 2500 Meter hohe Flanke zu treten und gebe auf. Mit betretenen Mienen kehren wir ins Basislager zurück. Die Tage gehen vorbei, sie sind eintönig. Ich lese ein mühsames Buch: «L'innocence perdue».

Wir sehen nichts, aber wir wissen, dass sich eine Lawine gelöst hat.

Am Mittwoch, dem 19. September, lässt sich das schöne Wetter über dem Cho Oyu nieder. Gegen 11 Uhr brechen wir alle drei auf. Voytek scheint sein seelisches Tief überwunden und seinen Schwung zurückgewonnen zu haben, er gleicht Gene Kelly im Film «Ein Amerikaner in Paris». Um 15 Uhr erreichen wir das Materialdepot, das wir bei unserem ersten Versuch auf 6200 m zurückgelassen hatten. Wir rüsten uns mit Karabinern, Haken, Klemmkeilen, einem Seil, je zwei Pickeln und einem Skistock aus. Biwakausrüstung, sieht man von einem Gore-Tex-Sack ab, nehmen wir keine mit. Der Proviant hätte beinahe in einem Brillenetui Platz: vier Ovosportstengel und zwei Mars. Ich brauche die spärliche Verpflegung nicht einmal auf und werde die Hälfte davon wieder vom Berg heruntertragen.

Gegen 18 Uhr steigt Voytek ein und spurt während zweieinhalb Stunden. Solche anstrengenden Leistungen täuschen gerne das Urteilsvermögen; Voytek ist überzeugt, dass er die 7000-Meter-Grenze überschritten hat. Ich weiss nicht, wie hoch wir uns befinden, bin aber sicher, dass wir noch weit unten sind. Wir steigen bis zu einem Felsaufschwung weiter. Die Nacht ist tintenschwarz, so schwarz, dass der Mond darin zu ertrinken droht. Rund um uns ist alles schwarz. In der Dunkelheit nimmt unser wachsames Gehör plötzlich das Zischen eines Monsters wahr: Wir sehen nichts, aber wir wissen, dass sich eine Lawine gelöst hat. Blinde Angst kommt auf. Eine Wolke von Pulverschnee füllt das Couloir, doch wir werden nicht mitgerissen. Weiter oben versinken wir bis zur Taille in 50 Grad steilen Hängen. Voytek hat keine Lust mehr

**Tingri, ein tibetisches Dorf
an der Piste zum Cho Oyu**

auf Steptanz, ich muss ihn anbrüllen, damit er seinen Schwung behält. Er bittet bei einer Stelle um das Seil, Jean sichert ihn, während ich zur grossen Querung weitersteige, die zum Südwestgrat führt. Der Schnee reicht mir bis zu den Knien. Gegen 17 Uhr steige ich auf den Grat aus. Wir sind auf 8100 m und klettern seit 24 Stunden. Voytek schläft ein, sobald er nicht mehr zu kämpfen braucht.

Auf dem Grat gerate ich bald in eine Falle: in grundlosen Schnee, eine so instabile Schicht, dass ich Mühe habe, an der Oberfläche zu bleiben. Mir droht der Ertrinkungstod auf 8150 m!

Damit wäre mir ein Orden für Originalität sicher. Ich muss den Schnee vor mir niedertreten und dann unter meinen Füssen feststampfen, um ein paar Zentimeter höherzukommen. Ich rufe Jean zu Hilfe: Er muss mich durch die Schneemassen stossen, dann werde ich mich bis zum festen Boden durchwursteln. Er katapultiert mich nach vorne, ich krabble weiter, bis ich etwas Festeres unter den Füssen spüre. Dann lasse ich mich in eine Nische gleiten und werfe den anderen zwei das Seil zu. Ich habe zwei Stunden für die letzten 50 Meter gebraucht – eine Geschwindigkeit, die geologischen Verschiebungen entspricht! Wir sind eine Stunde unter dem Gipfel, beschliessen aber, erschöpft, wie wir sind, die Nacht hier zu verbringen. Der Halt passt mir nicht, aber wir werden mit dem ersten Tageslicht auf den Gipfel steigen – die Stimmung wird fotogen sein. Wir kuscheln uns in unsere millimeterdünnen Säcke, genehmigen uns ein paar Schlucke scheusslichen Wassers, und die Nacht geht vorbei, ruhig und unbequem... Gegen halb acht verlassen wir das Biwak, gerade rechtzeitig, bevor die Kälte Jean ernsthaft gefährdet. In einer Stunde sind wir auf dem Gipfelplateau. Seit vier Jahren betrete ich erstmals wieder einen Achttausender-Gipfel. Beim Abstieg bieten uns ungarische Alpinisten in Lager II ein Bier an, das wir zu dritt geniessen. Wir haben in 27 Stunden effektiver Kletterzeit eine neue Route eröffnet. Ich widme sie Pierre-Alain Steiner, dessen Lächeln den schmerzlich schönen Gipfel überstrahlt.

Was ist ein kommunistisches Land? Es ist ein Land, in dem der Einzelne vom Profit träumt und das Erwachen Gemeinschaftssache ist. Am 28. September kommen wir im tibetischen Nyalam an. Schlag 6 Uhr morgens strahlt die Besetzungsmacht ihre Propaganda über schlechte Lautsprecher aus, und die Tibeter sind gebeten, nach der chinesischen Uhr aufzustehen. Von Nyalam zweigen wir zum 60 Kilometer entfernten Shisha-Pangma-Basislager ab. Sonntag, 30. September: Wir erreichen unser Basislager auf dem Teppich, den die Natur am Fuss des Shisha ausgerollt hat. Eine Moosschicht gibt dem Platz einen mit einer weich gefütterten Hose vergleichbaren Komfort. Es ist grün, es gibt kleine Seen, und darüber ragt die 2000 Meter hohe Südwand des Shisha Pangma auf, die jeden Abend in ein Feuerwerk von Farben eingetaucht wird – es ist zweifelsohne einer der schönsten Flecken im Himalaya. 1987 hatte ich die noch unbestiegene Wand entdeckt, worauf Jean und ich planten, eine Route in sie zu legen, die an Geradlinigkeit nicht zu übertreffen wäre, den direktesten je an einem Achttausender eröffneten Anstieg. Ich wusste, dass wir zwei Tage schönes Wetter benötigten, um die Erstbegehung zu vollziehen.

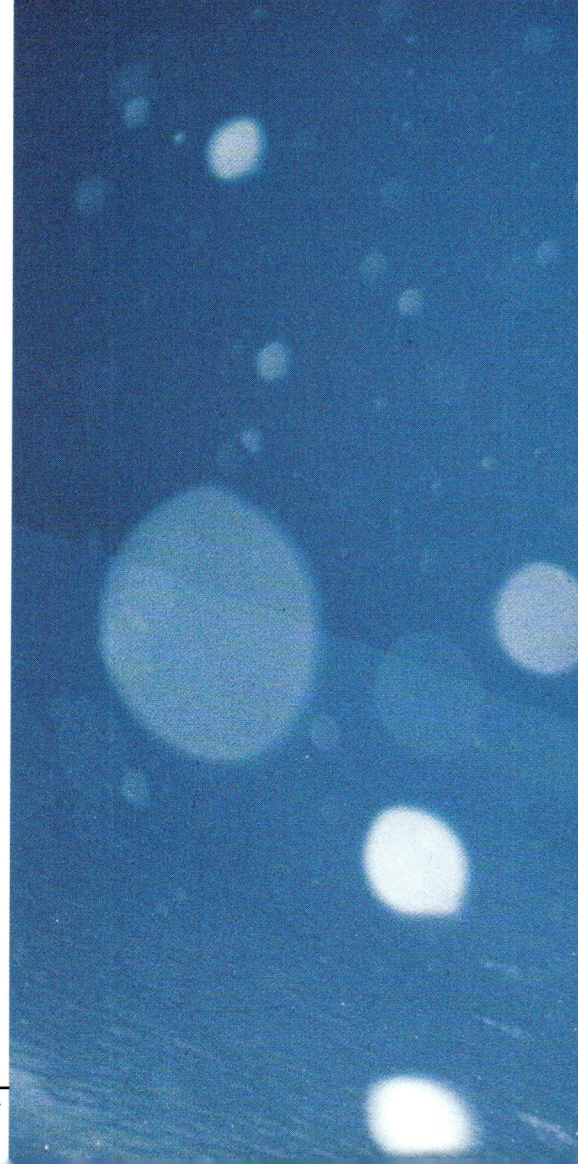

Am Fuss der Südwand des Shisha Pangma: Wir brechen zu 22 Stunden Kletterei auf

Am Dienstag, dem 2. Oktober, steigen wir über die Moränen hoch und langen um 13.30 am Beginn der Route an. Wir machen uns sorgfältig für den «Rush» bereit, als ich bestürzt bemerke, dass ich mein Kopfkissen im Zelt vergessen habe! Ich habe meine Neopren-Expeditionsgamaschen vergessen, die mir in erster Linie als Kopfkissen dienen und zweitens – wenn ich nicht darauf schlafe – als Schutz vor Kälte und Schnee. Ich nehme das Risiko auf mich, ohne sie einzusteigen, denn mein spezieller Anzug für die Höhe ist mit einer umstülpbaren Gamasche ausgestattet. Wir essen die gewohnte Fondue, die für uns drei zur Tradition geworden ist. Sie hat wärmespendende, stärkende und verdauungsanregende Wirkung und ist vielleicht auch ein Placebo für unser Wohlbefinden und unsere Leistungsfähigkeit. Voytek Kurtyka ist zwar Pole, scheint aber das helvetische Gericht zu schätzen – eine Enthüllung, die die schweizerische Landwirtschaft in den Zeiten des GATT beruhigen wird. Um 18 Uhr haben wir uns die Fondue einverleibt, und wir machen uns für die 22 Stunden Kletterei bereit. Ernährungsfachleute werden sagen, dass wir die Besteigung des Shisha

Bei Einbruch der Nacht gehen wir los. Um 22 Uhr haben wir bereits 1000 Meter hinter uns. 1000 Meter in vier Stunden! Allerdings ist die Kletterei leicht: Jeder Alpinist, der einigermassen gehen kann, würde sie schaffen. Wir haben übrigens nicht das geringste technische Material dabei, abgesehen von einem Seil, für den Fall, dass wir eine Spalte überqueren müssten. Ich fühle mich hervorragend

**Die Fondue vor dem Aufbruch:
Wir schreiben ihr wärmespendende, stärkende und verdauungsanregende Wirkung zu!**

schneller verdaut haben werden als den Fettanteil von 75 Prozent in der Fondue-Käsemischung...

in Form und sause wie ein Rennauto durch die Flanke – so schnell, dass ich zu hoch steige und wieder hinunterklettern muss, um die richtige Spur zu erwischen. Voytek hat nicht die gleiche Reisegeschwindigkeit, ich überhole ihn und steige ins letzte Couloir ein, das mich stundenlang beansprucht. Diese anstrengenden Stunden braucht es, um die

Eintönigkeit des Gehens voll erfassen zu können! Mein rechter kleiner Finger schmerzt, ich kann ihn bearbeiten, soviel ich will, er tut mir weh. Frühmorgens steigen wir in die Scharte aus. Es ist einer jener magischen Momente, in denen wir erleben, wie die Erdkräfte ineinander übergehen: der bevorstehende Sonnenaufgang, die Vorboten der Wärme, das jeden Morgen neu triumphierende Leben, das das Reich der Nacht, der Kälte und der Dunkelheit verdrängt. Wir versuchen, ein wenig Schnee zu schmelzen, doch der Wind macht sich über uns lustig, er kommt immer wieder von einer anderen Seite und löscht die Flamme. Also steigen wir weiter. Die Scharte haben wir nur zu zweit erreicht: Seit Stunden habe ich Voytek nicht mehr gesehen, wir nehmen an, er sei umgekehrt. Wir setzen unsere Füsse auf den Gipfelgrat und müssen nur noch den Spuren zum Gipfel folgen. Um 10.15 Uhr stösst Jean auf dem Mittelgipfel des Shisha Pangma zu mir, der zehn Meter niedriger ist als der Hauptgipfel. Es ist bitterkalt, zu kalt für die Filme, die spröde werden. Die Kälte kriecht uns in alle Knochen. Wir verzichten auf die Querung bis zum Hauptgipfel: Nach den ersten paar Metern ist der Grat zu ausgesetzt und zu gefährlich.

Auf unserem Rückweg hören wir plötzlich Rufe. Sie stammen von Voytek, der eben eine

**In der Cho-Oyu-Südwestwand –
auf etwa 7800 m bleiben unsere Füsse
im Schnee stecken**

eigene Variante durch die Shisha-Pangma-Südwand eröffnet. Er steigt zu uns ab und erklärt, er sei von unserer Spur abgekommen, wolle aber bis zum Gipfel weitergehen. Er gleicht ein wenig jenen Tankern, die, einmal angelassen, nur von ihrer kinetischen Energie angetrieben Kilometer um Kilometer hinter sich bringen. Wir geben ihm den Kocher und ermutigen ihn, denn er ist noch Stunden vom Gipfel entfernt.

Der Abstieg erlaubt keinen Fehler: Er ist ziemlich steil, und der Schnee klebt an den Schuhen. Um 16 Uhr sind wir zurück am Einstieg der Route. Wir haben 22 Stunden für Auf- und Abstieg gebraucht. Bei der Überquerung des Gletschers machen sich alle durch die Höhe blockierten körperlichen Bedürfnisse wieder bemerkbar: Ich habe Durst, ein halber Liter in 22 Stunden genügt nicht, ich habe Hunger... Ein böser Nebel schleicht durch die Gegend, wir verpassen beinahe unsere Zelte. Um 23.30 koche ich eine riesige Portion Spaghetti und netze sie und meine Kehle mit Bier. Die Flüssigkeit und das Essen bringen den Verstand in meinen Körper zurück: Was ist aus Voytek geworden? Wir suchen die Wand ab, können aber nicht den kleinsten flackernden Lichttupfen ausmachen.

Die 2200 m hohe und durchschnittlich 50 Grad steile Shisha-Pangma-Südwand

Der tiefe Schlaf der Erschöpfung erstickt schliesslich unsere Unruhe.

Donnerstag, 4. Oktober: Sorge und Angst beherrschen den Tag; unser Blick ist starr auf die Wand gerichtet. Ich will nicht glauben, dass ein Alpinist vom Format Voyteks dieser Flanke auf den Leim gehen könnte. Mit jeder Stunde wird meine Gewissheit, es werde alles gut ausgehen, stärker erschüttert. Schleichend träufelt der Pessimismus sein Gift ein: Tränen netzen die Szenarien, die ich mir vorstelle. Jean versichert mir, dass Voytek jeden Augenblick hinter der Moräne auftauchen wird. Die Pessimisten haben grundsätzlich immer recht, denn alles wird in dieser niederträchtigen Welt schlecht ausgehen – es ist nur eine Frage der Zeit. Am Morgen des 5. Oktobers triumphiert der Pessimismus: weit und breit kein Voytek. Um 9 Uhr brechen wir über den Gletscher auf. Vielleicht ist Voytek über die Nordflanke abgestiegen und Spuren anderer Bergsteiger gefolgt. Wir müssen aber erst einmal die Südwand absuchen. Um 12.30 kreuzen wir unsere Abstiegsspuren – und da muss ich zugeben, dass der Optimist, der über den Horizont hinaus schaut, immer recht hat, dass das Schlimmste nie gewiss ist und nur der Teufel alle Hoffnung verloren hat... Es sind nämlich drei Abstiegsspuren erkennbar, darunter eine von Adidasschuhen, die alle unsere Sorgen und Befürchtungen zertrampelt: Voytek ist eben hier durchgegangen, jene Adidas an den Füssen, die nur er hat und die wir so gerne mögen!

Am Nachmittag stossen wir im Basislager auf den schlafenden Voytek. Er ist vierzig Stunden nach uns hier eingetroffen. Sein Zustand gleicht dem eines Toten: Er kann nur mit Mühe sprechen, er erkennt uns nicht. Später wird er uns erzählen, dass er acht Stunden nach uns den Gipfel erreichte und beim Abstieg zweimal einschlief. Er hat in jenen zwei Tagen nichts getrunken und nichts gegessen. Ich habe schon einmal erwähnt, dass man einen Fuss ins Jenseits setzt, wenn man sich an einen Achttausender wagt. Das ausgemergelte Gesicht, die leeren Augen, sein stumpfsinniges und teilnahmsloses Verhalten – das sind die Elemente, die Voyteks Bericht wie Erinnerungen aus dem Jenseits wirken lassen.

Die Statistiken Lügen strafen

«Ich versuche, vor einer Expedition alles zu regeln. Wenn ich abreise und die Haustür schliesse, bin ich mir bewusst, dass ich sie vielleicht nie mehr öffnen werde.» Erhard Loretan glaubt nicht an die Unbesiegbarkeit. Er überlässt sie den Helden, Übermenschen und Halbgöttern. Auf einem gewissen Niveau erfordert der Alpinismus von seinen Anhängern eine stoische Haltung im Sinn von La Bruyère: «Dem Tod gelassen entgegenblicken, wie einer Sache, die nicht freudig und nicht traurig ist.» Tatsächliche Gleichgültigkeit oder eine Täuschung angesichts des Todes?

Jedenfalls wirft das Extrembergsteigen mit der Verneinung der Beschaffenheit des Menschen und der Suche nach dem Unmöglichen die Frage nach der Beziehung zum Tod auf. Übrigens – wieviele Namen aus den Geschichten Erhard Loretans sind verschwunden? Vincent, Peter, Jean-Claude, Marcel, Pierre-Alain, Stefan, Manu, Benoît, Pierre... Nachdem Erhard am Makalu im Jahre 1991 vom Tod des Spaniers Manu Badiola Otegi erfahren und versucht hatte, dessen Gefährten Carlos Valles zu überzeugen, er müsse sein Schicksal annehmen, schrieb er in sein Notizbuch: «Natürlich ist es für Carlos sehr hart. Manu war ein guter Kollege und Vater von zwei Kindern. Aber jeder ist für sich selbst verantwortlich, und man weiss, dass die Chancen sehr hoch sind, bei einer Expedition draufzugehen.» Statistiken beweisen die Wirklichkeit dieser «Chance» oder besser gesagt des ständigen Risikos. In Kurt Diembergers Buch «K2 – Traum und Schicksal», das von den tragischen Geschehnissen am K2 im Sommer 1986 handelt, liest man im Anhang: «Von den 27 Bergsteigern, die 1986 den Gipfel des K2 erreichten, starben sieben beim Abstieg (...). Seit damals starben zwei weitere Besteiger, beide am Everest im Herbst 1988: Michel Parmentier und Petr Bozik. Und Jerzy Kukuczka stürzte im Oktober 1989 an der Südwand des Lhotse ab.» Heute, zehn Jahre später, leben von den 27 Bergsteigern, die im Sommer 1986 den Gipfel des K2 erreichten, noch vierzehn – sofern die Rechnung stimmt. Man nimmt an, dass auf 30 bis 50 Bergsteiger, die einen Achttausender besteigen wollen, einer nicht mehr zurückkehrt. Für jene, die immer wieder an die Achttausender zurückgehen, ist das Risiko deutlich höher. Reinhold Messner sagte zu Recht, der beste Bergsteiger sei jener, der die grössten Leistungen auf höchstem Niveau erbringe und dabei überlebe. Was Messner und Loretan angeht, beweist allein die Tatsache, dass sie noch am Leben sind, ihre Qualität. Sie können sich der Aussage eines Autorennfahrers anschliessen: «Ich lebe noch, und das ist schon mal nicht schlecht.» Der Autorennfahrer, der dies sagte, lebt heute nicht mehr... Beenden wir nun aber diese makabren Ausführungen. Einer auf dreissig bis fünfzig Achttausender-Anwärter kommt also ums Leben? «Zahlen sind Durchschnittswerte, und Durchschnittswerte können nur auf durchschnittliche Piloten angewendet werden», schreibt Tom Wolfe in seinem Buch, das die Helden und den Stoff, aus dem sie gemacht sind, zum Thema hat. Ein Stoff, der – ob es ihnen passt oder nicht – den Himalayabergsteigern ausgezeichnet steht.

KAPITEL 11

«Schliesslich darf man beim (manchmal nächtlichen) Aufbruch nicht vergessen, dass es ein rechtes und ein linkes Steigeisen gibt!»

Gaston Rébuffat

Einbeinig am Makalu

Der Makalu hat nicht die vornehme Eleganz und auffallende Schönheit des K2. Seine Schönheit ist zurückhaltender, er hat eine innere Ausstrahlung. Es gelingt ihm, selbst auf seine höheren Nachbarn Everest, Lhotse und Kangchenjunga einen Schatten zu werfen. Alle Alpinisten lassen sich durch diesen magischen Berg von seltsamer Farbe verführen, von dieser «grossartigen Pyramide mit den klaren, reinen Linien», wie ihn Robert Paragot und Yannick Seigneur nannten. Doch leicht zu erobern wie ein Ferienflirt ist der Makalu (8463 m) nicht: Man muss ihn sich durch behutsame Annäherung gefügig machen.

Im Frühling 1988 misslang Jean Troillet beim Anmarsch zum Berg eine Landung mit dem Gleitschirm, und er krachte ungeschickt in eine Mauer. Das Ereignis verdammte uns zum Rückzug, noch bevor wir das Basislager erreichten. Im Herbst 1988 kamen wir etwas weiter: Der Wind blockierte uns auf 7400 m, als Jean Troillet und ich den Westpfeiler erkletterten.

Im Herbst 1991 kehren wir einmal mehr an den Fuss des Riesen zurück, von dem man sagt, er verbringe sechs Monate des Jahres schlafend. Am 13. August fliegen wir in der Schweiz ab. Dank unserem frühen Aufbruch hoffen wir, unmittelbar nach dem Monsun an den Berg zu gelangen. Die 3000 Meter hohe Mauer gehört zu den «letzten grossen Problemen im Himalaya», so wie es in den dreissiger Jahren die «letzten Probleme in den Alpen» gab. Die Eishänge ihrer unteren Hälfte sind ziemlich einladend, doch von 7800 m an verändert sich die Topographie: Die Wand wird von einem riesigen, 400 Meter hohen Felsaufschwung versperrt, der höchste Ansprüche an die Technik setzt. Wir wollen übrigens Steigleitern mitnehmen sowie die ganze Schlosserei, die es für eine kombinierte, äusserst schwierige Kletterei braucht. Unsere Route links vom Westpfeiler ist unbestiegen; Voytek Kurtyka und Alex MacIntyre haben sich erfolglos daran versucht. Die eigentliche Westwand dagegen wurde 1981 von Jerzy Kukuczka erstmals begangen, über eine Route, die sich recht weit von unserem Projekt entfernt hinaufzieht.

Am 28. August treffen wir vier – Sylvie, Annick, Jean und ich – im Basislager auf 5300 m ein. Der Zustieg hat dem Höhenmesser zugesetzt, doch die wenigen Flaschen, die wir mitgenommen haben, um den Expeditionsalltag zu begiessen, sind noch ganz. Natürlich ist eine Flasche Wein ein miserabler Höhenmesser, aber kann man anderseits einen Höhenmesser trinken?

Dienstag, 10. September: Ungeachtet der Schneefälle wollen wir auf 6500 m ein Materialdepot einrichten. Gegen 7 Uhr morgens sind wir unter dem grossen Sérac. Darüber beginnt ein felsiger Abschnitt. Wir überspringen Schneerutsche, die sich in Bewegung setzen, bringen Eisschrauben an und lassen hier unsere technische Ausrüstung zurück. Eine ganze Schiffsladung: ein Wandzelt, zwei Schlafsäcke, zwei Matten, zwei Pickel, 20 Haken, 20 Karabiner, ein Set Friends etc. Am Tag X werden wir nur noch alles hier holen müssen. Eine List, die sich in der Tierwelt bewährt: Der Hund findet seinen Knochen, das Eichhörnchen seinen Tannenzapfen und der Mensch sein Sparheft wieder. Unser Depot befindet sich etwa auf 6500 m, beim Zugang zu den ersten Felsbarrieren. Beim Abstieg ins Basislager wird Jean von einem Schneerutsch belästigt. Er widersteht der Versuchung nach einem Expressabstieg und zieht sich nach ein paar ungemütlichen Metern heil aus der Affäre.

Eine stabile Schönwetterperiode beginnt: das Zeichen zum Aufbruch. Am Mittwoch, dem 18. September, nehmen wir um 18 Uhr Kurs auf unser sechs Stunden entferntes Depot. Um Mitternacht stehen wir unter dem Sérac. Was ist ein Sérac? Es ist eine Eisformation, die an der Stelle auftritt, wo der Hang reisst. Dort, wo die Gletscherdecke bricht, entstehen Türme und Blöcke aus Eis. Tartarin von Tarascon, der Held aus Alphonse Daudets Büchern und einer unserer berühmten Vorgänger in dieser feindlichen Welt, wusste es genau: «Die kleinste Erschütterung kann den Einsturz der drohenden Séracfront bewirken.» Und wozu dient mein langer Exkurs? Die Antwort ist schnell gegeben: Alles entspräche unseren Plänen, wenn die drohende Séracfront nicht ein Stockwerk hinuntergefallen wäre und unser ganzes Material unter sich begraben hätte! Mit einem einzigen Pickel bewaffnet, beginnen wir den Berg umzugraben. Es ist, als ob jemand von uns verlangte, die Chinesische Mauer mit einem Kaffeelöffel zu verschieben. Zwei Stunden lang kratzen wir

> *Alles entspräche unseren Plänen, wenn die drohende Séracfront nicht ein Stockwerk hinuntergefallen wäre.*

am Eis, bevor wir uns den Tatsachen beugen: Ein Taucher mit Atemstillstand wird niemals auf das Wrack der Titanic stossen. Am 21. September nehmen wir den Weg zum verschwundenen Depot noch einmal unter die Füsse, diesmal mit einer Schaufel ausgerüstet. Mehr als sechs Stunden lang tragen wir den Berg ab. Sonderbare Erdarbeiter auf einer seltsamen Erde: Das Eis behält die Oberhand über das Werkzeug, das auseinanderbricht. Um 13 Uhr schlagen wir den Weg zum Basislager ein, nachdem wir alle möglichen Vermutungen angestellt haben, wo unser Material verschwunden sein könnte – Atlantis, Bermudadreieck, Loch Ness, Yeti, Ufo… Am Abend bringen uns die Spanier eine Steigklemme, ein paar Haken, Expeditionsgamaschen und einen Pickel. Sie laden uns ein, ihre

Westwand und Westpfeiler des Makalu – nachdem wir in der Westwand umgekehrt sind, erklettern wir den Westpfeiler

Expedition an den Westpfeiler zu ergänzen. Ihre Grosszügigkeit rührt uns.

Unser Herz ist zwischen dem Einsatz, den die Westwand bei den herrschenden Verhältnissen verlangt, und dem relativ sicheren Westpfeiler hin- und hergerissen. Wir denken ein paar Tage darüber nach und brechen schliesslich am Donnerstag, dem 26. September, zur Westwand auf. Ich stehe um 4 Uhr morgens auf, es ist mir etwas schlecht, das Schlafmittel wirkt immer noch. Sechs Stunden später rasten wir dort, wo unser Depot begraben liegt. Gegen 14 Uhr bereiten wir unser Gepäck vor: Auf unseren Schultern ruhen je 15 Kilo technisches Material: Eisschrauben, Friends, 100 Meter 9-mm-Seil, 100 Meter Fixseil, 30 Haken... Um 17.30 nehmen wir die Besteigung wieder auf. Um 5 Uhr morgens stehen wir beide am Fuss der grossen Verschneidung, der Schlüsselstelle der Wand. Es sind 50 sehr harte Meter im Fels, die über den Ausgang unserer Expedition – Erfolg oder Scheitern – entscheiden werden. Wir werweissen, als Jean plötzlich ein Seufzer des Entsetzens entfährt: Beim Ausziehen seiner Steigeisen hat er eben festgestellt, dass das eine vollständig gebrochen ist! Sein Steigeisenmodell weist in der Mitte ein Kunststoffteil auf, das über die ganze Länge gerissen ist. Wir zittern nachträglich vor Angst: Wie oft haben wir uns in den letzten 24 Stunden nicht ganz auf die Frontzacken der Steigeisen abgestützt? Ich darf mir die Folgen, die das unvermittelte Brechen des Steigeisens für die Gesundheit von Jean gehabt hätte, nicht vorstellen. Zum Glück hat es am Rand der Steigeisen Löcher: Wir ziehen eine Schnur durch, damit die «Metallkrallen» eine Illusion von Halt geben. Die ernsthaften Schwierigkeiten beginnen gleich über uns, sie verlangen einen sicheren Fuss und gute Augen. Wir können uns schlecht vorstellen, dass ein Einbeiniger sie bewältigen könnte. Es bleibt uns nur noch der Abstieg. Innerlich sind wir überzeugt: Die Makalu-Westwand will nichts von uns wissen.

Unglaublich, wie stark wir von einem Ausrüstungsgegenstand abhängig sind! Jean passt auf, wo er die Füsse hinsetzt. Er zweifelt an der Festigkeit der Schnur, die unter seiner Sohle baumelt. Ich richte die heikelsten Stellen ein und sichere Jean beim Abstieg, für den wir sechs Stunden brauchen. Um 19.30 empfängt uns das Basislager. Wir sind am Boden zerstört. Am nächsten Morgen stellt Jean fest, dass er eine Expeditionsgamasche und die Überbleibsel seiner Steigeisen verloren hat. Ich suche die Wand mit dem Feldstecher ab und entdecke die Gegenstände unmittelbar unterhalb unseres Depots bei Lager I auf etwa 6300 m. Jean gönnt sich eine Nacht Erholung und bricht dann auf, um sein Material dort oben in der Wand zu holen. Sieben Stunden später kommt er zurück, und ich halte in meinem Notizbuch fest: «Jean ist schlechter Laune.» Er wagt es also, sich über diesen kurzen 1000-Meter-Aufstieg zu beklagen, obwohl die Ärzte einstimmig die schädlichen Auswirkungen einer sitzenden Lebensweise anprangern!

Wir schwenken zum Westpfeiler über, zu dem uns die Spanier liebenswürdigerweise eingeladen haben. Am Dienstag, dem 1. Oktober, wache ich kurz nach Mitternacht auf. Wir verlassen das Basislager um halb zwei mit einem Minimum an Verpflegung und Ausrüstung sowie einem 50-Meter-Seil. Ich überlasse Jean das Spuren und löse ihn später ab. Um 7 Uhr sind wir am Fuss jenes Couloirs, das sich wie ein gerader Strich hinaufzieht und beim Erfolg der Franzosen 1971 der Schauplatz einer der schönsten Erstbegehungen im Himalaya war. Seien wir ehrlich: Der Makalu-Westpfeiler ist nicht mehr, was er einmal war. Er ist voller Fixseile, die alle technisch anspruchsvollen Passagen wegzaubern. Wenn heute ein Alpinist den Pfeiler erfolgreich besteigt, hat er nicht mehr eine Route im fünften Grad erklettert. Er braucht gute Steigklemmen und festes Vertrauen in die Fixseile, deren Fixheit relativ ist. Allerdings: Auch

> *Ich darf mir die Folgen, die das unvermittelte Brechen des Steigeisens für die Gesundheit von Jean gehabt hätte, nicht vorstellen.*

MAKALU (8463 m)

Westwand

Gelbe Linie: Versuch in der Westwand
Rote Linie: Westpfeiler

○ Biwak   (7900 m)

Jean Troillet:
Aufbruch in der Nacht

wenn die Kletterei entwertet ist – die Ambiance ist grossartig. Der Makalu-Westpfeiler ist mit Sicherheit eine der schönsten Routen, die jemals an einen Achttausender gelegt wurden.

Ich steige an den Fixseilen bis zu Lager III auf 7400 m auf und erreiche es nach zehn Stunden. Der Wind ist stürmisch. Per Funk informiert uns Sylvie über die Lage der Spanier, die über uns aufsteigen. Der Nachmittag plätschert dahin, vom Geräusch des Kochers begleitet. Wir bereiten Getränke zu, ich lese einen Groschenroman, es geht darum, die Zeit totzuschlagen. Juan, einer der Spanier, trifft um 15 Uhr in Lager III ein; er ist zu erschöpft und kehrt um. Um 17 Uhr machen wir uns zum Aufbruch bereit. Nach unseren Prognosen müssten wir die Spanier kurz vor Mitternacht einholen. Wir packen nun den interessantesten Abschnitt des Pfeilers an, eine Folge von Platten, die allesamt gesichert sind. Dann steigen wir in eine 40-Meter-Verschneidung ein, wo die Kletterei durch Aluminiumleitern erleichtert wird. Eine senkrechte, 10 Meter hohe Mauer führt uns an den Fuss des Monolithen, der das Ende der Schwierigkeiten markiert. Um 20.30 bin ich auf 7900 m. Hier haben die Spanier Carlos Valles und Manu Badiola Otegi ihr Zelt aufgestellt. Sie schlafen, und ich höre durch die feine Nylon-Zeltwand, wie sie schlottern. Sie haben keine

Schlafsäcke dabei, nur Matten. Als ich sie wecke, reissen sie die Augen weit auf, um die Erscheinung vor sich besser deuten zu können. Manu fragt mich, ob ich mit dem Flugzeug aufgestiegen sei... Wir einigen uns, um Mitternacht aufzubrechen. Ich finde keine anständige Terrasse, auf der ich meinen mageren Leib unterbringen könnte, um die Wartezeit zu verbringen. Der Absatz ist so winzig, dass ich es nicht wage, mit den Beinen in den Biwaksack zu schlüpfen. So verbringe ich halt dreieinhalb Stunden auf meinen Hinterbacken balancierend.

Mitternacht, alle seilen sich an. Die Dunkelheit ist undurchdringlich. Ich glaube, wenn Thomas Edison die Glühbirne nicht erfunden hätte, hätte ich es in jener Nacht getan. Die Kälte steigt aus der Westwand hinauf und hüllt uns ein. Im Gegensatz zu unseren Erwartungen ist der Grat schmal. Am Fuss eines Aufschwungs, der uns vor dem Wind schützt, rasten wir und warten auf die Morgendämmerung. Eigentlich warten wir auf die Sonne, doch sie macht es wie die Schüler und schwänzt wahrscheinlich irgendwo hinter dem Südostgrat. Um 6 Uhr brechen wir wieder auf. Als wir die Schneide des Südostgrats betreten, erreicht uns die Sonne. Ich weiss, dass dieser gute alte Stern eines Tages erlöschen wird. Am Tag, an dem dies geschehen wird, möchte ich woanders als am Makalu sein, wo die Luft schon bei normalem, sonnigem Wetter kühl ist. Auf 8200 m begegnen

Jean Troillet und Carlos Valles auf den letzten Metern am Makalu-Westpfeiler

wir den letzten Schwierigkeiten der Route: Eine Mauer führt zu schneebedeckten Platten. Die Kletterei ist heikel. Ich steige weiter, während Jean das Seil fixiert für die Spanier, die uns folgen. Plötzlich kriege ich es mit Schnee zu tun, der verdorben ist wie mancher italienische Minister. Ich sinke bis zum Bauch ein. Zum Glück ist der Abschnitt kurz, und die Schneedecke wird wieder härter. Ich schaue auf und sehe den Gipfel. Diesmal bin ich sicher: Wir werden oben ankommen. Die Gefühle schnüren mir die Kehle zu, ich habe Lust zu weinen. Es ist 10 Uhr, ich stehe auf dem Gipfel des Makalu. In 33 Stunden Kletterei haben wir die fünfte Begehung des Westpfeilers geschafft. Eine Stunde später sind wir drei, die sich beglückwünschen können: Jean, Manu und ich. Carlos fehlt. Wir warten, da aber Carlos noch immer nicht auftaucht, entschliessen sich Jean und ich zum Abstieg. Manu bleibt oben, um seinen Kameraden zu empfangen. Wir wollen bis zu Lager II absteigen, damit die zwei Spanier, die seit fünf Tagen am Berg sind, über Lager III verfügen können. Von einer weiteren Nacht in Lager IV haben wir ihnen abgeraten: Die Höhe – 7900 m – würde ihren Organismus auslaugen.

    Der Rhythmus wird schneller, die Schritte folgen in einem pausenlosen Stakkato aufeinander. Ich fühle mich gut, und die Aussicht, noch am gleichen Abend im Basislager einzutreffen, verleiht mir Flügel. Bei unserem zweiten Biwakplatz deponiere ich zwei Gaskartuschen, falls Carlos und Manu nicht bis Lager III gelangen sollten. Gegen 14 Uhr profitieren wir von Lager III, um einen halben Liter Wasser zu kochen. Wir steigen weiter an den Fixseilen ab – Spiderman, der Spinnenmann, der in die Ebene eilt. Am Ende der Seile lassen wir die Schwerkraft den Grossteil der Arbeit verrichten: Wir rutschen auf dem Hosenboden ab. Frei gleiten wir hinunter. In 30 Minuten lange ich zuunterst im Couloir an. Ich beeile mich, da ich vor Einbruch der Nacht im Basislager sein will. Ich steige nicht gerne in der Nacht ab, ich habe oft das Gefühl, sie sei bewohnt, jemand gehe mir voraus oder folge mir. Um 19 Uhr bin ich im Basislager.

Die Makalu-Westwand und – gerade unter den Felsen – ein Mensch, der die Dimensionen des Himalayagipfels veranschaulicht

Ich setze meinem ausgetrockneten Körper die Flüssigkeit vor, nach der er verlangt, als plötzlich die Spanier herbeistürzen: Carlos ist in Lager III und will unbedingt mit mir sprechen. Ich nehme das Funkgerät in die Hand und lausche den Worten, die vom «schlafenden Riesen» hinunterkommen: «Manu ist abgestürzt!» sagt Carlos, er erzählt, dass Manu beim felsigen Abschnitt auf 8200 m zu den Seilen kam, ausrutschte und über die chinesische Flanke des Berges verschwand. Er liegt wohl auf dem Plateau 700 Meter weiter

**Bebaute Terrassen –
nach der steinigen Welt des Gebirges
die Rückkehr zu den Pflanzen, zum Leben**

unten. Carlos appelliert an meine Erfahrung, er ist völlig verloren und fragt mich, was er tun soll. Ich erzähle ihm von Pierre-Alain Steiner, seinem Absturz, unserem Warten, unserer Machtlosigkeit. Manu muss 700 Meter abgestürzt sein, niemand kann noch etwas für ihn tun. Man müsste auf 8000 m aufsteigen und über die chinesische Flanke absteigen, um seinen Tod festzustellen. Ein so grosses Risiko, um die Identität einer Leiche festzustellen?

Manu, Vater von zwei Kindern, kommt nicht mehr vom Makalu zurück. Einen 700-Meter-Sturz überlebt man nicht. Ich weiss es, und doch geht mein Blick in den letzten Tagen, die ich im Basislager verbringe, immer wieder zum Westpfeiler; ich suche ihn mit dem Fernrohr nach einer Gestalt ab, die meine Gewissheit widerlegen würde. Doch Manu wird nicht zurückkommen. Zwölf Stunden lang waren unser Glück und Leid, unsere Geschicke vereint, dann hat uns das Schicksal auseinandergerissen. Der Tod von Manu wirft einen Schatten auf unseren Erfolg. Ich bin überzeugt, dass weder Carlos noch Manu den Gipfel ohne uns erreicht hätten. Bevor wir sie einholten, kamen sie fast nicht mehr voran: 50 Höhenmeter in einem Tag! Die Höhe, die fünf Tage, die sie mit dem Vorbereiten des Pfeilers verbrachten, hatten sie ausgepumpt. Anderseits bin ich sicher, dass auch wir den Gipfel ohne die riesige Vorarbeit der Spanier niemals betreten hätten. Ein Erfolg am Westpfeiler wäre undenkbar gewesen, hätten wir die Route selbst einrichten müssen. Ich bin nicht besonders stolz auf unsere Expedition: Auch wenn die Spanier uns ausdrücklich eingeladen hatten, habe ich doch den Eindruck, wir hätten vom Schweiss anderer profitiert – die Schuldgefühle des Kuckucks, nachdem er sich im Nest des Rotkehlchens geräkelt hat.

Erhard spricht mit Gott

Die Alpinisten sind freie Wesen. Frei wie die Zugvögel, die fliegen, wohin sie wollen, über Berge und Wälder, hoch über dem Meer und dem Wind. Wie ist es dann zu erklären, dass sich die Alpinisten so leicht dem Begriff «Schicksal» unterwerfen? Wenn die ganze Kunst der Tragödie darin besteht, sich mit dem Schicksal zu versöhnen, sind die Alpinisten Tragöden. So sagt Jean Troillet ruhig: «Es stand fest, dass wir weiter zusammen Achttausender besteigen sollten. Am Tag, der uns bestimmt ist, müssen wir gehen.» Und über die Momente, in denen er die leichte Berührung der Sense des Todes spürte, sagt Erhard Loretan immer wieder: «Unsere Stunde hatte nicht geschlagen!» Wie wenn alles vorbestimmt wäre: Das Leben ist ein zwischen Alpha und Omega gestreckter Faden, und der Mensch ist ganz frei, sich auf diesem gespannten und leider nicht dehnbaren Faden zu bewegen. Woher kommt dieser Fatalismus? Erhard schöpft ihn aus persönlichen Erfahrungen. Er erinnert sich, dass einer seiner Freunde eine Skitour in den Voralpen – mit ihrer vermeintlichen Sicherheit – der grauenerregenden Eigernordwand vorzog. Doch in einer boshaften Anwandlung nahm die Hochmatt, ein knapp 2000 m hoher und an sich harmloser Berg, dem Freund das Leben. Im Drama, das Nicole Niquille ereilte, sieht Erhard den Beweis eines tragischen und ironischen Schicksals: Eine der grössten Alpinistinnen des ganzen Landes wird beim Pilzesammeln von einem Stein getroffen! Und man muss nur seinen eigenen Weg betrachten: In der Everest-Nordwand kommen Jean und er von der Route ab; genau in diesem Moment fegt eine Lawine durchs Couloir, durch das sie noch wenige Augenblicke zuvor aufgestiegen sind. Logische Folgerung: «Unsere Stunde hatte noch nicht geschlagen!» Denn Erhards letzte Stunde ist vorbestimmt: «Ich bin sicher, sogar überzeugt, dass es so ist. Wir sind frei in unseren Entscheidungen, doch unser Ende ist programmiert. Ich hatte schon früh diese Vorstellung vom Schicksal. Es begann mit dem Tod meiner ersten Freunde und setzte sich jedes Mal fort, wenn ich beim Bergsteigen beinahe ins Jenseits geriet, ohne dass es tatsächlich passierte!» Diese Gewissheit ist sehr hilfreich, wenn man – wie die meisten Himalayabergsteiger – sehr gefährliche Besteigungen macht. Gefährlich im Sinn von Unternehmungen, bei denen das Risiko grösser ist als die Vernunft: «Der Gedanke ans Schicksal hilft mir, Projekte, die einen extremen Einsatz verlangen, überhaupt anzupacken. Wenn du zu einer Expedition wie der Lhotse-Überschreitung aufbrichst, beruhigt dich die Gewissheit, dass du davonkommst, falls dir nicht gerade dort deine letzte Stunde schlagen soll. So gross die Gefahr auch sein mag! Vielleicht verleiht dieser Glauben dem Alpinisten ein Gefühl von Sicherheit.» Ist dies nun Glauben oder Selbsteinredung?

Um die Aussagen von Jean Troillet und Erhard Loretan wiederaufzunehmen – wenn uns unser letzter Tag, unsere letzte Stunde bestimmt ist, stellt sich eine Frage: Wer entscheidet über unser Schicksal? Wer bestimmt, wann unsere letzte Stunde schlägt? Wer ist dieses mächtige, allmächtige Wesen? Vielleicht genau das, das sich dort oben, weit oben, offenbart. Denn Erhard beschwört – wie andere Alpinisten auch – «jene Gegenwart», die er auf den sauerstoffarmen Höhen wahrnimmt. Zweimal, vor allem am Everest, aber auch am Makalu hatte er das Gefühl, es begleite ihn jemand. Wenn er sich umdrehte, war niemand da; und doch spürte er tatsächlich die Existenz eines dritten Wesens neben Jean und ihm: «Ich konnte mich nicht davon überzeugen, dass wir zu zweit, nur zu zweit waren. Ich kann diese Erscheinung nicht deuten. Dort oben erfassen wir vielleicht unsere Bedeutungslosigkeit besser: Wir sind nichts. Die Situation gleitet uns aus den Händen, jemand anderer befiehlt. Du hast plötzlich den Eindruck, dein Schicksal in die Hände jenes anderen Wesens zu legen.» Gott, denn es geht ja um ihn, gehört also in die Berge, wie es im Psalm heisst. Erhard sagt: «Ich glaube an Gott. Wenn ich eine Religion ausübte, würde ich mich aus mehreren Gründen dem Buddhismus zuwenden: Einmal ist es eher eine Philosophie als eine Religion; dann sind die Buddhisten friedlich und haben als einzige nicht kriegerische Mittel angewendet, um ihren Glauben durchzusetzen. Schliesslich sind die Buddhisten die einzigen, die sagen, man müsse die Natur schützen.» Erhard Loretan glaubt an ein Leben nach dem Tod, das sehr wohl die Reinkarnation sein könnte: Vielleicht kommt er heute schon in Berührung mit verstorbenen Freunden? «Ich habe keine Indizien dafür, aber die Idee der Reinkarnation gefällt mir.»

Ähnlich wie Jacques Brel, der nur zu Gott betete, wenn er Zahnschmerzen hatte, gibt Erhard gerne zu, dass er in der Flanke eines Achttausenders leichter an Gott denkt als in der Geborgenheit seines Heims. Dort oben, wo das Herz mit seinem verrückten Schlagen die allerletzten Stunden skandiert und der Mensch einen nichtigen Punkt verkörpert, dort ertappt sich Erhard dabei, wie er um die Gnade Gottes fleht: «Ich sage zu ihm: Bitte, nicht jetzt, nicht dieses Mal! Ich führe eine Art Dialog mit Gott. Auch wenn es nur ein einseitiger Dialog, ein Selbstgespräch ist!» Und wie er dies erzählt, lacht Erhard.

KAPITEL 12

«Schwierig ist, was unverzüglich gemacht werden kann. Was ein bisschen länger dauern kann, ist unmöglich.»

Fridtjof Nansen

Ein grossartiger und verrückter Traum

Zuerst steigen wir auf der Normalroute zum Lhotse-Hauptgipfel, beginnen dann die Überschreitung, überwinden spielend die Türmchen, die den Zugang zu den zwei noch nie erstiegenen Mittelgipfeln versperren, danach folgen wir dem kombinierten Grat zum Lhotse Shar. Von dort müssen wir uns nur noch über die Südostflanke Richtung Chukhung hinuntertreiben lassen. Wir fallen uns in die Arme: Jean Troillet und ich haben die erste Überschreitung vom Lhotse zum Lhotse Shar gemacht, das letzte Projekt, das die Himalayabergsteiger der ganzen Welt in ihrer Fantasie beschäftigt! Was ich eben mit meinem Finger auf der Aufnahme des Lhotse im Massstab 1:20 000 nachgezeichnet habe, müssen wir nur noch in Lebensgrösse bewältigen. Um mir auszumalen, was uns erwartet, muss ich einfach den Massstab und das Ausmass der Schwierigkeiten mit 20 000 multiplizieren. Eine unvorstellbare Operation.

Die Alpinisten verabscheuen Worte, die mit der Vorsilbe «un» beginnen: unvorstellbar, unausführbar, undenkbar, unmöglich... Da die Bergsteiger aber im allgemeinen den Widerspruchsgeist kultivieren, muss man ihnen nur ein «unausführbares alpinistisches Projekt» vorstellen, und sie werden sich damit abquälen, das Gegenteil zu beweisen. Treibt ein Alpinist den Widerspruch so weit, dass er den Begriff «unmöglich» aus seinem Wortschatz verbannt, wird er gezwungenermassen früher oder später auf die Überschreitung vom Lhotse zum Lhotse Shar fallen: mindestens vier Tage Aufenthalt auf über 8000 m, Start auf 8516 m, Ziel auf 8386 m, eineinhalb Kilometer mit Fallen, offenkundigen technischen Schwierigkeiten, unberechenbaren Wächten und einem überhängenden Gendarmen – für mich die grösste Herausforderung, die es heute im Himalaya gibt. Bis Ende der achtziger Jahre richtete sich das gesamte alpinistische Streben auf die Lhotse-Südwand, die zum Tod von Jerzy Kukuczka und zur Krönung von Tomo Česen führte. Als die Lhotse-Südwand am 24. April 1990 fiel, sprach man von der Lösung des «grossen Problems im Himalaya». Solche Floskeln sind so hohl, dass sie ewig widerhallen. Das letzte grosse Problem? Natürlich – eine Wand fällt auf und macht betroffen: Solange ein solcher Spiegel nicht bezwungen ist, zeigt er der Welt ihre Unfähigkeit. Doch was kann man von dieser Überschreitung sagen, die mich seit Jahren beschäftigt? Dass es sich dabei um einen Vorstoss ins Unbekannte handelt. Noch nie hat sich jemand weiter als bis zum Hauptgipfel gewagt. Allerdings weiss ich, dass es viele nach diesem Projekt gelüstet. Ich möchte nicht, dass eine schwerfällige Expedition – wie jene russische von 1989, bei der 35 Bergsteiger den Kangchenjunga belagerten – meinen Traum zerstört. Ein seltsamer und aufdringlicher Traum.

> *Treibt ein Alpinist den Widerspruch so weit, dass er den Begriff «unmöglich» aus seinem Wortschatz verbannt, wird er gezwungenermassen früher oder später auf die Überschreitung vom Lhotse zum Lhotse Shar fallen.*

Wie beim Monster des Loch Ness verfügt man nur über ein paar verschwommene und trübe Aufnahmen. Auf der Grundlage dieser Bilder sind alle Spekulationen erlaubt. Wir müssen die Route und die Freuden, die sie uns bietet, erraten. Ihre ganze Beschreibung steht in der Bedingungsform: der Zentralgipfel erforderte 100 Meter Kletterei hauptsächlich im Eis, nachher müsste man drei Türmchen erklettern oder sie durch Abseilen über 50 Meter umgehen, wobei man danach über Bänder zurück zum Grat gelangte... Zu den rein technischen Daten kommt eine mentale Komponente, das Element, das eine Schnulze in einen Thriller verwandelt: Hat man den Hauptgipfel hinter sich gelassen und die Überschreitung begonnen, ist man vom Rückzug abgeschnitten. Kein Ausweg mehr! Die Flucht nach vorne ist dann die einzige Möglichkeit, lebend vom Berg hinunterzukommen. In den Monaten vor unserem Aufbruch verliere ich mich im Studium von Luftaufnahmen des Grates. Nur schon seine Betrachtung jagt mir Angst ein. Während mein Verstand alles daran setzt, darzulegen, dass dieses Abenteuer gar nichts Unvernünftiges an sich habe, will mein Körper solche Argumente nicht hören: «Red du nur!», antworten mein Schweiss und mein Herzklopfen.

Dienstag, 16. August 1994: Jean Troillet, Sylvie, Mireille und ich treffen uns im Flughafen Genf. Zwei Journalisten der Lausanner Zeitung Le Matin sind ebenfalls hier, der eine, Olivier Kahn, wird uns während der ganzen Expedition begleiten. Man darf sich nicht mit einem Journalisten ausstatten und sich später beklagen, er habe seine Arbeit gemacht. Ich stelle nur eines fest: Bei dem Spektakel, der die Expedition begleitete, waren jene, die nur Wotjakisch sprechen und verstehen, die

LHOTSE (8516 m) – LHOTSE SHAR (8386 m)
Geplante Überschreitung

einzigen, die nicht wussten, dass zwei Schweizer versuchen wollten, die Gipfel von Lhotse und Lhotse Shar zu verbinden. An jenem 16. August konnten wir keinen sicheren Erfolg erwarten. Man muss die öffentliche Demütigung lieben, um einem möglichen Misserfolg soviel Echo zu verleihen!

24. bis 26. August: Auf der Wanderung zum Basislager, die nur drei Tage dauert, weil wir von Kathmandu per Helikopter nach Syangboche (3850 m) gelangen, werfen wir einen Blick auf den Schauplatz unseres Projektes. Seufzer der Erleichterung: Als wir den gezackten Grat und die Südwand mit dem Fernrohr absuchen, entdecken wir eine Art Notausgang. Jean und ich sind nämlich fast sicher, dass man über die Südwand, die oft als ein Trichter mit Einbahnverkehr beschrieben wird, absteigen könnte. Natürlich würde es sich dabei nicht um einen vergnüglichen Ausflug handeln – man müsste beten, dass die

Akklimatisation am Khumbutse – drei Stunden Auf- und eine Stunde Abstieg, um sich die Beine zu vertreten

Lawinen einen nicht verfolgten und in den Abgrund fegten, doch ein Abstieg wäre nicht undenkbar. Übrigens haben Pierre Béghin und Christophe Profit seinerzeit den Rückzug angetreten, als sie sich im zentralen Couloir bereits sehr weit oben befanden. Wir wären also nicht gezwungen, jegliche Hoffnung auf dem Hauptgipfel des Lhotse zurückzulassen: Das Heil käme nicht unbedingt erst am Ende der vier Tage zwischen Himmel und Erde.

Im Basislager können wir uns zuerst der Illusion hergeben, der Berg befinde sich weit weg von der Zivilisation. Eine angenehme Täuschung für jenen, der die Nähe seiner Mitmenschen scheut. Am 4. September aber kreuzt eine französische Expedition im Basislager auf. Sie führt ihre lauten Tänze bis vor unsere Zelteingänge auf. Von Tag zu Tag folgen sich die – meist kommerziellen – Expeditionen und trudeln im Basislager ein, von wo aus gleichzeitig Everest und Lhotse bestiegen werden. Am 22. September zählen wir auf der Moräne, auf 5300 m, 87 Zelte! Wo sind die längst vergangenen Zeiten?

Am 9. September müssen Sylvie und Mireille wieder in die Dörfer absteigen. Dem Junggesellenleben überlassen, packen Jean und ich am 17. September die ernsten Dinge des Lebens an: An diesem Tag steigen wir über den berüchtigten Eisfall des Khumbugletschers, jenen gewaltigen Gletscherabbruch, der ins West Cwm oder Westbecken führt, bis zu Lager II auf 6400 m auf. Die Sherpas haben die 700 Höhenmeter mit Leitern und Fixseilen eingerichtet. Sie verlangen dafür ein Wegrecht, das sich auf beinahe 1000 Dollar pro Person beläuft. Wir schaffen es nach zähen Verhandlungen, die bescheidene Gebühr auf 1000 Dollar für unsere ganze Gruppe hinunter zu feilschen... Während der ganzen elfstündigen Erkundung hört es nicht auf zu schneien. Am 22. September vertreten wir uns die Beine mit der Besteigung des Khumbutse (6500 m) – vier Stunden Aufstieg, eine Stunde Abstieg.

Freitag, 23. September: Wir finden, die Verhältnisse seien günstig, um unser Materialdepot auf 8000 m einzurichten. In der Nacht vom 23. auf den 24. brechen wir auf,

Ich steige über die riesige Treppe des Khumbu-Eisfalls auf und kehre meinen Zeitgenossen den Rücken

jeder mit 12 bis 13 Kilo beladen. Nach ein paar Minuten stehe ich mit beiden Füssen in einer Art Badewanne – das Wasser reicht mir in dem Froschtümpel bis zu den Knien und sogar noch höher! Um 5 Uhr bin ich in Lager II. Ich beschliesse, meine Socken zu trocknen. Zu diesem Zweck ziehe ich meine Schuhe aus – im Handumdrehen verwandeln sich meine Socken in zwei Eisstücke! Ich schlüpfe in meinen Schlafsack und warte, wie die Eidechse, ein Kaltblüter, auf die Sonne. Gegen 17 Uhr steigen wir zu Lager III weiter, das wir um 21.30 erreichen. Bis 2 Uhr morgens ruhen wir aus. Dann geht es weiter, und bei Tagesanbruch überklettern wir das Gelbe Band, jene Felsformation, die den Everest auf der Nord- und der Südseite durchzieht. Gegen 9 Uhr erreichen wir die Stelle, die wir für unser Depot vorgesehen haben. Ich bin müde, ich habe sieben Stunden Spurarbeit in den Beinen. Nach unseren schlechten Erfahrungen am Makalu legen wir unser Depot auf felsigem Untergrund an und nicht auf Eis, das sich in seine Bestandteile auflösen könnte! Dann erkunden wir die Route bis auf etwa 8000 m. Gegen 10.30 treten wir den Rückzug an. Im Eiltempo und auf unserem Hosenboden gelangen wir zurück ins Basislager und kommen dort um 18 Uhr an.

Der Aufenthalt im Basislager ist oft eine Qual für mich, weil es ein Ort ist, wo man warten muss. Ich bin gespannt wie eine Gitarrensaite, ein Zittern in der Luft genügt, und alle meine Sorgen nehmen schlagartig zu. Ich bin immer nervös, bei jeder Expedition, doch ich war noch nie so nervös wie dieses Mal. Beim Packen meines Rucksackes verspüre ich nicht jene Spannung, die eigentlich nur ein anderer Begriff für Aufregung ist. Nein, ich fühle in mir eine Furcht aufsteigen, die ich vorher nicht kannte. Ist das jenes Gefühl, das den Verurteilten, der aufs Schafott steigt, bei jedem Schritt zu Boden drückt? Kaum ziehe ich den Rucksack an, kaum drückt eine sehr reale Last auf meinen Schultern, wird der Kloss in meinem Magen leichter. Ich sage mir, wenn das Schicksal es wirklich nicht will, dass ich auf diesen Berg steige, wird es mir ein Zeichen geben. Die Tage gehen vorbei, das Zeichen kommt nicht.

Am 29. September beginnen wir um 5 Uhr abends unseren Aufstieg zum Lhotse-Hauptgipfel, an den wir die Überschreitung zum Lhotse Shar anhängen wollen. Vier bis sechs Tage für einen Streifzug an die Grenzen des Möglichen. Als ich dem Basislager den Rücken kehre, habe ich den Eindruck, eine Luftschleuse hinter mir geschlossen zu haben. War Juri Gagarin sicher, seine Zeitgenossen jemals wieder zu sehen, als er hörte, wie das Raumfahrzeug Wostok von aussen zugeriegelt wurde? Ich steige über die riesige Treppe des Khumbu-Eisfalls hoch. Um 20.30 erreiche ich Lager II auf 6400 m. Jean kommt nach, und wir richten uns in einem Zelt der Franzosen ein. Gegen 4 Uhr morgens gehen wir wei-

Jean Troillet auf 8000 m und das unangenehme Gefühl, eine Sandgrube als Biwakplatz ausgewählt zu haben

ter. Ich folge den Spuren von fünf Sherpas und steige an den Fixseilen auf. Unmittelbar über dem Gelben Band treffe ich auf eine Seilschaft, die erfolglos den Lhotse zu bezwingen versuchte. Der Schnee ist sonderbar, ich brauche viel Zeit, um das Depot zu erreichen. Die Hälfte des Materials überlasse ich christlich Jean. Dann setze ich meinen Weg fort bis zum Zelt von zwei Bergsteigern, Alex, einem

Kanadier, und Jeff, einem Schotten, die sich seit zwei Tagen hier oben aufhalten. Ich befinde mich auf 8000 m, es ist Mittag. Ich gehe Jean entgegen. Die Zeit verfliegt, es ist schon 14 Uhr, wir werden niemals um 17 Uhr aufbrechen können, wenn wir uns erst noch etwas ausruhen wollen. Wir graben eine Schneehöhle, um ein paar Stunden zu rasten. Doch Wind kommt auf und schleudert über dem Everest eine kilometerlange Schneefahne in die Luft. Der herumgewirbelte Schnee endet schliesslich in unserem Loch. Das unangenehme Gefühl überkommt uns, eine Sand-

**Abstieg über die Normalroute:
Ein einziger Blick hat mich von der
geplanten Überschreitung abgebracht!**

grube als Biwakplatz ausgewählt zu haben. Wir diskutieren mit Jeff und Alex, den einzigen Pensionsgästen des Berges, und beschliessen, zu viert um 21 Uhr aufzubrechen.

Die eingeschobene Ruhepause erlaubt uns, über unseren Plan nachzudenken. Auch wenn die Verhältnisse schwierig sind, ist keine Rede davon, auf die Überschreitung zu verzichten. Eine Frage bleibt allerdings offen:

Unsere Rucksäcke wiegen 18 Kilo; es würde zuviel Energie kosten, den weiteren Aufstieg über Schnee, der sehr schlecht trägt, mit dieser Last anzupacken. Wir entscheiden uns für eine leichte Begehung, indem wir den Abschnitt von der Schneehöhle zum Lhotse-Gipfel zweimal hinter uns bringen werden. Die Sonne verabschiedet sich in ihrer ganzen Pracht von uns. Die Kälte hat nur auf diesen Moment gewartet, um über uns herzufallen.

Gegen 21 Uhr machen wir uns bereit, um 22 Uhr gehen wir zum Gipfel los. Wir schätzen, dass wir bis dort zehn Stunden benötigen. In den ersten paar Stunden kommen wir gut voran. Der harte Schnee behindert uns nicht beim Gehen. Jean folgt mir, die zwei anderen sind schon weit zurückgefallen. Nach vier Stunden haben wir die Hälfte des Couloirs, das zum Gipfel führt, hinter uns. Es ist bitterkalt, stürmischer Wind herrscht, der Schnee im Couloir rutscht, und wir steigen gegen den Wind an. Wenn einer von uns das Pech hat, zwei Meter hinter den, der am Spuren ist, zurückzufallen, kann er die Arbeit gleich von vorne beginnen – tastend, weil uns der vom Wind aufgewirbelte Schnee die Sicht nimmt. Wir begreifen, dass das Wetter und die Kälte unseren Widerstand zermürben wollen. Deshalb bringen wir uns in einem Schneeloch in Sicherheit und warten auf den Tag. Alex kommt bei uns an und gräbt sich eine Nische; Jeff folgt. Seine Hände weisen erste Anzeichen von Erfrierungen auf. Wir massieren sie abwechselnd und versuchen, Leben in die weissen Glieder zurückzubringen. Wir warten auf den Tagesanbruch. So sehr ich auch in meinen Erinnerungen suche, ich habe niemals zuvor so kalte Füsse und Hände gehabt. Zum Glück tragen wir eine Daunenjacke, das Minimum bei dieser Hundekälte. Als wir um 7 Uhr morgens aufbrechen, ist alles vereist und gefroren. Meine Sturmbrille ist nicht mehr brauchbar, ich ziehe sie aus. Sogleich bleibt mir der Schnee an den Augen kleben. Das ganze Gesicht überzieht sich mit einer Packeisschicht, die gefühllos macht. Die Augenbrauen sind kaum mehr erkennbar. Ich muss anhalten und eine Gesichtsmaske anziehen. Aber die Maske beschlägt sich, und der Beschlag gefriert sofort. Wir steigen durch das Couloir weiter. Jeff, der Schotte, ist umgekehrt. Wir sind nur noch zu dritt, um gegen die Elemente anzukämpfen, die sich in der Jahreszeit täuschen – es herrscht Winter, obwohl es erst gegen Ende September geht!

Die Lhotse-Südwand; bei einer Überschreitung vom Lhotse zum Lhotse Shar würde der einzige Fluchtweg durch diese 3000 m hohe Mauer hinunterführen

Normalerweise hat man es im Herbst nie mit einem solch orkanartigen Wind zu tun. Wir sinken bei jedem Schritt 30 Zentimeter ein und versuchen, mit unserem taumelnden Gang keine Schneerutsche auszulösen. Jeder geht für sich. Sobald der Spurarbeiter zur Seite steht, wird er abgelöst. Wir sind jetzt allerdings nur noch zwei Staffelläufer: Alex hat ebenfalls aufgegeben. Wir gehen nur weiter, weil wir alle Sinne abgeschaltet haben, die nicht mit dem Willen zu tun haben. Die Gefühllosigkeit rückt hinterhältig von den Gliedern zum Rumpf vor, die Augen verkrusten, die Beine werden schwer, der Atem fehlt und brennt doch – aber der Wille ist stärker als alle Klagelieder. Um 9.10 stehen wir auf dem Gipfel des Lhotse, der so spitzig ist, dass mehr als zwei Personen darauf nicht Platz hätten. Der Wind ist stürmisch, doch hier oben können uns die Schneewirbel nichts mehr anhaben – erstmals seit Stunden können wir wieder einmal die Augen öffnen, ohne uns vor dem Pfeffer, den uns himmlische Gottheiten zuvor anschmissen, fürchten zu müssen. Dank den Schneefahnen dehnt der Everest seine Ausstrahlung kilometerweit aus. Ich rücke gewissenhaft zur Stelle vor, wo die Überschreitung zum Lhotse Shar begänne. Ich werfe einen Blick auf jenen Gipfel, der jetzt so nahe scheint, und sehe Wächten so gross wie Skiflugschanzen. Dann kehre ich dem Traum, der sich mir eben in seiner ganzen Masslosigkeit offenbart hat, den Rücken. Nicht mehr als eine Sekunde habe ich für jenen Entscheid, den ich so fürchtete, gebraucht!

Jean ernennt mich zum Expeditionsfotografen. Damit kommt mir die ehrenvolle Aufgabe zu, den Augenblick festzuhalten: eine Aufnahme vom Everest, eine vom Lhotse Shar, eine von Jean. Und dann verlassen wir fluchtartig den Gipfel, obwohl uns die Sonne gerne noch länger zurückhielte. Wir nützen das 30 Grad steile Gelände des Couloirs so gut wie möglich aus. Eine Stunde später stossen wir wieder auf die kanadisch-schottische Seilschaft. Sie kommen langsam voran wie zwei Krebse, die bei scheinbar harmlosen Stellen rückwärts gehen. Wir kreuzen sie, sie sagen nichts. Aus ihrem Schweigen schliessen wir, dass es ihnen gut geht und steigen weiter ab, ohne uns um sie zu sorgen. Dank dem Zelt von Jeff und Alex wissen wir, dass wir bei unserer Schneehöhle angelangt sind. Wir müssen die Schneeverwehungen entfernen; die Hände dienen uns dabei als einzige Schaufeln. Ein paar Gegenstände beweisen, dass wir an der richtigen Stelle graben. Gegen Mittag nehme ich per Funk Kontakt mit dem Basislager auf; Ruedi Homberger, ein Bündner Fotograf und Alpinist, teilt mir mit, dass Jeff und Alex eben einen Hilferuf ausgesandt haben: Ihre Situation sei dramatisch. Wir bereiten Tee zu und benachrichtigen die Leute im Basislager, dass wir uns ihrer annehmen. Als die zwei bei uns ankommen, geben wir ihnen zu trinken. Beim weiteren Abstieg kümmert sich Jean um sie, während ich mich mit ihren Rucksäcken abrackere. Jean, Heiliger Christophorus der Grate, führt ihre Schritte. Ich, Packeselchen der Gipfel, schlage mich mit einer 80 Kilo schweren Last herum, die am anderen Seilende zieht. Gott sei Dank, der tiefe Schnee gibt mir die Wirksamkeit eines Ankers, und ich schaffe es, die Ladung zurückzuhalten, die schwerer ist als ich. Würde sie mich mitreissen, hätte ich 2000 Meter Sturzflug vor mir. In Lager III befinden sich zwei Mitglieder der kanadisch-schottischen Expedition sowie ein paar Sherpas. Wir können die zwei, die am Lhotse Schiffbruch erlitten haben, ihnen überlassen. Die Zehen von Jeff und Alex halten allerdings diesem Berg nicht stand und müssen später amputiert werden. In Lager II bieten uns die Franzosen einmal mehr ihre Gastfreundschaft an. Wir nehmen dankbar an.

Am nächsten Tag treten wir um 8 Uhr den weiteren Abstieg an; hoch oben am Berg verunmöglicht der Wind jegliche Gipfelversuche. Wir überqueren den Eisabbruch ein letztes Mal und treffen um 11 Uhr im Basislager ein. Es ist fast niemand hier. Der Journalist empfängt mich mit dem Wort: «Schade...»

«Schade...» – ich kann ihm nicht Unrecht geben, doch wie soll ich ihm beibringen, dass wir, wären wir dem Grat gefolgt, in den sicheren Tod gelaufen wären, dass das zurückgekehrte Gefühl in meinen Füssen und Händen kribbelt, dass man das Risiko mögen kann, ohne sich umbringen zu wollen, dass der Mut diesmal im Verzicht lag. Der Wind hätte getobt, die Wächten hätten uns betrogen, die Kraft wäre uns ausgegangen... Unter gewissen Umständen lernt man ein aus dem Wortschatz gestrichenes Wort wieder neu buchstabieren: u-n, un, m-ö-g, mög, l-i-c-h, lich – unmöglich? Ja, bei diesen Verhältnissen. Morgen aber wird vielleicht ein Stärkerer das Feld des Möglichen auf die Überschreitung vom Lhotse zum Lhotse Shar ausdehnen. Ich selbst weiss jetzt, dass sich der Frühling, wenn weniger Schnee liegt, besser für solche Projekte eignet. Ich weiss auch, dass diese Überschreitung, die als Höhepunkt meiner Himalayakarriere gedacht war, die meine Träume ausfüllte und mich motivierte, für mich nicht mehr vorrangig ist. Die Kangchenjunga-Überschreitung oder eine neue Route durch die Makalu-Westwand ziehen mich mehr an, weil es vernünftigere Ziele sind. «Verrücktheit ist nicht Mut», steht im Rolandslied.

Wenn ich an die Spannung zurückdenke, die sich vor dem Aufbruch zum Lhotse meiner bemächtigte, denke ich, dass man darin ein Zeichen sehen muss, jenes Zeichen des Schicksals, nach dem ich verlangt hatte. Ich hatte die Latte zu hoch gelegt, und die Furcht, die mich quälte, gab es mir zu verstehen – vielleicht ist dies eine Form des Selbsterhaltungstriebs.

> *Würde meine Ladung mich mitreissen, hätte ich 2000 Meter Sturzflug vor mir.*

● *Hoffentlich ist alles nur ein Traum!*

Ende 1994 erschien die 100. Ausgabe des spanischen Bergmagazins Desnivel. In der Jubiläumsausgabe erschienen Beiträge verschiedener Alpinisten. Erhard Loretan publizierte den nachstehenden Artikel: ein enttäuschtes, nüchternes Bild des Alpinismus.

«Auf allen Kontinenten waren die achtziger Jahre von herausragenden Leistungen geprägt. In Europa ging die Mode der Aneinanderreihung von Gipfeln, sogenannter Enchaînements, in die Erschliessung von nüchternen und logischen Routen über. Im Himalaya wurden alle Wände der höchsten Gipfel durchstiegen, als letzte bekanntlich die Lhotse-Südwand durch Tomo Česen. Der Geist des Alpinismus blieb mehr oder weniger rein erhalten, bis eine zunehmende Zahl von Alpinisten den Antrieb zu grossen Taten in der Mediatisierung fand.

Heute, es muss gesagt sein, artet das Bergsteigen aus und fügt sich in die triste Kategorie der Massensportarten ein. Dabei verliert es seine Identität. Die heldenhafte Zeit, in der gegenseitiges Vertrauen normal war, liegt weit zurück. Es berührt mich peinlich, dass ein Alpinist heute beweisen muss, dass er seine Taten wirklich vollbracht hat, wogegen in der Justiz das Prinzip «im Zweifel für den Angeklagten» gilt und die Anklage die Schuld eines Verdächtigen beweisen muss. Ich denke natürlich an den berühmten Fall von Tomo Česen, den man verdächtigte, den Gipfel des Lhotse nie erreicht zu haben. Die grossen Namen, Synonyme von Träumen, sind durch eine Massensportart ersetzt worden: Staus in den klassischen Routen und Diebstähle in den Hütten. Die Hölle der Städte mit all ihren Problemen ist in die Berge gewandert. Das Bergsteigen hat die Ethik verloren, die diesem Sport eine spirituelle Dimension verliehen hatte.

In den Alpen ist das grosse Abenteuer fast nicht mehr zu finden. Im Himalaya nehmen die kommerziellen Expeditionen überhand. Von wenigen Ausnahmen abgesehen, sind praktisch alle Besteigungs- und Begehungsversuche völlig fantasielos. Ich bin eben vom Lhotse zurückgekommen und habe dem Zirkus, der am Fuss des Everest seine Zelte aufschlug, beiwohnen können. Jean Troillet und ich haben über jene Pseudo-Alpinisten gelacht, die Geld, aber nicht die nötigen Fähigkeiten haben. Gleichzeitig fühlten wir uns unendlich traurig angesichts des jämmerlichen Schauspiels. Was für eine Enttäuschung, wenn man zu einer fantastischen Expedition aufbricht und sich inmitten eines überlaufenen Basislagers wiederfindet, neben einem Generator, der rund um die Uhr in Betrieb ist und angeblich der Wissenschaft dient! Gegenwärtig wird auf der tibetischen Seite ein Luxushotel am Fuss des Everest gebaut, gleich neben dem Kloster von Rongbuk. Unter dem Vorwand, den Einheimischen helfen zu wollen, kann man sich offenbar alles erlauben, was dazu dient, die eigenen Taschen zu füllen. Ich stelle folgende Frage: Wie kann das Gebirge dermassen ins Lächerliche gezogen werden? Die Frage gäbe ein aufsehenerregendes Thema für Umweltschutzorganisationen wie Greenpeace oder Mountain Wilderness ab. Glücklicherweise gibt es im Himalaya noch Flecken, wo man allein ist, wo man sich mit

der Natur eine faire Auseinandersetzung liefern kann, weit weg von jeglicher Rettung und ohne Kommunikationsmittel.
Wir müssen das Massaker anhalten, wir müssen unseren Nachfahren jene letzten ‹Spielplätze› bewahren, damit sie auch morgen noch grosse Abenteuer erleben können.
Die Besteigung des Everest ist zu einer Banalität verkommen. Alle Mittel sind gut genug, um den Gipfel zu erreichen, und sie grenzen teilweise an Unverschämtheit. In diesem Herbst war beispielsweise ein sechzigjähriger Bergsteiger am Everest, der ein Geleit von fünfzehn Hochträgern bezahlte und sich eine Ladung von fünfzig Sauerstoffflaschen leistete, die er von 6500 m an benützte. Will man die Verschmutzung dieser Orte bremsen, gibt es eine einfache Lösung: Man muss nur die Benützung von Sauerstoffflaschen verbieten und den Berg jenen überlassen, die es würdig sind, ihn anzugehen. Der Mond ist nicht für jedermann zugänglich, und das ist nicht weiter dramatisch. Ohne Sherpas könnte nur ein Prozent aller Expeditionen einen Erfolg verbuchen. Die Sherpas leisten eine bemerkenswerte Arbeit, doch niemand hält dies fest. Sie beginnen jetzt, sich zusammenzutun, um die Anliegen des Khumbu zu vertreten. Das Entstehen dieses Bündnisses freut mich.

Ich bedaure, dass durch die Gebühren, die für eine Expedition bezahlt werden müssen, die Bergsteiger mit viel Geld begünstigt werden. Zuviele Junge haben die Mittel nicht, um ihre Träume zu erfüllen und ihre Pläne zu verwirklichen. Für idealistische bergsteigerische Projekte eignen sich ohnehin nur wenige Gebiete – und nun steht eines von ihnen, der Himalaya, ausschliesslich Wohlhabenden offen. Sucht man lange genug, gibt es allerdings auf diesem Planeten noch Flecken, wo die Verrücktheit Ideen entwickeln kann. Doch um sie zu verwirklichen, muss man hart kämpfen. Damit kann man aber auch beweisen, dass es heute noch Alpinisten gibt, die aus Berufung klettern.
Ich räume gerne ein, dass meine Aussagen egoistisch und idealistisch sind. Wir müssen uns aber unbedingt gegen die Dekadenz des Alpinismus zur Wehr setzen. Bis zum Beginn der achtziger Jahre war ich stolz darauf, der grossen Familie der Bergsteiger anzugehören; heute ist es mir eher peinlich. Ich bin von kämpferischer, optimistischer und positiver Natur – doch nun wäre ich froh, wenn jemand käme und mir sagte, ich träume nur.»

KAPITEL 13

«Die Einsamkeit ist eine entscheidende Voraussetzung, um Abenteurer zu werden.»

Walter Bonatti

Der Griff nach den Sternen

Telefone haben die Hartnäckigkeit einer mit Suchkopf ausgestatteten Rakete: Romolo Nottaris und ich weilen an den Ufern der Magellanstrasse, dort, wo Himmel und Erde ineinander übergehen, als plötzlich das Läuten des Telefons sich in das Heulen der Stürme der südlichen Breiten mischt. Romolo Nottaris wird mitgeteilt, er müsse sogleich in die Schweiz zurückkehren: das Geschäft ruft!

Punta Arenas, Chile, November 1994: Hier bin ich also, allein, ohne Gefährten, mit dem Plan der Erstbesteigung des Mount Epperly (4780 m) in der Antarktis im Kopf. Einen Augenblick lang zögere ich: Seit langem brüte ich über eine Expedition im Alleingang, nun muss ich nur die Gelegenheit ergreifen, die sich aus den Umständen ergibt: «Wenn du nichts dagegen hast, werde ich allein gehen», sage ich zu Romolo. Diese Bemerkung muss ich anstandshalber anbringen, da Romolo den Hauptharst des 50 000 Franken teuren Seitensprungs in die Antarktis finanziert. Der Tessiner Bergführer, ein alter Bekannter von mir, gibt sein Einverständnis.

Ich warte sechs Tage in Punta Arenas, dann setzt mich ein Flugzeug in der Basis von Patriot Hills in der Antarktis ab. Die Antarktis! In einer Welt, die von Tag zu

Tag schrumpft, in der das Unbekannte sich auf wenige Gipfel und Wälder zurückzieht, muss das Abenteuer ins Exil gehen. Die Antarktis mit ihren vierzehn Millionen Quadratkilometern ist zum Eldorado und Zufluchtsort des Abenteurers geworden. Dort trifft er auf die einzige Begleiterin, die seine Menschenscheu ihm zugesteht: die Einsamkeit.

Nach eineinhalb Flugstunden öffnet sich die Tür der Cessna zu der Einsamkeit, die ich begehre. Ich bin fünf Kilometer vom Mount Epperly entfernt, nach dem es Romolo und mich gelüstet. Offen gestanden, wir sind nicht die einzigen: Ich weiss, dass andere die Herausforderung ebenfalls reizt. So habe ich vernommen, dass die 2700 Meter hohe Wand auch ein Ziel von Doug Scott und Reinhold Messner ist. Nachdem der Motorenlärm sich in der Unendlichkeit aufgelöst hat und die Stille zu rauschen beginnt, tauche ich in eine einzigartige Stimmung ein.

Mittwoch, 30. November: Zwei Wochen werde ich allein auf dieser Eiskalotte verbringen, die das Ende und den Anfang der Welt verkörpert. Die endlosen Tage der südlichen Breite machen es schwierig, einen Plan für eine Besteigung aufzustellen. Verschiebe nicht auf morgen, was du heute kannst besorgen – das Sprichwort hat hier wahrlich seine ganze Geltung! Ich stelle das Zelt auf und gönne mir keine Musse zum Nachdenken – der Gegner, jene gigantische Wand, die den Horizont verdunkelt, schreckt mich nicht ab. Eine Stunde später breche ich zum Sturm auf die 2700 Meter Eis und Fels auf. Mein Gepäck ist sehr leicht, ich trage nur ein paar Ersatzgegenstände mit. Der untere Wandteil besteht aus Eis. Schnell

Dort trifft der Abenteurer auf die einzige Begleiterin, die seine Menschenscheu ihm zugesteht: die Einsamkeit.

gewinne ich an Höhe, in vier Stunden bringe ich 1200 Meter hinter mich. Plötzlich kommt der Himmel hinunter, ich werde von Nebel umhüllt. Ich steige wieder ab und erreiche das Zelt um 11 Uhr morgens. Das Wetter ist eigenartig. Die Antarktis ist die Turbine unserer Erde, und Stabilität ist nicht gerade die herausragende Eigenschaft einer Turbine: Eben war ich mitten im Nebel, nun ist der Himmel wieder klar. Ich gönne mir ein Nickerchen bei sommerlichen Temperaturen (zwischen minus 15 und minus 20 Grad). Ich nütze die vorübergehende Hitze aus, denn bei einem plötzlichen Stimmungsumschwung kann das Quecksilber sehr wohl auf minus 50 Grad fallen.

Bei diesem ersten Versuch habe ich begriffen, dass die Bedingungen hier ganz anders sind als im Himalaya. Während ich dort drüben mit einem halben Liter Flüssigkeit pro Tag enthaltsam wie ein schnellfüssiges Dromedar bin, so brauche ich hier einen halben Liter pro Stunde. Ich muss also von nun an einen Kocher mitnehmen. Angesichts der Dimension der Wand packe ich auch einen Biwaksack und eine Schaufel ein. Am Donnerstag, dem 1. Dezember, nehme ich den Weg zum Mount Epperly wieder unter die Füsse. Ich steige in die Wand ein und folge erst dem grossen zentralen Couloir, das vorwiegend aus Eis besteht. Es ist mir klar, dass die Kletterei nicht durchwegs so gut gehen wird, denn der Ausstieg auf das Gipfelplateau scheint durch eine Felsverengung versperrt. Frisch gewagt ist halb gewonnen; ich klettere 200 Meter weiter. Hier erkenne ich, dass ich wahrhaftig recht hatte: Der Ausstieg ist auch bei veränderter Perspektive genau so hinterhältig, wie er von unten aussah. Sieht man einmal von ein paar Haken ab, habe ich nur ein 5 Millimeter dickes und 20 Meter langes Seil dabei. In Tat und

Wahrheit handelt es sich um eine Wäscheleine. Ich habe ihren ursprünglichen Verwendungszweck abgeändert, indem ich von ihr verlange, dass sie ein paar Tonnen mehr als die gewohnten Wäscheklammern trägt. Über brüchigen, fast sandigen Fels gelange ich 40 Meter höher. Zwei Meter unter dem Ausstieg geht gar nichts mehr: Ich packe die Passage mehrmals an und komme nicht vom Fleck. Verzweifelt suche ich die Umgebung ab, doch ich sehe nirgends eine Stelle, wo ich einen Haken setzen könnte: Der Haken will keinen Sand, der kompakte Fels keinen Haken. In dieser lächerlichen Situation fällt mir kiloweise

Die Landepiste der Basis Patriot Hills ist vom Wind glattgefegt, und der Puls der Piloten steigt bei jeder Landung beinahe auf 200 Schläge an

Schnee auf den Schädel, damit ich kaltes Blut bewahre… Während einer Stunde mache ich immer wieder einen Schritt nach oben, bereue ihn in der gleichen Sekunde und bringe meine Füsse sofort an den Ausgangspunkt zurück. Muss ich absteigen? Ich kann mir nicht vorstellen, die im Aufstieg bewältigten Passagen auch im Abstieg zu meistern. Ruhe und gutes Urteilsvermögen sind nun gefragt. Ich stelle einen zweistufigen Plan auf: erster Schritt – den Rucksack ablegen; zweiter Schritt – wir werden ja sehen! Ich suche eine Stelle, wo ich meinen Rucksack befestigen könnte, und finde schliesslich einen winzigen Vorsprung. Ich habe Angst, der Rucksack könnte hinunterfallen und mich mitreissen, denn ich bin mit ihm verbunden, um ihn später hochzuziehen. Zwei-, dreimal versuche ich das Hindernis zu knacken – ohne Erfolg. Beim vierten Mal aber, ich weiss nicht warum und wie, schaffe ich es! Ich ziehe den Sack hoch. Noch ein paar schwierige Stellen, doch der Fels birgt jetzt keine Überraschungen mehr, und eine Stunde später bin ich auf dem Gipfel des Mount Epperly. Ich habe neun anstrengende Stunden für die Wand gebraucht.

1. Dezember, Mitternacht. Die Stimmung ist wundervoll: Unwirkliches Licht überflutet die Landschaft. Es ist grossartig! Ich bin der erste Mensch, der auf diesem Gipfel steht, ich habe ihn über eine schwierige Route bezwungen, zu der es eine gehörige Portion Mut brauchte – all das trägt zu einem berauschenden Gefühl bei. Im Himalaya hatte ich auch schon die Gelegenheit, unbestiegene Sechstausender als erster Mensch zu betreten. Solche Gefühle wie jetzt habe ich aber dort nie verspürt. Hier habe ich wirklich den Eindruck, meine Füsse auf den Mond zu setzen. Ich stosse die Tore zu einer neuen Welt auf.

> *1. Dezember, Mitternacht. Die Stimmung ist wundervoll: Unwirkliches Licht überflutet die Landschaft.*

Kaum bin ich im Zelt zurück, richtet sich das schlechte Wetter häuslich ein. Nach vier Tagen breche ich zum Vinson auf. Ich nehme das Zelt, den Kocher, den Schlafsack und etwas Verpflegung mit – zu wenig Proviant, denn das schlechte Wetter wird mich zwei ganze Tage lang in Lager II auf 3800 m festhalten. Folglich muss ich eine Diät aushecken, die die Flüssigkeit auf Kosten der Kohlenhydrate, Eiweisse und Fette begünstigt. Als das Wetter aufhellt, steige ich mit den Ski weiter über die Normalroute auf. 50 Meter unter dem Gipfel lasse ich die Ski zurück und steige zu Fuss zum höchsten Punkt auf (5240 m). Weil die Tage so lang wie ein Tag ohne Brot sind – und ich weiss, was dieser Vergleich bedeutet –, hänge ich gleich noch die Besteigung des Shin (4800 m) an. Um 9 Uhr morgens bin ich aufgebrochen, um 23 Uhr bin ich zurück beim Zelt. Nach meiner ersten Reise in ein polares Gebiet kann ich bestätigen, dass die Nacht die menschliche Tätigkeit bremst. Läge es nur an mir – ich würde sie abschaffen.

Zurück vom Mount Epperly begriff ich, dass die Antarktis meine Sehweise des Alpinismus und – hochtrabend ausgedrückt – des Abenteuers wiederbelebt hatte. Ich war enttäuscht vom Lhotse zurückgekommen: Ist es möglich, dass wir die Werte des Bergsteigens so pervertiert haben? Im September 1994 zählten wir 87 Zelte – darunter auch unsere – im Everest- und Lhotse-Basislager! Ein Generator lief rund um die Uhr im Namen der sakrosankten Wissenschaft! Und auf der tibetischen Seite begann man, unmittelbar neben einem Kloster eine Luxusherberge zu bauen... In der Antarktis dagegen fand ich, was ich suchte: Einsamkeit, Herausforderung, Schwierigkeit und herrliche Natur.

Nach der Besteigung des Kangchenjunga, meines vierzehnten Achttausenders, im Herbst 1995, hatte ich ein einziges Verlangen: zum Südpol zurückzukehren. Aber leider sind Träume fast unbezahlbar, und ohne die Unterstützung der Firma Adia Interim hätte ich die Mittel für meine zweite Reise in die Antarktis niemals zusammengebracht. Die Verantwortlichen von Adia Interim willigten ein, einen Film über die Erstbesteigung des Mount Epperly zu finanzieren. Das Westschweizer Fernsehen garantierte die Montage und sah eine Teilausstrahlung des Filmes vor. Denn das vorrangige Ziel meiner zweiten Antarktis-Expedition lautete, einen Film über das im Jahr zuvor erlebte Abenteuer zu drehen. Romolo Nottaris, ein alter Hase, was

**Die Antarktis:
Zufluchtsort für den Abenteurer
und den Einzelgänger**

das Filmen betrifft, war als Regisseur vorgesehen. Er nahm Marco Zaffaroni aus Mailand für die Tonaufnahmen und dessen Freundin Anna als Kamerafrau mit.

Mittwoch, 19. Dezember 1995: Die Herkules landet in Patriot Hills. Die Landepiste von Patriot Hills wird als eine der schwierigsten der ganzen Welt betrachtet: Sie gleicht einem vom Wind polierten Eisspiegel. Das Flugzeug ist nicht mit Ski, sondern mit normalen Rädern ausgestattet. In der Herzgegend der Piloten angebrachte Sensoren haben gezeigt, dass ihr Puls im Moment der Landung bis auf 200 Schläge pro Minute ansteigt – an den Passagieren wurden solche Messungen leider nie vorgenommen... Am Pistenrand steht das Personal und benotet die dreifachen Lutz und zweifachen Axel, die der Pilot jederzeit in seine Kür einbauen kann. Wir laden unsere Ausrüstung in eine Twinotter und starten um 20.30 zum Mount-Epperly-Basislager. Nachdem uns das Flugzeug allein zurückgelassen hat, ist weit und breit nichts mehr zu hören. Rechts von uns dehnt ein Eismeer seine weissen Flächen in die Unendlichkeit aus; links ragen 3000 Meter hohe Wände auf, faszinierend und grauenerregend zugleich. Hier, in dieser Wüste, die jegliches Leben zurückweist, auch die Flechten, werden wir drei Wochen verbringen. Als wir mit dem Einrichten unseres Lagers an der gleichen Stelle wie im Jahr zuvor fertig sind, ist es bereits 3 Uhr morgens. Wir essen einen Teller Spaghetti und gehen um 5 Uhr morgens schlafen. Ich frage mich, ob die Spritztouren an den Südpol nicht unsere innere Uhr durcheinander bringen...

Wir sind also hier, um einen Film zu drehen. Eine Beschäftigung, die uns zwei Wochen lang zehn bis zwölf Stunden täglich in Beschlag nimmt. Wir brechen jeden Tag gegen

Der Mount Epperly (4780 m) und seine 2700 m hohe Wand, in der mir der eiskalte Schweiss ausbricht

Auf dem Gipfelgrat des Mount Epperly: Es ist fast Mitternacht, das Licht wirkt unwirklich, die Stimmung ist grossartig

14 Uhr auf und kehren nicht vor 3 Uhr morgens zurück. Etwa um Mitternacht ist das Licht besonders bezaubernd, doch auch besonders schwierig zu filmen. Die gleichen Szenen müssen mehrmals mit verschiedenen Blenden gedreht werden. Das ist der Preis, den gute Aufnahmen erfordern. Insgesamt haben wir am Ende drei Stunden Bildmaterial. Ich behaupte nicht, wir hätten «Vom Winde verweht» gedreht, doch was die Dauer angeht, kommen wir ihm nahe. Das können nicht alle Filmemacher mit einem Werk für sich in Anspruch nehmen. Die Kälte erschwert die Aufgabe von Romolo, der mechanische Kameras verwendet. Eine Kurbel und eine Triebfeder ersetzen den Motor. Unsere Mittel sind beschränkt, und die 16-mm-Kameras vom Typ Bolex sind die ideale Lösung für unser kleines Team. Das Wechseln der Spulen wird bei den hier herrschenden extremen Verhältnissen allerdings zum heiklen Manöver; wir werden die Qualität der Bilder erst in der Schweiz überprüfen können. Beim Drehen einer Rutschpartie schaffe ich es eines Tages, mir einen Fuss zu verrenken. Ich beschliesse, dass ich in meiner Filmkarriere fortan für alle gefährlichen Szenen ein Double verlangen werde. Das Bergsteigen eignet sich sowieso schlecht zum Filmen: Die gleiche Stelle viermal ohne Handschuhe zu klettern, ist der Gesundheit abträglich! Ich hätte mir dabei beinahe die Finger abgefroren und schlage

Romolo deshalb vor, den nächsten Film in einem Studio zu drehen. Er verspricht mir, sich die Sache reiflich zu überlegen.

Nach zwei Wochen ist der Film abgedreht. Wir gönnen uns zwei bis drei Tage Ferien. Anna, Romolo und Marco brechen zum Mount Vinson auf. Mir dagegen geistert eine andere Vision im Kopf herum, die mir beim Öffnen des Zeltes jedesmal mit der Wucht ihrer 2500 Meter in die Augen sticht: Letztes Jahr hatte ich gleich neben dem Mount Epperly einen noch unbestiegenen Gipfel mit einer prächtigen Wand entdeckt. Die Wand machte einen schwierigeren Eindruck als jene des Epperly. Das Verlangen, einen Abstecher dorthin zu unternehmen, beherrscht mich seit einem Jahr. Während ich so tat, als ob ich mich auf die Dreharbeiten konzentrierte, zog mich der Gipfel immer stärker in seinen Bann. Am Ende der zwei Wochen kann ich dem Verlangen nicht mehr widerstehen. Ich will mich mit den Geheimnissen der Wand vertraut machen und jenes einmalige, unvergessliche Gefühl wiedererleben, als erster Mensch einen Flecken auf diesem Planeten zu betreten. Gleichzeitig habe ich die Schrecken der Epperly-Besteigung nicht vergessen, und ich weiss, dass das Glücksgefühl mit bangen, angstvollen Stunden verdient werden muss. Beinahe hätte ich gewünscht, dass die Dreharbeiten ewig dauern oder schlechtes Wetter mein Projekt verunmöglichen würde, doch irgendeinmal sind die Aufnahmen im Kasten, und der Horizont klart auf. Ich habe also keine gültige Entschuldigung mehr, wenigstens keine, die meine Selbstbeobachtung überlisten könnte: Ich bin in Form, das Wetter stimmt...

Ich beschliesse, dass ich in meiner Filmkarriere fortan für alle gefährlichen Szenen ein Double verlangen werde.

Die Klappe fällt – Action! Ich packe technisches Material und einen kleinen Kocher in den Rucksack. Ich werde etwa 20 Stunden für die Tour benötigen. Ich schätze, dass die Wand 2500 Meter hoch ist und schwieriger als jene am Mount Epperly. Ideal wäre es nach meinen Berechnungen, den Beginn der Schwierigkeiten zu erreichen, wenn die Sonne die Wand erwärmt. Mit «erwärmen» verstehe ich die Zeitspanne, in der sich die Temperatur etwas vom absoluten Nullpunkt entfernt. Ich muss um 9 Uhr morgens aufbrechen, jetzt ist es aber 13 Uhr. Meine Ausflüchte und Winkelzüge kosten mich einen vollen Tag. Ich kann also weitere 24 Stunden zweifeln und alles, was mir zustossen könnte, Revue passieren lassen: Von der Blinddarmentzündung bis zur Lawine, von der Verstauchung bis zur Unterkühlung – die Auswahl ist gross!

Freitag, 29. Dezember 1995: Ich schnalle die Ski an die Füsse und nähere mich der Wand. Nun handle ich, nun bin ich gelassen. Seltsame Wolken schleichen in der Umgebung herum, doch das Wetter sollte noch einen Tag lang halten. Der Wind, der über die Wand hinunterstreicht, ist eiskalt und lähmt zusehends meine Gesichtsmuskeln. Das ist nicht weiter schlimm: Ich kann mich sowieso nur mit mir selbst unterhalten, und ich verstehe mich, ohne ein einziges Wort laut aussprechen zu müssen. Erst ist der Schnee hart, und meine Steigeisen erzeugen auf ihm ein eigenartiges, synthetisches Knirschen. Nach einer Stunde erreiche ich den ersten felsigen Abschnitt, der mir keinerlei Schwierigkeiten bereitet. Dann wird der Schnee tiefer, ich befürchte, ein Schneebrett auszulösen. Ich versuche, dies durch ein paar Umgehungen zu vermeiden. In drei Stunden bringe ich über 1000 Höhenmeter hinter mich, leide aber an

OHNE NAMEN – MOUNT LORETAN? (4600 m)

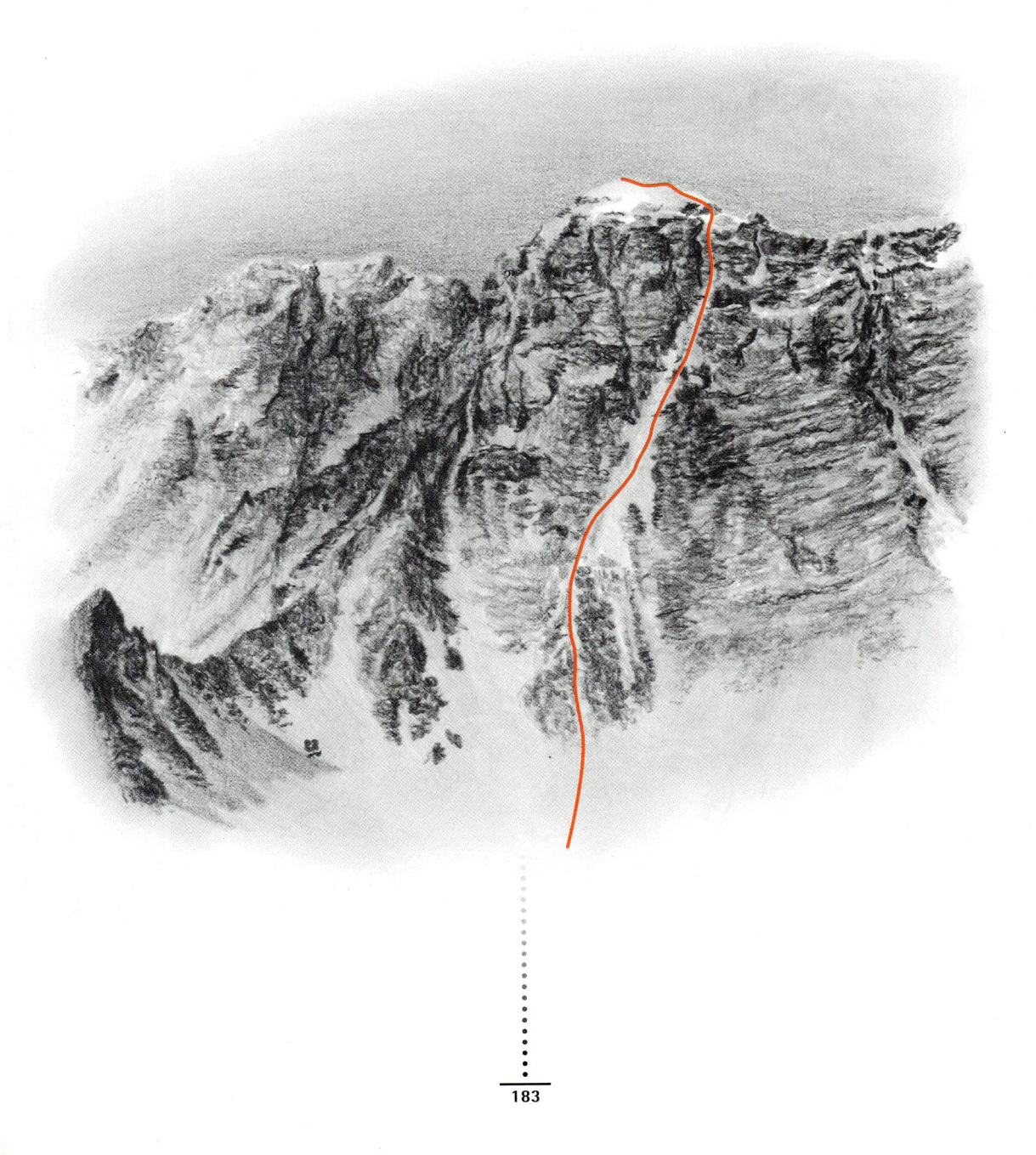

der Kälte. Ich hätte meine Expeditionsgamaschen nicht vergessen dürfen. Sie sind ein sehr praktisches Zubehör, wenn man in die Antarktis den Hanswurst spielen geht und dabei die Nachwehen einer am Kangchenjunga aufgelesenen Erfrierung mitschleppt. Denjenigen, die eine Erfrierung an der grossen Zehe auskurieren wollen, rate ich dringend vom Südpol ab!

Ich komme schneller als vorgesehen voran, die Sonne erreicht mich folglich mit Verspätung. Sechs Stunden lang steige ich im eiskalten Schatten auf. Ich bewege die Zehen unaufhörlich, schnüre meine Schuhe lockerer – nichts zu machen, der Schatten ist eine eisige Hölle, die meine Füsse umfängt. Ich klettere weiter, kann aber meine Unruhe nicht ablegen: Was erwartet mich weiter oben? Eine Wand gleicht nie der anderen, doch ich erinnere mich zu gut an den Ausstieg am Mount Epperly, jene zwei Meter, an denen ich beinahe scheiterte. Der Himmel über mir ist wolkenlos. Wenigstens das. Um 16 Uhr erblicke ich die Schlüsselstelle der Wand: Das Couloir wird enger und mündet dann in eine kleine, mit Pulverschnee bedeckte Felswand. Ich fühle mich allein schon durch die Tatsache erleichtert, den Gegner zu Gesicht bekommen zu haben. Das Hindernis wird nicht leicht zu überwinden sein, aber ich weiss nun wenigstens, was mich erwartet. Die Ängste fallen von mir ab, der Aufstieg begeistert mich. Der Fels ist gut, ich komme zügig und ohne zu sichern voran. Leider habe ich immer noch Vorsprung auf die Sonne...

Bald umgibt mich ein Schneewirbel, der mir die Nähe des Sattels verrät. Die Wand wird senkrecht. Ich muss meine Handschuhe ausziehen, um die Unebenheiten der Griffe besser zu spüren. Der Wind bläst stärker, Schnee dringt überall ein, die Lider kleben fest und behindern meine Sicht, die Hände werden steif... «Was zum Teufel machst du da oben?», werden Sie mich fragen. Gute Frage, ich danke

«18 Uhr, 4600 m: Loretan steht auf dem Gipfel dieses namenlosen Berges. Heute ist seine Gemütsverfassung anders.»

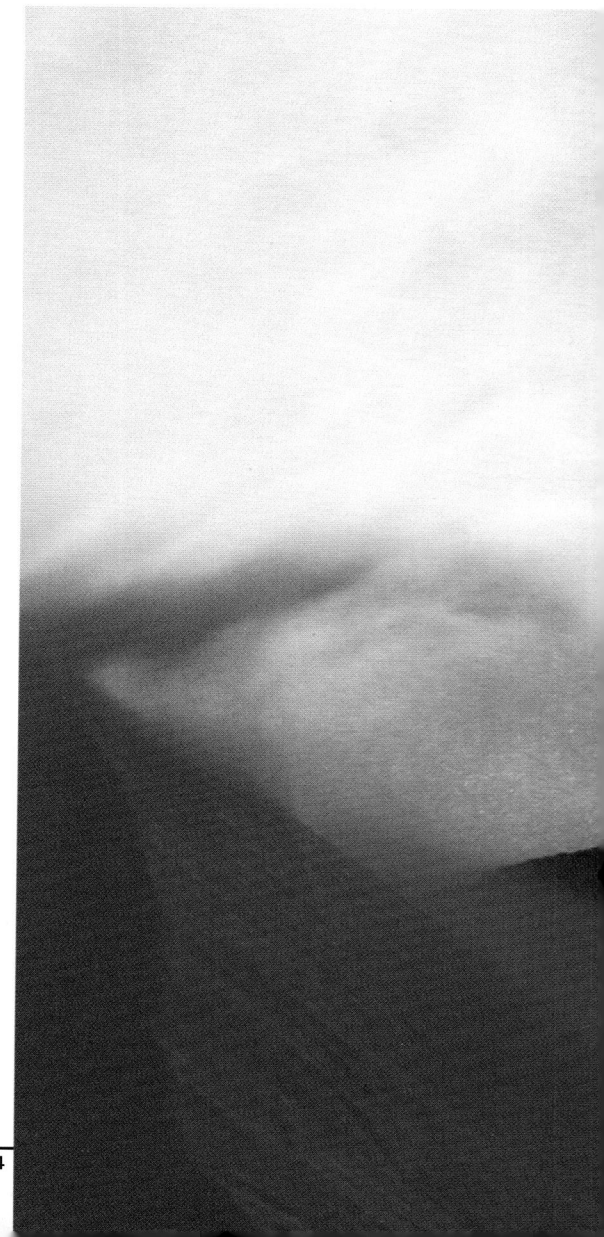

Ihnen, dass Sie sie gestellt haben! Meine Steigeisen kratzen über den Fels beim Versuch, auf einen Vorsprung zu stossen, der mein Gewicht trägt. Meine Pumpe läuft auf vollen Touren. Da kann ich den Pickel plötzlich in gutem Eis verankern, mich daran hochziehen und auf einen kleinen Absatz steigen. Hier kann ich meine Füsse flach aufsetzen, ein Luxus, der nur allzu oft unbeachtet bleibt. Unvermittelt fühle ich mich auf die Copacabana versetzt, an den Strand, in den warmen Sand – und all das nur, weil ich nun in der Sonne bin.

Ich kann den Wind hören, der über den Sattel gleich über mir braust. Die Partie ist also noch nicht gewonnen. Ich lege eine Gesichtsmaske an; die Nase mittendrin ist sicher weiss. Noch einmal 100 Meter – und dann steige ich endlich in den Sattel aus. Grossartig! Ich befinde mich gegenüber dem Mount Epperly; Erinnerungen steigen in mir auf. Ein weiterer magischer Moment steht mir bevor, denn der Gipfelgrat erweist sich als ziemlich gutmütig. Der Schnee ist hart, vom Wind abgeblasen. Das Licht ist märchenhaft. Mein Schatten, der mich verfolgt, hüpft über die Wächten hin und her. Das Erlebnis ist unbeschreiblich, es ist einer jener Augenblicke, in denen man sich dabei überrascht, wie man in der dritten Person über sich selbst spricht. Das passiert mir nur unter bestimmten Umständen: entweder wenn ich als erster Mensch einen Gipfel betrete oder wenn mir, was noch seltener der Fall ist, die Fondue misslingt!

«18 Uhr, 4600 m: Loretan steht auf dem Gipfel dieses namenlosen Berges, einem mehr unter den vielen, die er bereits bestiegen hat. Doch heute ist seine Gemütsverfassung anders: Diesen Gipfel hat er als erster Mensch betreten. Er ist allein, irgendwo unter dem Himmelsgewölbe verloren, in einer Umgebung, die feindlich wirkt, aber tatsächlich eins mit ihm ist. Er scheint gar mit dem Berg zu verschmelzen. Gegenüber blinzelt ihm der Mount Epperly zu. Das Schauspiel der Natur in ihrer Unwandelbarkeit ist so prachtvoll, dass er weinen möchte.»

Ende des Abschnitts in der dritten Person Einzahl, die den Grössenwahnsinnigen und den Tyrannen (oft handelt es sich dabei um die gleiche Person) vorbehalten ist. Übrigens, warum taufe ich den verwaisten Gipfel nicht auf meinen Namen?

Was habe ich aus den in südlichen Breiten gewonnenen Erfahrungen gelernt? Dass die Einsamkeit uns hilft, unsere Zuneigung zur Welt und zu den anderen Menschen zu verstehen und zu erfassen. Ich spreche dabei von der Einsamkeit, wie ich sie dort während meiner ersten Expedition erlebt habe, als ich mir selbst zwei Wochen lang Gesellschaft leisten musste. Weiter habe ich begriffen, dass eine Rückkehr zu einem «heldenhaften» Bergsteigen vielleicht über jenen vereisten Kontinent führt, dort, wo ein namenloser Gipfel als einzige menschliche Spur einen einzigen namenlosen Haken trägt. Nach dem Lhotse und seinem überfüllten Basislager, nach dem Kangchenjunga und der übertriebenen Ausschlachtung durch die Medien haben die zwei Expeditionen in die Antarktis meine Wunden geheilt und mich mit dem versöhnt, was man wohl Abenteuer nennen muss.

In meinem Zelt am Fuss des Mount Epperly; in der Antarktis fand ich, was ich suchte: Einsamkeit, Herausforderung, Schwierigkeit und herrliche Natur

Der Ruhm und sein Preis

Erhard Loretan wurde am 5. Oktober 1995 von Ruhm überschüttet, als er den Fuss auf den Gipfel des Kangchenjunga und damit den Endpunkt unter das Kapitel der vierzehn Achttausender setzte. Die dreizehn vorangehenden Treppenstufen hatte er relativ unbekannt überwunden. Relativ, da die eine oder andere seiner Glanztaten ihm schon Meldungen in der Presse eingetragen hatte. Komischerweise trug der Himalaya weniger zu seinem Ruf bei als die Alpen, wo die zwei Enchaînements die Öffentlichkeit in der Schweiz verblüfften: Der Seilschaft Loretan-Georges waren Hunderte von Artikeln gewidmet. Vielleicht, weil die Berge dieses Landes das Herz des Schweizers rühren: Erwähnt man die Namen Matterhorn oder Eiger, ziehen sich seine Wadenmuskeln zusammen, und er spürt ein Verlangen, eine Sehnsucht in sich aufsteigen – die Ebene stimmt das Kind der Berge trübselig! Gewiss, die Fachpresse war Loretans schon früher habhaft geworden, und in den Chroniken der Zeitschrift des Schweizer Alpen-Clubs «Die Alpen» tauchte sein Name regelmässig auf. Seine Bekanntheit stand allerdings nie im richtigen Verhältnis zu seinen Fähigkeiten. Als eine französische Zeitschrift beschloss, eine Hitparade der dreissig besten Bergsteiger der Gegenwart aufzustellen, klassierte sie Erhard Loretan im... 27. Rang! Das war 1988. Erhard hatte bereits neun Achttausender bestiegen, darunter den Everest über das Hornbein-Couloir oder die Annapurna über den Ostgrat. Soweit der Himalaya. In den Alpen hatte Loretan die Walliser Gipfel aneinandergereiht, am Eiger innerhalb von einem Tag die Route «Les Portes du Chaos» durchstiegen. Auf die Frage eines Journalisten antwortete er: «Ich habe Ranglisten – vor allem im Bergsteigen – nicht gerne.» Das ist alles, was zu der angeblichen Hierarchie zu sagen ist. Was bringt es, von Leuten, die er verachtet, geachtet zu werden? Erhard genoss die Wertschätzung seiner Rivalen, die freundliche Gesinnung der lokalen Presse. Dies genügte ihm. Die Legende sagt, dass seine Bescheidenheit ihn dazu brachte, in den Hütten alles zu verstecken, was seine Identität hätte entlarven können: mit seinem Namen gravierte Pickel oder Steigeisen. 1990 war er am Cho Oyu auf einer Erkundungstour auf der Normalroute unterwegs und kam zu einem Zeltlager von spanischen Bergsteigern. Man unterhält sich, und irgendwann kommt der Moment, wo man sich vorstellt: «Einer von ihnen fragte mich nach meinem Namen», schreibt Erhard später in sein Tagebuch, «und als ich ihn nannte, wollten mir alle die Pfoten schütteln. Schon eigenartig!!» Aus dieser Reaktion spürt man das amüsierte Entzücken des jungen Siegers, der sein erstes Autogramm gibt. Zwar sucht Erhard Loretan die Publizität nicht, doch er scheut sie auch nicht. Als er ins Scheinwerferlicht der Medien geriet, richtete er sich in der ungewohnten Helligkeit ein. Er kann sich nicht erinnern, je ein Interview abgelehnt zu haben, er hat aber auch nie um eines gebeten. «Seien wir ehrlich», sagt er, «wenn ein Alpinist davon träumt, auf den Everest zu gehen, dann tut er dies aus zwei Gründen: Erstens, um einen schönen Berg zu besteigen; zweitens, um in der Szene anerkannt zu werden. Dank dem

Bergsteigen bin ich in der sozialen Hierarchie aufgestiegen. Daran bin ich nicht völlig uninteressiert.»

War er sich in der Flanke des Kangchenjunga bewusst, dass der Ruhm sich in immer engeren Kreisen über ihm zusammenzieht? In Frankreich, in der Schweiz, aber auch anderswo war die Öffentlichkeit fasziniert von jener Tragödie im klassischen Sinn des Begriffs mit der Einheit von Ort, Handlung und Zeit. Jean Troillet und Erhard Loretan drangen damit in die Medienszene ein. «Es genügt, in einer Zeit etwas zu tun, wo es wenig Akuelles zu vermelden gibt, und schon bist du der Held», meint Erhard. Anfang Oktober 1995 fügten die Akteure, die am Kangchenjunga unterwegs waren, dem Tagesgeschehen eine Portion Talent bei. Um das Drama zu ergänzen, brauchte es zusätzlich eine oder zwei Koryphäen: Man bemühte Reinhold Messner und Kurt Diemberger, sie äusserten ihre «autorisierten» Meinungen, und die Maschinerie kam ins Rollen. Die Aktualität krönte Erhard Loretan. In seiner Wankelmütigkeit machte das Tagesgeschehen einen seiner vergänglichen Stars aus ihm, den es heute anbetet und morgen verleugnet. Während die Druckerpressen ihre Namen vervielfachten, ihre Erlebnisse über den Äther verbreitet wurden und die Öffentlichkeit ihre Geschichte an sich riss, glaubten Erhard und Jean, die Alltäglichkeit der Berge zu erleben. Doch der Alltag schliesst das Drama nicht aus.

«Hätten sich die Medien nicht eingemischt, wären wir unerkannt zurückgekehrt. Ausserhalb der alpinen Szene hätte niemand vom dritten Menschen, der alle Achttausender bestiegen hat, gesprochen. Doch da war der Tod von Benoît Chamoux, zu dem jedermann seinen Kommentar abgeben musste.» Er, der sonst jegliches Zurschaustellen ablehnt, sah seinen Namen plötzlich riesengross auf den Frontseiten: kein Tag ohne Interview, keine Stunde ohne Telefon. Seine Vorträge zogen Tausende von Zuschauern an, er selbst hatte Hunderte erwartet... Ihm, der von ein paar treuen Sponsoren gelebt hatte, von ein paar tausend vertraglich vereinbarten Franken, wurde plötzlich eine Million dafür geboten, wenn er alle vierzehn Achttausender in einem Jahr machen würde! Heute hat er das Gefühl, er werde mit Gewalt in ein Leben hineingezogen, das nicht mehr das seine ist, er werde zu einer Person gemacht, die er nicht ist: «Ich bin schon so weit, dass mich die Leute auf der Strasse kennen; jeden Tag muss ich eine Unterschrift geben. Es ist schmeichelhaft, erkannt zu werden, doch der Preis dafür ist zu hoch, was die Unabhängigkeit betrifft. Ich bin Schreiner und habe nicht einmal mehr Zeit, ein Brett zu hobeln. Dabei habe ich gerne geschreinert... Ich stehe am Morgen mit einem Kloss im Magen auf.»

Wer den Ruhm am eigenen Leib erfahren hat, weiss, dass er seinen Preis hat: «Der Ruhm, die offenkundige Trauer des Glücks.» Wiederholte Georges Brassens nicht, die Trompeten der Berühmtheit würden schlecht angesetzt? «Ich weigere mich, den Preis für den Ruhm zu bezahlen und schlafe auf meinem Lorbeerzweig wie ein Murmeltier ein.»

KAPITEL 14

«Niemand interessiert sich für die Alpinisten, ausser sie brächen sich das Genick oder eine Zeitung habe ihre Geschichte gekauft.»

Harold William Tilman

Der dritte Mann

Ich würde lügen, wenn ich behauptete, der Wettlauf auf die vierzehn Achttausender habe mich nie interessiert. Aber ich überliess ihn lange Zeit dem Medienlärm. Lange Zeit wehrte ich mich dagegen, dass man meine Karriere in einer Zahl zwischen eins und vierzehn zusammenfasst: Loretan, der neun Achttausender bestiegen hat, Loretan, der Mann mit den elf Achttausendern – irgendeinmal sagte ich: «Der Run auf die Achttausender nimmt nur ein Ende, wenn Messner endlich den letzten schafft.» Das meinte ich wirklich, doch ich täuschte mich. Am 16. Oktober 1986 hatte Reinhold Messner als erster Mensch alle vierzehn Achttausender bestiegen.

Das Rennen allerdings war nach der Zielankunft des Siegers nicht zu Ende: Im Sommer 1987 folgte ihm Jerzy Kukuczka und landete seinerseits den grossen Coup, indem er den Shisha Pangma über den Westgrat bestieg. Damals konnte ich neun Achttausender auf meinem Konto verbuchen. Ein Platz auf dem Podest der ersten drei war noch frei, er interessierte mich aber überhaupt nicht. 1988 widmete ich einen guten Teil des Jahres dem Nameless Tower (6257 m). Ich kehrte zweimal, 1989 und 1992, zum K2 zurück und versuchte ohne Erfolg, seine Westwand zu durchsteigen. Wäre ich vom Achttausender-Wettlauf besessen gewesen, wäre ich niemals zu diesem Gipfel zurückgekehrt, den ich bereits 1985 erreicht hatte. Dann bestieg ich weitere Achttausender und liess mich allmählich von der Idee anstecken. Mein Gehirn widerstand dem Countdown nicht, der mir überall vorgeleiert wurde. Jedermann fragte mich, wann ich die letzten Achttausender machen würde, die noch zu meinem Glück fehlten. Nach dem Makalu (1991) blieben mir zwei Achttausender, wenn man den Shisha Pangma als bestiegen betrachtete. Von diesem Zeitpunkt an verkörperten die vierzehn Achttausender ein eigenständiges Ziel für mich. 1993 scheiterte ich am Kangchenjunga, 1994 fügte ich meiner Liste den Lhotse an, und 1995 kehrte ich an den Shisha Pangma zurück, um den Hauptgipfel nachzuholen.

Damit brachte ich die Archivbeamten des Alpinismus zum Schweigen, die wiederholt hatten, dass zu meiner Ehre 10 Meter fehlten.

Im Herbst 1995 schliesslich brach ich zum Kangchenjunga auf mit der leisen Hoffnung, eine Bürde loszuwerden. Ich dachte, nach dem Kangchenjunga wäre ich wieder frei zu tun und zu lassen, was ich wollte, da ich dort oben einen grossen Teil der Ketten, die mich einengten, ablegen könnte.

Zwei Worte noch zum Shisha Pangma: 1990 gelang Voytek Kurtyka, Jean Troillet und mir die Erstbegehung der Südwand in 22 Stunden Auf- und Abstieg. Wir konnten den Hauptgipfel nicht besteigen, weil die Querung vom Mittelgipfel hinüber zu riskant gewesen wäre. Dazu bin ich auch immer gestanden. In einem Artikel, der im Dezember 1990 im Heft «Montagnes Magazine» erschien, findet man folgenden Satz: «Erhard präzisiert, dass sie nicht auf dem Hauptgipfel, sondern auf dem Mittelgipfel (er ist 10 Meter niedriger) waren, da die Querung zum Hauptgipfel wegen des vielen Triebschnees zu gefährlich gewesen wäre.» Im April 1995 leitete ich eine kommerzielle Expedition an den Shisha. Ich benützte die Gelegenheit, um den Gipfel in einem Tag zu besteigen: Am Freitag, dem 28. April 1995 brach ich um 15.30 vom Basislager auf. Den Hauptgipfel erreichte ich am Mittag des 29., und bei Einbruch der Nacht war ich wieder zurück im Basislager. Damit brachte ich die Archivbeamten des Alpinismus zum Schweigen, die wiederholt hatten, dass zu meiner Ehre 10 Meter fehlten. Ich habe damit auch die Schulden getilgt, die mir vielleicht mein Bewusstsein eines Tages vorgelegt hätte: Wenn ich heute Anspruch auf die Besteigung aller vierzehn Achttausender erhebe, kann mir niemand widersprechen.

Als ich mich für den Kangchenjunga vorbereitete, konnte ich mir nicht vorstellen, dass es auf diesem Planeten – abgesehen von meinem Bruder und meiner Mutter – jemanden geben könnte, der sich für den dritten Menschen, der acht Jahre nach Kukuczka und neun nach Messner alle vierzehn Achttausender abhakt, interessiert. Ich hätte auch niemals geglaubt, dass man sterben könnte, weil man unbedingt Dritter werden will. Doch es sollte anders kommen.

Am 23. August fliegen wir von Genf ab. Neben Jean Troillet, der zu seinem achten Achttausender aufbricht, ist André Georges dabei, der mit mir die Enchaînements in den Alpen unternommen hat, sowie Pierre Ozenda, Gärtner aus Thonon und ein Kunde von André Georges. Wir sind also zum Kangchenjunga unterwegs, ein Berg, der in mir nicht nur gute Erinnerungen weckt: 1993 versuchten wir schon einmal, ihn zu besteigen; jene

▲
●

Expedition war eine einzige Katastrophe. Die Träger wollten jeden Tag etwas mehr Geld, so dass sich unser Budget für den Anmarsch bis ins Basislager schliesslich verdreifachte. Geldverlust ist zu verschmerzen – nicht aber ein Hundebiss! Eineinhalb Tage bevor wir das Basislager erreichten, zerriss ein Hund seine Kette und biss mich ins Bein. Ich beendete den Zustieg hinkend. Kaum kamen wir im Basislager an, wurden Jean und ich von starkem Fieber befallen. Das Fieber ging zurück, als wir eine Akklimatisationstour auf 6000 m unternahmen, doch am nächsten Tag hatte ich Schüttelfrost und 39 bis 40 Grad Fieber. Fünf Tage lang fürchtete ich, der Hund habe mich mit Tollwut angesteckt. Wir mussten in ein Dorf absteigen, um uns etwas aufzupäppeln; als wir wieder hochkamen, erschwerte der Schnee unsere Aufgabe. Ein zwölfstündiger Versuch, bei dem wir mühsam 700 Höhenmeter schafften, bedeutete das endgültige Scheitern. Die Kangchenjunga-Expedition 1993 hat zwei Monate meines Lebens verschlungen und nichts gebracht – die Art Fiasko, die man unter dem Namen «Erfahrung» einordnet. Denn dieses Wort hat die Gabe, das Bedauern im Keim zu ersticken.

Zwischen der französischen und unserer Expedition herrschte eine eisige Stimmung. Ich habe nichts getan, um sie aufzutauen.

Doch diesmal, am 31. August 1995, notiere ich in mein Notizbuch: «Die Expedition beginnt gut im Vergleich zu 1993.» Die Bemerkung verrät meine Beobachtungsgabe: Die Träger erheben keine Lohnforderungen, die Hunde zerreissen ihre Ketten nicht und jene, die frei umherspazieren, beissen mich nicht ins Bein – alles geht gut. Am 1. September richten wir unser Basislager am Fuss der Südflanke auf 5350 m ein. Wir wollen über die Normalroute aufsteigen, dann auf den Südwestgrat wechseln und über ihn weiterklettern.

Zehn Tage später, am 10. September, kommt Benoît Chamoux im Basislager an. Zum zweiten Mal innerhalb eines Jahrs kreuzen sich unsere Wege. Im Jahr zuvor waren wir beide am Lhotse gewesen, jetzt stossen wir am Kangchenjunga wieder aufeinander. In der Zwischenzeit hat Benoît Chamoux seiner Visitenkarte den Gipfel des Makalu hinzugefügt. Wenn die Rechnung wirklich stimmt, steht es punktgleich 13 : 13. Nun, das Tie-Break wird am dritthöchsten Berg der Welt ausgetragen. Ich kann dazu nur sagen: Wenn Benoît Chamoux unbedingt als dritter Mensch, der alle Achttausender bestiegen hat, in die Geschichte eingehen will, soll er das machen! Gut soll es ihm tun! Was mich betrifft, interessiert mich in erster Linie die Überschreitung des Kangchenjunga. Das bedeutet, dass wir zuerst in den Sattel zwischen Yalungkang und Hauptgipfel steigen und von dort den Gipfelgrat überschreiten wollen. Auf dieser Route werden wir gar keine Chance haben, mit Benoît Chamoux zu wetteifern.

Erst vom 20. September an, nachdem mir die Italiener gesagt haben, die Überschreitung sei wegen der Schneeverhältnisse undenkbar, konzentriere ich mich auf den Hauptgipfel. In diesen Tagen begreife ich auch, dass Benoît Chamoux unbedingt vor mir oben sein will; kein Zelt ist besonders schalldicht, ich muss meine Ohren nicht spitzen, um eine Unterhaltung zwischen Chamoux und Journalisten zu verstehen. Manchmal habe ich den Eindruck, dass Chamoux seine Truppe in einen Feldzug schickt: Am Sonntag, dem 24. September etwa, steigen die Sherpas gegen Lager III (7300 m)

**Der Kangchenjunga,
der dritthöchste Berg der Erde,
Schauplatz einer alpinen Tragödie**

auf, obwohl der Schnee sich noch nicht gesetzt hat. Am Abend kommt Benoît bei uns vorbei, um mitzuteilen, sie hätten halt der Lust, etwas zu unternehmen, nicht widerstehen können. Ich höre ihm zu, ohne dafür aus dem Zelt zu gehen. Zwischen der französischen und unserer Expedition hat nie eine herzliche Stimmung geherrscht, nein, sie ist sogar eisig gewesen. Ich habe nichts getan, um sie aufzutauen. Die Konkurrenz ist greifbar, sie vergiftet die Stimmung und macht die Luft unerträglich. Ich hasse den Wettkampf, in dem für den Sieg alle schäbigen Mätzchen erlaubt sind. Und zudem haben uns die Berge seit der Erstbesteigung des Matterhorns klar zu verstehen gegeben, dass sie den Wettlauf nicht mögen; sie denken, die Latte hoch genug gelegt zu haben, ohne dass der Mensch noch die Stoppuhr beifügen muss. Weiter hasse ich es, wenn man Tag und Nacht einen Generator laufen lässt. «Die fünf Schatzkammern des Schnees» – die Bedeutung des Wortes Kangchenjunga – könnten auf den für unsere Zivilisation charakteristischen, stinkenden und ohrenbetäubenden Krach verzichten.

Eine Schlechtwetterperiode schiebt unseren Abmarsch hinaus. Vom 29. September an klart das Wetter auf. Bis zum 2. Oktober geht jedoch niemand vom Basislager weg – wie wenn keiner Lust hätte, den von einer Meute Jagdhunde verfolgten Hasen zu spielen. Für mich steht fest, dass wir am 3. Oktober losgehen. Ich bin seltsam ruhig und über mich selbst erstaunt. Ich bin sicher, dass wir Erfolg haben werden. In dieser Haltung muss man wohl die ersten Früchte des Alters sehen, jener Weisheit, die die Pein des Älterwerdens – steife Glieder, Arterienverkalkung, Gehirn- und Knochenerweichung – rechtfertigt...

3. Oktober, 2.15 Uhr: Wir schreiten zum Gipfelangriff. Die Italiener, angeführt von Sergio Martini, sind bereits am Vortag losgegangen, doch wir werden sie einholen und sicher gut genug sein, bis zu Lager III zu spuren. Bei Tagesanbruch erreiche ich Lager I auf dem Plateau. In der Eiswand über dem Plateau ist niemand erkennbar – alle stecken noch in den Federn! Als ich auf 6500 m ankomme, stosse ich auf die Italiener, die eben ihr Lager verlassen. Ich überlasse ihnen die Ehre, die Spurarbeit zu verrichten: Schliesslich gibt es nichts Besseres, um sich im Handumdrehen aufzuwärmen. Auf 6800 m löse ich sie ab bis zu Lager III auf 7300 m. Der Schnee ist tief, das Ziehen meiner Furche laugt mich aus. In Lager III, das wir vor nunmehr zwei Wochen aufbauten, haben Schnee und Wind die Zelte übel zugerichtet. Nur dank meiner archäologischen Begabung gelingt es mir, das Lager wieder ans Tageslicht zu befördern: Mehr als eine Stunde loche ich im windgepressten Schnee. Der Zeltboden ist die reinste Buckelpiste. Ich zweifle keineswegs an den Wohltaten der Akupressur, doch wenn wir uns hier ausruhen wollen, müssen wir die Zelte verschieben.

Allmählich kommen die anderen nach, man richtet sich ein. Der Wind bläst ziemlich stark, alle suchen in den Zelten Schutz. Wir sind viele Leute hier oben: fünf Italiener, zwei Franzosen und ihre vier Sherpas sowie wir drei Schweizer. Pierre Ozenda hat in Lager I aufgegeben. In der behaglichen Atmosphäre der Zelte werden die Taktiken festgelegt. Die Italiener und die Franzosen wollen gegen 2 Uhr morgens aufbrechen, während wir – getreu unseren Nachtschwärmer-Gewohnheiten – heute abend um 18 Uhr losmarschieren werden.

André Georges ist nicht in Topform. Er sucht neue Kraft in einer Sauerstoffflasche. Um 18 Uhr verlassen wir das Lager mit den Schneeschuhen, doch da der Schnee so unstabil ist, ziehen wir die Steigeisen an. Nach zwei Stunden langen wir auf dem grossen Plateau an. Wir kommen nur langsam voran. André ist völlig erschlagen, Jean ist kaputt. Ich sage ihnen, dass wir bei diesem Tempo noch vier Tage brauchen werden! Sie nicken schweigend. Ich fühle mich nicht imstande, die ganze Nacht zu spuren, und wir beschliessen, wieder zu Lager III abzusteigen. Hier bewegt sich noch nichts. Die anderen wollen gegen 2 Uhr morgens aufbrechen, wir werden ihnen etwas später folgen. Als wir am 4. um 7 Uhr morgens aus den Zelten kriechen, sind alle noch da! Weder Benoît noch Sergio sind losgegangen. Die ganze Karawane setzt sich gegen 7 Uhr in

**Unterhalb von Lager III (7300 m):
André Georges und Jean Troillet
ringen nach Atem**

Bewegung. Ich spüre sofort, dass mir die Nacht auf 7300 m zugesetzt hat. Obwohl wir jetzt mehrere sind, die eine Spur treten können, komme ich nur mit Mühe voran. Wir steigen alle zusammen zu Lager IV auf etwa 7800 m auf, wo wir im Verlauf des Morgens anlangen. Ein weiterer Halt, der uns zusätzliche Kraft kostet. Wir schlüpfen in ein Loch unter einem Sérac. Hier wollen wir ein paar Stunden verbringen und um 22 Uhr wieder aufbrechen. André Georges wird nicht viel höher kommen: Er kommt völlig ausgepumpt drei Stunden nach uns in Lager IV an. Gegen 14 Uhr fragt uns Benoît Chamoux, wann wir losgehen wollen. Er denkt, dass es um 22 Uhr zu kalt sein wird. Wir vereinbaren, erst um 2 Uhr morgens aufzubrechen. Die Spurarbeit wird, je zahlreicher wir sind, desto leichter zu ertragen sein. Wir ziehen die Biwaksäcke über uns.

**André Georges
wird vom Kangchenjunga abgewiesen**

5. Oktober, 1 Uhr morgens: André will nun doch mit uns aufsteigen, auch wenn er – um die Wirkungen der Höhe zu mildern – an seiner Sauerstoffflasche hängen muss. Ich überzeuge ihn abzusteigen. Alle sind da, die Franzosen, die Italiener, die Schweizer – zwei Sherpas der Expedition von Chamoux haben etwas Vorsprung. Wir holen sie bald ein und steigen weiter. Jean und ich spuren und werden von Sergio Martini abgelöst, der mit seinen zehn Achttausendern auf dem Buckel ein altgedienter Himalayabergsteiger ist. Der Schnee ist tief, das Spuren anstrengend. Bald bemerken wir, dass die Franzosen uns die ganze undankbare Arbeit überlassen. Darauf treten Sergio, Jean und ich in gemeinsamem Einverständnis aus der Spur und warten, bis die Seilschaft Chamoux-Royer zu uns aufschliesst. Sie brauchen sehr viel Zeit, um

unsere Höhe zu erreichen, aber sehr wenig, um auf die Seite zu stehen und uns das Vergnügen der Spurarbeit wieder zu überlassen. Ich rufe in Erinnerung, dass wir uns durch die riesige Südflanke des «Kantsch» hochschleppen: ein Aufenthaltsort, der Erfrierungen begünstigt. Bereits spüre ich, dass meine Glieder gefühllos werden; wir beschliessen deshalb, zu dritt in unserem Tempo weiterzugehen und die Franzosen ihrem gemessenen Trott zu überlassen. Wir befinden uns auf etwa 8200 m, es bleiben uns nur noch 300 Höhenmeter. Eine Kleinigkeit! Die Sonne taucht auf, eine wahre Erlösung für unsere Füsse. Wir halten kurz an, um die Sonne auszukosten. Dann wenden wir uns zu jener Stelle unmittelbar unterhalb des Sattels, wo das Couloir enger wird. Sergio wartet weiter unten, am Beginn der Rampe, die direkt zum Gipfel führt. Er macht mir Zeichen, die ich gut verstehe: Er will uns mitteilen, dass wir uns auf dem falschen Weg befinden, dass wir am roten Turm auf dem Grat abblitzen werden. Ich gestikuliere und versuche, ihm zu deuten, er solle uns folgen. Er versteht mich nicht.

Der Wind wird immer stärker. Ohne ihn wäre der Kangchenjunga nicht der Kangchenjunga. Wir nähern uns dem Sattel, der den Yalungkang vom Hauptgipfel trennt. Die Windböen lassen unseren ganzen Körper erstarren. Der Sattel ist das Tor, durch das der Sturm einbricht, der über die ganze Südflanke wütet. Nachdem wir ihn überschritten haben, empfängt uns die Nordseite wie ein ruhiger Hafen, in dem man Luft holen kann. Es ist 11 Uhr, wir sind vor dem Wind geschützt. Der Gipfel ist noch ziemlich weit weg. Von hier aus erblicken wir den berühmten roten Turm. Das Projekt der vollständigen Überschreitung

Lager IV (7800 m) bedeutet für André Georges das Ende des Abenteuers

des Berges vergessen wir sogleich: Wir würden den tobenden Wind und die gefährlichen Wächten niemals überleben.

Vor uns ist nie jemand hier durchgegangen. Die Spannung erreicht ihren Höhepunkt. Der Turm ist gewaltig, und wenn ich dem Bericht von Sergio glaube, kommt man nicht an ihm vorbei. Sergios Worte gründen auf seiner eigenen Erfahrung: Vor vier Jahren hat er sich die Zähne an diesem Hindernis ausgebissen. Vom Basislager habe ich die Route aber lange mit dem Fernrohr erkundet, und ich bin sicher, dass man den Turm leicht umgehen kann. Und so ist es wirklich: Wir müssen bloss einer ihrer Sherpas abgestürzt ist – Chamoux und Royer steigen weiter, obwohl einer ihrer Sherpas ums Leben gekommen ist!

Das Biwak auf 7800 m kostet uns Kraft

zu ihm aufsteigen, dann fünf Meter nach rechts absteigen und von da an einer Rampe folgen, die in ein abschüssiges Couloir mündet. Als ich das Couloir erreiche, zögere ich: Muss ich weiter queren oder durch das Couloir emporklettern? Ich bitte per Funk um Rat, doch ich erhalte keine Hilfe. Dagegen erfahre ich, dass eben ein Sherpa der Expedition von Chamoux abgestürzt ist, sein Körper liegt am Fuss der Flanke. Wir können nichts für ihn tun. Und dann teilt man mir weiter mit, dass Chamoux und Royer nicht aufgeben, obwohl

Wir steigen schliesslich durch das Couloir auf und betreten den Grat. Der Gipfel zeichnet sich ab, wir müssen noch eine Pyramide links umgehen und die letzten paar Meter Tiefschnee hinter uns bringen. Wir stossen an das Gipfeldreieck. Ich entdecke einen kletterbaren Riss. Ein paar Züge, und dann stehe ich auf dem Gipfel, meinem vierzehnten Achttausender! 14.35 Uhr, der Kreis schliesst sich. Es ist ein starkes und tiefes Gefühl. Ein Kapitel geht zu Ende, tut mir leid für Chamoux.

Jean und ich tauschen Foto-Salven aus, ich nehme Bilder der Überschreitung auf, dann machen wir uns an den Abstieg durch ein Couloir. Unter dem roten Turm kreuzen wir die Franzosen; wir sind ein paar Dutzend Meter voneinander entfernt. Wir winken ihnen zu und steigen weiter ab. Sie wirken langsam, extrem langsam. Es ist doch nicht möglich, dass jemand wie Chamoux, der sich durch seine Schnelligkeit einen Namen gemacht hat, so langsam ist! Wenn man den K2 in 23 Stunden erstürmt hat, holt man sich nicht zwei Stunden Rückstand auf einer Kantsch-Besteigung...

Der Kantsch bleibt seinem Ruf als kalter Berg treu: Die Italiener werden mir später versichern, dass die Temperatur an jenem Tag, wenn man den Windfaktor einbezieht, minus 63 Grad betrug! Um 17.30 begegnen wir Sergio Martini. Er hat für heute genug und steigt mit uns zu Lager III ab. Hier holen wir unser Material; in dem Moment teilt man mir mit, dass Pierre Royer aufgegeben hat. Ein wenig später benachrichtigt man uns per Funk, auch Benoît Chamoux sei – nur 50 Meter unter dem Gipfel – umgekehrt. Um 19.30 empfangen uns André Georges und Pierre Ozenda mit Bier, dem einzigen Getränk, das ich hinunterbringe. Seit drei Tagen habe ich nur zwei Schlucke auf einmal trinken können. Erstmals fühle ich mich nach einem Achttausender ausgelaugt. Zwischen Lager IV und Lager III habe ich mich zu oft hingesetzt. Ich kenne die Gründe der Erschöpfung gut: Wir haben zuviel Zeit am Berg verbracht. Jean fühlt sich gut, er will noch in dieser Nacht das Basislager erreichen. Ich dagegen entscheide mich, hier oben den nächsten Morgen abzuwarten.

In der Nacht nehme ich, wie im Traum, undeutlich die Stimme von Benoît Chamoux wahr. Am Morgen erfahre ich per Funk, dass man im Basislager nichts mehr von den zwei Franzosen vernommen hat. Sie müssen die Nacht auf dem Grat verbracht haben. Ich bedauere sie. Sergio sagt mir, dass er zwei Tage hier bleiben will, um auf seine Landsleu-

**Gegen Abend auf 7800 m:
Wir warten auf den Aufbruch,
der auf 2 Uhr morgens angesetzt ist**

te zu warten und einen weiteren Gipfelversuch zu starten. Ich gehe weiter zum Basislager. Der Gegenanstieg ist fürchterlich. Plötzlich wird das Funkgerät von Stimmen erschüttert: Sie verraten die Unruhe, die auf einmal den Berg überfällt: Seit 8 Uhr morgens hat man keine Neuigkeiten von Benoît Chamoux mehr. Und Pierre Royer ist verschwunden. Mir wird klar, dass die französische Expedition eine Rettung zu organisieren versucht. Marco, der Arzt, will die Sherpas zu Lager IV und noch höher hinauf schicken. Sie verweigern den Aufstieg, solange die Fixseile nicht angebracht sind. Innerlich gebe ich ihnen recht. Ein Sherpa hat bereits sein Leben für den Ruhm seines «Sahib» geopfert. Das ist schon zuviel!

Ich kuriere meine Erfrierungen mit Bädern und Spritzen. Ich bade meine Füsse in einer grellfarbenen Flüssigkeit und habe dabei keine Ahnung von der Raserei, die Europa ergriffen hat: Der Kangchenjunga ist dort eben aus dem Kreis der Fachzeitschriften ausgebrochen und hat sich der Tageszeitungen bemächtigt. Die Schlagzeilen folgen sich, uns, den Schauspielern, entgleitet die Geschichte. «Loretan und Chamoux gehen in die Legende des Himalaya ein», «Chamoux in Bergnot im Himalaya», «Benoît Chamoux und Pierre Royer – die Hoffnung schwindet»... Hier im Basislager ist niemand da, der die Spannung durch hochtrabende Titel aufrechterhält. Für uns ist die Spannung in dem Augenblick zusammengebrochen, als das Funkgerät von Benoît Chamoux keine Antwort mehr gab. Wie hätten sie über drei Tage auf 8300 m überleben können, wo doch ihr Gang totale Erschöpfung, nicht Müdigkeit, verriet? Wie hätten sie drei Nächte ohne Biwakausrüstung bei diesen todbringenden Temperaturen überleben können? Ich habe mir nur ein einziges Mal wirklich Erfrierungen geholt, und zwar bei dieser Expedition an den Kantsch. Wer kam wohl auf den Gedanken, im Basislager befände sich ein Übermensch, der auf 8300 m aufsteigen und die Seilschaft Chamoux-Royer retten würde?

Für uns alle im Basislager ist Benoît Chamoux am Morgen des 6. Oktobers gestorben, nachdem er auf 8300 m hinter einem Felsen beim Westsattel verschwand. Seine letzten Worte galten den Bemühungen Jean Troillets, der seine Schritte per Funk geleitet hatte: «Merci, Jean...» Zwei Worte der Dankbarkeit, die die wochenlange unangebrachte Rivalität beendeten. Im Basislager befand sich eine Journalistin, die über die Ereignisse rund um die Expedition von Chamoux zum Teil live nach Frankreich berichtete. Ich denke, hätten nicht Millionen von Hörern seine Schwäche und später seine Niederlage live verfolgen können, dann hätte Benoît Chamoux vielleicht auf seinen Körper gehört und nicht auf seinen Stolz. Er wäre rechtzeitig umgekehrt.

Später habe ich gelesen, dass Benoît Chamoux sich gerne die folgende Definition von Joe Simpson zu eigen machte: «Das Bergsteigen ist ein wahnsinniges Spiel.» Ein wahnsinniges Spiel? Mag sein. Warum erliegt man ihm dann? Vielleicht deswegen: «Ich habe das Ausmass meiner Stärke und den Abgrund meiner Schwäche kennengelernt. Ich war gezwungen, und sei es auch widerstrebend, unsere verletzliche Sterblichkeit anzuerkennen.» Das Zitat stammt ebenfalls von Joe Simpson. Ich widme es all jenen Mitspielern, die nicht mehr da sind, um die Partie zu beenden.

Am 5. Oktober 1995 betrete ich um 14.35 den Gipfel des Kangchenjunga (8586 m) – ein Kapitel geht zu Ende!

● *Ist Erhard nun am Ziel seiner Wünsche?*

Jetzt, nachdem Erhard seine Reise gemacht und sein Palmarès vervollständigt hat, muss er nur noch zurückkommen und erfahren und vernünftig den Rest seines Lebens unter seinesgleichen verbringen. Wenn die Odyssee wirklich die zwei wesentlichen Ziele des Menschen – Abenteuer und Rückkehr – beschreibt, dann hat Erhard am Ende seiner Odyssee in die Senkrechte seine Wünsche erfüllt: Tausend Gefahren hat er getrotzt, heil und ganz ist er in die sanften Ebenen abgestiegen. Doch Erhard ist nicht Walter Bonatti, der mit einer Glanztat von der Bühne abtritt, die fünfzehn Jahre lang sein Leben bedeutete. Er ist sich bewusst, dass der Kangchenjunga nur das vorläufige Ende seines Strebens darstellt: Immer wieder wird er versuchen, nach einem unerreichbaren Stern zu greifen.

Nach dem vierzehnten Kapitel seiner Abenteuer im Himalaya möchte Erhard Loretan seinen Horizont erweitern, und die Antarktis wird früher oder später der nächste Schauplatz seiner Glanzleistungen sein. Er hatte ein Projekt zur vollständigen Durchquerung der Antarktis im Alleingang und ohne Unterstützung: 2800 km Marsch, 4 Monate Anstrengung, ein 200 kg schwerer Schlitten, der über Berg und Tal gezogen werden muss. Dieses Abenteuer gelang trotz mehrmaligen Versuchen bisher nicht. Es war für den Herbst 1996 vorgesehen, die Ereignisse entschieden jedoch anders, denn im Laufe des Winters 1996–97 hat der Norweger Boerge Ousland diese ausserordentliche Herausforderung in siebenundsechzig Tagen im Alleingang geschafft.

Was das eigentliche Bergsteigen betrifft, so denkt Erhard nicht daran, es aufzugeben. Er hat eine Einladung von Voytek Kurtyka erhalten, um mit ihm die Überschreitung des Mazeno-Grats am Nanga Parbat zu versuchen. Eine Einladung, der er, während diese neue Auflage gedruckt wird, gerade Folge leistet: «Ich liebe die Grate und das Gefühl von Höhe, das sie vermitteln. Zudem riskierst du dort am wenigsten: Es hat zwar Wächten, aber die siehst du, während du in den Wänden überraschend alles auf den Schädel kriegst.» Dann gibt es noch die Westwand des K2, an die er sich schon zweimal wagte, 1989 und 1992. Zweifaches Scheitern, doppelt angefachtes Verlangen: «Das ist nicht die Art Projekt, die man vergisst.» Vorrang hat allerdings zur Zeit die Makalu-Westwand, in der die Seilschaft Loretan-Troillet am Fuss der schwierigsten Passage – 50 Meter künstliche Kletterei auf fast 8000 m – scheiterte: «50 Meter, die sehr hart sind, nachher geht es wieder; es folgen Rinnen, die zwar nicht leicht, aber machbar sind», spekuliert er. Die Westwand des Makalu, die Andy Fanshawes und Stephen Venables in ihrem kürzlich erschienenen Buch «Himalaya – Magic Lines» als eine der letzten grossen Herausforderungen beschreiben. In der glatten Westwand kamen einige der besten Kletterer bis zum oberen Eisfeld, doch niemand war bisher den endlosen Schwierigkeiten der Gipfelwand gewachsen, die mit ihren technischen Anforderungen, aber auch mit der grossen Kälte und der extremen Höhe verbunden sind. Wer wird diese Aufgabe meistern? Eine Frage, die sich zu jener von Erhard Loretan gesellt: Wer wird ihn künftig an die hohen Gipfel begleiten, wer wird gemeinsam mit ihm in die Berge steigen und die Besonnenheit herausfordern, nachdem Jean Troillet dem betörenden Gesang der Sirenen nachgegeben hat und sich den Weltmeeren zuwendet?

Die vierzehn Achttausender

EVEREST (8846 m)
Erstbesteigung: 29. Mai 1953, Edmund Hillary (Neuseeland) und Tenzing Norgay (Indien).
Erhard Loretan: 30. August 1986 mit Jean Troillet (Schweiz) über die Nordwand (Hornbein-Couloir).

K2 (8611 m)
Erstbesteigung: 31. Juli 1954, Achille Compagnoni und Lino Lacedelli (Italien).
Erhard Loretan: 6. Juli 1985 mit Pierre Morand, Jean Troillet (Schweiz) und Eric Escoffier (Frankreich) über den Abruzzi-Grat (Normalroute).

KANGCHENJUNGA (8586 m)
Erstbesteigung: 25. und 26. Mai 1955, George Band, Joe Brown, Tony Streather (Grossbritannien) und Norman Hardie (Neuseeland).
Erhard Loretan: 5. Oktober 1995 mit Jean Troillet über die Südwestflanke (Normalroute).

LHOTSE (8516 m)
Erstbesteigung: 8. Mai 1956, Fritz Luchsinger und Ernst Reiss (Schweiz).
Erhard Loretan: 1. Oktober 1994 mit Jean Troillet über die Westflanke (Normalroute).

MAKALU (8463 m)
Erstbesteigung: 15., 16. und 17. Mai 1955, Jean Couzy, Lionel Terray, Jean Franco, Guido Magnone, Jean Bouvier, Serge Coupé, Pierre Leroux, André Vialatte (Frankreich) und Gyalzen Norbu (Nepal).
Erhard Loretan: 2. Oktober 1991 mit Jean Troillet über den Westpfeiler.

CHO OYU (8201 m)
Erstbesteigung: 19. Oktober 1954, Herbert Tichy, Sepp Jöchler (Österreich) und Pasang Dawa Lama (Nepal).
Erhard Loretan: 21. September 1990 mit Jean Troillet und Voytek Kurtyka (Polen), Erstbegehung der Südwestwand.

DHAULAGIRI (8167 m)
Erstbesteigung: 13. und 23. Mai 1960, Kurt Diemberger (Österreich), Peter Diener (Deutschland), Ernst Forrer, Albin Schelbert, Michel Vaucher, Hugo Weber (Schweiz), Nawang Dorje und Nyma Dorje (Nepal).
Erhard Loretan: 8. Dezember 1985 mit Pierre-Alain Steiner und Jean Troillet (Schweiz), Wintererstbegehung der Ostwand.

MANASLU (8163 m)
Erstbesteigung: 9. und 11. Mai 1956, Toshio Imanishi, Kiichiro Kato, Minoru Higeta (Japan) und Gyalzen Norbu (Nepal).
Erhard Loretan: 30. April 1984 mit Marcel Rüedi (Schweiz) über den Nordostgrat (Normalroute).

NANGA PARBAT (8125 m)
Erstbesteigung: 3. Juli 1953, Hermann Buhl (Österreich).
Erhard Loretan: 10. Juni 1982 mit Norbert Joos über die Diamirflanke (Normalroute).

ANNAPURNA (8091 m)
Erstbesteigung: 3. Juni 1950, Maurice Herzog und Louis Lachenal (Frankreich).
Erhard Loretan: 24. Oktober 1984 mit Norbert Joos, Erstbegehung des Ostgrates, erste Überschreitung der Annapurna.

HIDDEN PEAK (8068 m) ODER GASHERBRUM I
Erstbesteigung: 14. Juli 1958, Andrew Kauffmann und Pete Schoening (USA).
Erhard Loretan: 23. Juni 1983 mit Marcel Rüedi (Schweiz), Variante über den Nordpfeiler.

BROAD PEAK (8047 m)
Erstbesteigung: 9. Juni 1957, Kurt Diemberger, Hermann Buhl, Markus Schmuck, Fritz Wintersteller (Österreich).
Erhard Loretan: 30. Juni 1983 mit Marcel Rüedi über den Westgrat (Normalroute).

SHISHA PANGMA (8046 m)
Erstbesteigung: 2. Mai 1964, zehn Teilnehmer einer chinesisch-tibetischen Expedition.
Erhard Loretan: 3. Oktober 1990 mit Jean Troillet (Schweiz) und Voytek Kurtyka (Polen), Erstbegehung einer neuen Route durch die Südwand auf den Mittelgipfel. Am 29. April 1995 besteigt E. Loretan den Hauptgipfel über die Normalroute.

GASHERBRUM II (8035 m)
Erstbesteigung: 7. Juli 1956, Sepp Larch, Fritz Moravec, Hans Willenpart (Österreich).
Erhard Loretan: 16. Juni 1983 mit Marcel Rüedi und Jean-Claude Sonnenwyl (Schweiz) über den Westgrat.

Ein paar alpine Fachausdrücke

Abseilen: Wenn das Gelände zu schwierig ist für freies Abklettern, dann seilt man ab. Abseilen kann zum Beispiel erforderlich sein bei Gratüberschreitungen, beim Abstieg vom Gipfel oder bei einem Rückzug.

Bewertung (Schwierigkeitsbewertung): Es gibt verschiedene Skalen, mit denen die Schwierigkeit einer Route bewertet wird. Im vorliegenden Buch wird die UIAA-Skala angewendet: L (leicht), ZS (ziemlich schwierig), SS (sehr schwierig), AS (äusserst schwierig) und EX (extrem schwierig) mit - je nach Bedarf - den Abstufungen «plus» und «minus». Einzelne Kletterstellen werden mit dem I. bis zum XI. (oder 1. bis 11.) Grad bewertet.

Bewilligung: Der Zugang zu vielen Gipfeln von Pakistan, Indien, China (Tibet) und Nepal ist bewilligungspflichtig. Die Bewilligungen kosten unterschiedlich viel und unterliegen je nach Berg und Land anderen Vorschriften.

Birne: Birnenförmige Kerbe, die aus kompaktem Eis oder hartgefrorenem Firn geschlagen wird und behelfsmässig als Abseilstand dient.

Bohrhaken: Haken, die vor allem in schwierigen Routen verwendet werden und entweder von Hand oder mit der Maschine eingebohrt werden.

Enchaînement: Die Aneinanderreihung von Routen und/oder Gipfeln in kurzer Zeit.

Fixieren, Fixseil: Fixe Seile werden oft in Passagen angebracht, wo die individuelle Sicherung des Einzelnen zu zeitaufwendig wäre, oder aber bei längeren, schwierigen Erstbegehungen, wo die bereits erschlossenen Seillängen fixiert werden und so zeitsparend überwunden werden können.

Haken: Felshaken werden in natürliche Felsrisse und Felslöcher geschlagen und dienen zur Standplatzverbesserung, Zwischensicherung etc. Es gibt sie in verschiedenen Formen, Materialien und Grössen.

Klemmkeil: Klemmgeräte in verschiedensten Ausführungen (u.a. auch Friends), die zur Ergänzung von Fixpunkten an Standplätzen, als Zwischensicherungen oder auch zur Absicherung ganzer Routen verwendet werden.

Kletterei:	a) Bei der freien Kletterei werden fix angebrachte Sicherungspunkte nur zur Sicherung und nicht zur Fortbewegung benützt; b) bei der künstlichen oder technischen Kletterei werden Haken, Klemmkeile, Trittleitern oder andere künstliche Hilfsmittel zur Fortbewegung benützt, d. h. sie dienen als Griffe, Tritte oder zur Entlastung. Die künstliche Kletterei wird mit einer eigenen Skala von A0 bis A5 (A = artifiziell, künstlich) bewertet.
Prusikknoten:	Klemmknoten, der beim Aufsteigen am Seil, zur Selbstsicherung beim Abseilen oder bei der Bergrettung eingesetzt wird.
Schlüsselstelle:	Schwierigste Stelle einer Route.
Schneebrett:	Häufigste Lawinenart, die bei gefährlichen Triebschneeansammlungen (= windverfrachteter Schnee) entstehen kann.
Seillänge:	Distanz, die man beim Bergsteigen je nach Länge des Seils (im allgemeinen 40 bis 50 m) von einem Standplatz zum nächsten zurücklegen kann. Eine Kletterroute wird in Seillängen gemessen.
Sérac:	Eisturm oder Eisblöcke im Gletscherbruch, die oft einsturzgefährdet sind.
Sichern:	Das Sichern des Seilpartners oder das Anbringen von Sicherungen (Zwischensicherungen oder Standplätze). Im Himalaya werden oft ganze Routen vorbereitet, d. h. vor dem Gipfelangriff werden die schwierigen oder heiklen Passagen einer Route mit Fixseilen und Zwischensicherungen eingerichtet.
Sirdar:	Im Himalaya Chef der einheimischen Mannschaft, die eine Expedition oder ein Trekking begleitet.
Steigklemme:	Geräte (z.B. «Jümar»), die am Seil eingeklinkt werden und sich in einer Richtung verschieben lassen, während sie in die andere blockieren; dienen zum Aufstieg am Seil oder als Selbstsicherung am Fixseil.
Verbindungsoffizier:	Beamter, der Trekkinggruppen oder Expeditionen in gewisse Gebiete begleitet und überwacht, dass die Trekker und/oder Bergsteiger sich nach den Vorschriften der Regierung des jeweiligen Landes verhalten.

Biografische Angaben zu Erhard Loretan

Name:	Erhard Loretan
Geburtsdatum:	28.4.1959
Adresse:	1653 Crésuz
Beruf:	Antikschreiner, Bergführer
Muttersprache:	Französisch
Spricht:	Deutsch, Italienisch, Englisch, Spanisch
Schulen:	Primar- und Sekundarschule in Bulle
Lehre:	von 1975 bis 1979
Bergführerausbildung:	Aspirantenkurs 1979, Bergführerkurs 1981

Alpinistisches Palmarès:

1980: Expedition in die Anden: Erstbegehung der Pallcaraju-Südwand (6247 m), Erstbegehung des Ranrapalca-Westgrates (6253 m), Erstbegehung der Caras-Südwand (6025 m), Ostwand des Artesonraju (6025 m), Normalroute auf den Huascaran (6770 m).

1982: Erste Expedition in das Karakorum: E. Loretan steht am 10. Juni als erster Schweizer auf dem Gipfel des Nanga Parbat (8125 m).

1983: Expedition ins Karakorum: E. Loretan sowie Marcel Rüedi und Jean-Claude Sonnenwyl schaffen es erstmals, während der gleichen Expedition drei Achttausender zu besteigen: In 15 Tagen, zwischen dem 16. und dem 30. Juni, besteigen sie nacheinander Gasherbrum II (8035 m), Hidden Peak oder Gasherbrum I (8068 m) und Broad Peak (8047 m).

1984: Im Frühling (30. April) Besteigung des Manaslu mit Marcel Rüedi (8163 m) und im Herbst Erstbegehung des Annapurna-Ostgrates mit Norbert Joos (8091 m, 24. Oktober): 7,5 km auf einer Höhe über 7300 m, vier Tage Kletterei, Abstieg beinahe ohne Ausrüstung und ohne Proviant über die Nordflanke.

1985: Zwei Versuche an der K2-Südwand. Am 6. Juli Besteigung des K2 (8611 m) über den Abruzzi-Grat in drei Tagen zusammen mit Pierre Morand und Jean Troillet. Am 8. Dezember erste Winterbegehung der Dhaulagiri-Ostwand (8167 m) mit Jean Troillet und Pierre-Alain Steiner.

1986: Zusammen mit André Georges hängt E. Loretan im Winter die Besteigung von 38 Gipfeln aneinander; davon sind 30 Viertausender. Im August Expedition an den Everest. E. Loretan und Jean Troillet überwinden die Everest-Nordflanke durch das Hornbein-Couloir und benötigen 43 Stunden für den Auf- und Abstieg (Gipfel am 30. August). Im Oktober dramatischer Versuch am Cho Oyu, bei dem Pierre-Alain Steiner ums Leben kommt.

1987: Am 14. Februar wird E. Loretan von einer Lawine mitgerissen, als er zusammen mit André Georges versucht, 13 Nordwände im Berner Oberland nacheinander zu besteigen. Dabei bricht er sich zwei Wirbel.

1988: Am 13. Juli stehen E. Loretan und Voytek Kurtyka auf dem Gipfel des Nameless Tower (Trango Tower, 6257 m), den sie nach 14 Tagen Kletterei über die Ostwand auf einer äusserst schwierigen Route (Erstbegehung) erreicht haben.

1989: Im Januar unternehmen E. Loretan und André Georges die Besteigung von 13 Nordwänden im Berner Oberland. Erfolgloser Versuch an der Westwand des K2 mit Voytek Kurtyka.

1990: Besteigung des Mount McKinley (6192 m) am 23. Mai. Am 21. September Erstbegehung der Südwestwand des Cho Oyu (8201 m) zusammen mit Jean Troillet und Voytek Kurtyka in 27 Stunden Kletterei und mit einem Biwak auf 8150 m ohne besondere Ausrüstung. Zwölf Tage später (3. Oktober) Erstbegehung einer neuen Route durch die Südwand des Shisha Pangma (8046 m) mit Jean Troillet und Voytek Kurtyka.

1991: Versuch an der Westwand des Makalu (8463 m). Am Fuss der Schwierigkeiten müssen E. Loretan und Jean Troillet umkehren, da ein Steigeisen bricht. Darauf erklettern sie den Westpfeiler in 33 Stunden und stehen am 2. Oktober auf dem Gipfel.

1992: Weiterer Versuch an der K2-Westwand, wieder kein Erfolg.

1993: Versuch am Kangchenjunga (8586 m), dem dritthöchsten Gipfel der Erde.

1994: Projekt einer Überschreitung vom Lhotse (8516 m) zum Lhotse Shar (8386 m), die zuvor noch nie angegangen worden war. Auf dem Gipfel des Lhotse (1. Oktober) verzichten Jean Troillet und E. Loretan auf die Überschreitung. Am 1. Dezember 1994 steht E. Loretan auf dem Gipfel des Mount Epperly (4780 m) in der Antarktis; damit gelingt ihm die Erstbesteigung dieses Gipfels im Alleingang und über eine 2700 m hohe Wand.

1995: Am 5. Oktober erreichen E. Loretan und Jean Troillet den Gipfel des Kangchenjunga (8586 m). E. Loretan ist damit der dritte Mensch, der alle vierzehn Achttausender der Erde bestiegen hat. Am 29. Dezember unternimmt E. Loretan die Erstbesteigung eines 4600 m hohen Gipfels in der Antarktis; vielleicht handelt es sich dabei um den Mount Loretan...

Jean Ammann

Jean Ammann, 33 Jahre alt, arbeitet als Journalist bei der Tageszeitung *La Liberté*. Seit rund zwanzig Jahren verfolgt er die Laufbahn von Erhard Loretan.

Zwischen Januar 1993 und April 1996 trafen sich Jean und Erhard regelmässig. Das Ergebnis dieser zahlreichen Treffen: viele Stunden Tonbandaufnahmen der gemeinsamen Gespräche. Zu diesem Rohmaterial gesellten sich etwa zwanzig Tagebücher von Erhard, fünf dicke Ordner mit Artikeln aus Zeitungen und Zeitschriften und ein Manuskript, das Erhard im Basislager des Kangchenjunga entworfen hatte.

Das umfassende Material war eine reichhaltige Quelle, um dem Lauf von Erhards Leben, um Erinnerungen, Gefühlen und Kummer neue Gestalt zu verleihen. Von diesem Ausgangspunkt ausgehend, lieh Jean Ammann die Feder der Person von Erhard. Am Ende jedes Kapitels fügte er ein, zwei Seiten hinzu, die sich von der Chronologie entfernen und von Aspekten handeln, die in der Erzählung nicht direkt angesprochen werden.

Welche Rolle spielte nun Jean Ammann eigentlich beim Verfassen des Buches?

Fassen wir abschliessend zusammen: Erhard und ich haben uns die Arbeit geteilt – er hat alle beschriebenen Achttausender bestiegen, ich habe die auf den Seiten des Buches enthaltenen Rechtschreibe- und Sprachfehler sowie alle anderen Barbarismen auf dem Gewissen. Diese Aufteilung der Arbeit scheint mir angemessen und gerecht!